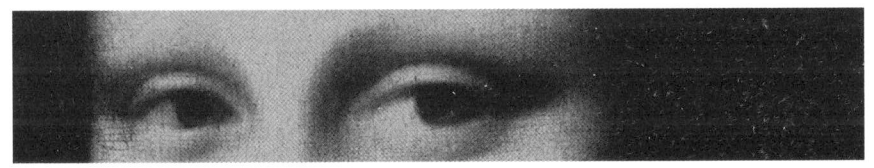

ELEMENTS OF INFLUENCE
影响力
技能与实操

[美] 特里·R.培根 著　袁璐 译

南方出版社·海口

图书在版编目（CIP）数据

影响力 / (美) 培根 (Bacon,T.R.) 著; 袁璐译
. — 海口: 南方出版社, 2013.8（2025.8重印）
书名原文: Elements of Influence
ISBN 978-7-5501-1612-2

Ⅰ.①影… Ⅱ.①培…②袁… Ⅲ.①人际关系学 - 通俗读物 Ⅳ.①C912.1-49

中国版本图书馆CIP数据核字(2013)第181880号

版权合同登记号：30-2023-025

Elements of Influence: The Art of Getting Others to Follow Your Lead.
Copyright © 2012 Terry R. Bacon. Published by AMACOM, a division of the American Management Association, International, New York. All rights reserved.

YINGXIANGLI

影响力　　［美］特里·R. 培根 / 著　袁璐 / 译

责任编辑：	师建华
出版发行：	南方出版社
地　　址：	海南省海口市和平大道70号
电　　话：	(0898) 66160822
传　　真：	(0898) 66160830
经　　销：	全国新华书店
印　　刷：	三河市北燕印装有限公司
开　　本：	700毫米×1000毫米　1/16
字　　数：	250千字
印　　张：	17
版　　次：	2025年8月第1版第9次印刷
书　　号：	ISBN 978-7-5501-1612-2
定　　价：	59.00元

contents 目录

◆ **引言**   1

第一部分 ◆ **让他人服从你的领导**   1

● 第一章 影响的基本原则   3

当你努力影响某个人时，产生的结果并非二元的。事实上，每一次影响的尝试都有可能产生一系列不同的结果：服从、承诺与领导，怀疑、反抗和不服从。

● 第二章 影响的方法和手段   25

影响效果＝TOPS，其中T代表我选择的影响技巧（14种）；O代表我的组织权力来源（5种）；P代表我的个人权力来源（6种）；S代表我运用影响技巧的技能（28种）。

第二部分 ◆ **正面技巧——积极的影响技巧**   37

● 第三章 让我解释：逻辑说服与合法化   41

● 逻辑说服

人们在提供解释时，通常会说："我认为我们应该这么做，因为这么做符合逻辑。"

> **影响力案例**
>
> ◎ 比尔，我们星期六去看红袜队比赛吧。乔恩·莱斯特是投手，这场比赛一定好看。
> ◎ 我本打算做一个巧克力蛋糕，为乔斯过生日。后来，我想起他不喜欢巧克力，于是就做了一个胡萝卜蛋糕。

影响力指南

逻辑说服的一个重要权力之源是声望，你受重视的程度越高，人们越有可能接受你的逻辑主张。

● 合法化

当人们试图通过合法化影响别人时，他们是在努力求助于权威。

影响力案例

◎ 引用一个公共机构，引用成就或荣誉。
◎ 引用一个人的头衔、职位或地位，引用法律、条例或普遍接受的标准。

影响力指南

利用合法化技巧时，你必须保证你引用的权威来源可信而且可靠。

第四章　相信我：交换与说明　　　　　　　66

● 交换

你可以通过提供交换或刺激合作来施加影响。以货易货和谈判都是交换的形式。

影响力案例

◎ 一位家长对孩子说："如果你在晚饭前打扫干净你的房间，你可以吃甜点。"
◎ 一名职员对老板说："你分配给我的工作是我不喜欢做的。不过，如果你同意一年以后再把我调到特别调查组，我会完成这个工作。"

影响力指南

只有当事人双方感觉交换的价值大致相等时，交换才能作为影响技巧起作用。

● 说明

说明是影响者直接声明他希望或打算做什么的影响技巧。

影响力案例

◎ 一名经理对其直接下级说："马克，我需要你为我做这件事。"
◎ 少女对妈妈说："我不在乎那是不是你的希望，我不会那么做。"

> **影响力指南**

运用肯定的非语言形式强调你的观点（保持目光接触，使用明显而夸张的手势，通过提高声音来强调关键点），人们更有可能接受你的说明影响。

第五章 找到共同点：交际和诉诸人际关系　　87

● 交际

交际是影响者寻求与他们希望影响的人交往——通过自我介绍、分享信息、找到相似兴趣等的一种影响技巧。交际的使用频率和有效率在全球排名第二。

> **影响力案例**
>
> ◎ 与人交往时，真诚地表现出对他人的兴趣，记住有关他们生活和兴趣的事实。
> ◎ 展示真诚的欣赏；在不隐藏动机的情况下赞美他人。

> **影响力指南**
>
> 有效交际必须——或者必须显得——真诚而不是自私。

● 诉诸人际关系

赢得你已经很熟悉的人的赞同或合作。

> **影响力案例**
>
> ◎ 查理，我要请你帮个大忙。
> ◎ 我爱你。（配偶向对方说这句话，或家长对孩子说这句话时，加强了彼此的情感纽带。如果他们关系良好，对方会回报这种情感。）

> **影响力指南**
>
> 如果你帮助与你最亲近的人而不指望得到任何回报，你会使他们产生在你需要时回报你的强烈愿望。

第六章 你看怎么样？咨询与缔结联盟　　103

● 咨询

咨询是通过提出激励他人的问题来阐述见解，或者通过在解决问题过程中请他人参与来影响他人。咨询的使用频率和有效率在全球排名第四。

> **影响力案例**

◎ 你想努力实现的是什么？如果条件允许，还可能达到什么目的？
◎ 好吧，这算一个理由。还有什么？

> **影响力指南**

影响他人的一个强有力的方式是向你希望影响的人提出假设、计划或建议，然后征求他们的建议和反馈。事实上，你把他们变成了你的顾问。

● **缔结联盟**

缔结联盟是影响者通过找到其他支持者，为她想要做的事情建立后备军。

> **影响力案例**

◎ 几个学生在讨论放学后干什么。汤米想去踢足球，但是其他人想打棒球。这时，一个男孩说："汤米，来吧。其他人都想打棒球。"
◎ 在新任务小组第一次会议期间，领导团队的女士说："我想，我们应该就如何一起工作制订一些基本规则。在你们看来，是什么使那些团队做得这么好？"

> **影响力指南**

为了影响某个更有权势的个人而建立联盟，有可能给人有意造反的印象。

第七章 寻求激励：诉诸价值观和树立榜样

● **诉诸价值观**

诉诸价值观是人们作出情感诉求或心灵诉求。情感诉求成为宗教或精神领袖、政治家和一些商界领袖频繁使用的技巧。

> **影响力案例**

◎ 在战略会议上，一名公司高管认为公司有确保海外供应商不使用童工的义务。
◎ 在业绩评估会上，经理夸奖一名员工，并鞭策他作出更大贡献。

> **影响力指南**

诉诸价值观不必影响每个人。它只需影响足够帮助影响者实现自己目标的人。要想有效运用这个技巧，你还必须言出必行。

● **树立榜样**

影响的更微妙手段是塑造你希望其他人效仿的榜样，或者塑造一种生活模式、思维模式，或者成为其他人愿意效仿的榜样。

> **影响力案例**

◎ 约翰·克里斯蒂安·巴赫就是这样一位角色榜样。巴赫坚持在协奏曲中运用对比鲜明的主题和奏鸣曲式节奏，深深吸引了莫扎特。
◎ 两位家长带领孩子们去当地的施粥站帮忙。事后，家长们在家里组织孩子讨论志愿活动和帮助他人的重要性。

> **影响力指南**

事实上，领导者是通过教学来领导他人的。领导者必须拥有可以传授的观点，还要拥有把它们教给别人的能力。

第八章　增强你的影响效果：如何变得更有影响力　　147

擅长运用一种或两种影响技巧，并倾向于过度频繁使用它们的人的整体影响有效率不高。如果你善于运用其中六至七种技巧，你将会影响更多的人。

第三部分　负面技巧——消极的影响技巧　　173

第九章　我不愿意：回避　　177

通过回避责任或矛盾，或者采取消极攻击行为，强迫他人采取行动。

> **影响力案例**

◎ 一位推销员对同事说："莫妮卡，我的三号线遇到一位让人非常生气的顾客。你能和她谈谈吗？我今天真的应付不了。"
◎ 雇员对经理承诺会立刻行动。然而，他回去后，优先忙活其他工作，当被问及为什么没做那件事时，他说别的工作占用了他的所有时间，他忙晕了。

> **影响力指南**

如果你不能或不愿意接住影响者的"烫手山芋"，你需要表示拒绝，以温和的非对抗性方式说出来。

第十章　每分钟都有一个傻瓜出生：操纵　　190

通过谎言、诡计、恶作剧、欺诈和骗局施加影响。

> **影响力案例**

◎ 亚历山大大帝为了让敌人相信他的部队人数比实际人数多,命令他的将军在军营之外搭起数百顶帐篷。
◎ 操纵的目的是创造一种真实的幻觉,魔术表演是我们心甘情愿受骗的完美例子。

> **影响力指南**

如果有人介绍的实例太美好,那么她有可能在说谎。

第十一章 通过胁迫获胜　　　　　　　　　　　　207

把自己的意愿强加于其他人;通过粗声大气、盛气凌人、生硬粗暴、妄自尊大、冷漠无情或麻木不仁,强迫他人服从。但是有些胁迫是无意识的。

> **影响力案例**

◎ 一个体格强壮的人插队,怒视任何反对的人。
◎ 在乔丹职业生涯的高峰期,因为他的本领如此高强,致使在篮球场上面对他的一些普通球员对和他比赛的前景感到畏惧。

> **影响力指南**

胁迫之所以会产生效果,是因为它能引发我们最原始的情感——恐惧。

第十二章 提出他们无法拒绝的要求　　　　　　　　224

如果别人不顺从,就伤害他们或威胁要伤害他们。

> **影响力案例**

◎ 家长警告孩子,如果她不打扫自己的房间,就不让她出门。
◎ 老师让学生在本周末交上迟交的论文,否则给他的作业成绩打F。

> **影响力指南**

世界上只有大约1%的人经常使用威胁作为影响策略。这种策略会削弱或破坏人际关系,并最终侵蚀影响者的权力。

◆ **附录A 权力之源、影响技巧和影响技能的定义**　230

◆ **附录B 全球影响力调查**　　　　　　　　　　　240

前　言

我大半的职业生涯一直在研究领导力。我确信，领导力——真正的领导力，真实的领导力——绝对不是控制、强制或支配的行为。领导力源自领导者的核心信念，是一种影响的行为。真正的领导者不会设法强迫他人，而是力求激励他人。他们不会将自己的意志强加于人，而是根据核心信念与原则吸引其他人。他们发动变革，因为他们设想出了更好的方法；其他人追随那条路线，因为他们相信那是更好的路线。

独裁者强制，管理者控制，领导者影响。

关于领导力最令我感兴趣的不是领导者为什么选择领导，而是追随者为什么选择追随。我在研究历史上或和我合作过的组织领导人时，问过自己："为什么有人追随那个人？这个人有什么令人信服、令人感兴趣、引人注目或鼓舞人心的？"当然，有各种不同的原因可以解释为什么人们会追随一位领导者。杰出的领导者有可能通过自己的学识激发他人的灵感，而追随者大都会暗想："我可以从他那里学到一些东西。"拥有良好社会关系网的领导者会通过社会关系的潜力创造追随者品质，而她的追随者则希望像她一样接触并融入其中。有感染力且定位准确的领导者可以吸引有抱负并希望攀附上升明星的追随者。有时，追随者受到激励，只是因为那个领导者的身份或者他代表了什么（想想代表技术创新与企业家精神的比尔·盖茨，争取公民权利的马丁·路德·金，时装界的卡尔文·克莱恩，女权运动中的杰梅茵·格里尔）。

我在研究成功领导者的时候认识到，他们所有人的根本点是在某些方面非常强大。他们之所以强大，也许因为他们所知道或所能做到的；也许因为他们的沟通能力多么强；他们多么有魅力或多么可爱；他们扮演了什么角色；他们掌握了多少信息；他们的人际关系多么好；人们把他们想得多么好，或者人们认为他们的性格怎么样。我在以前出版的《权力的要素：领导力和影响力的经验教训》一书中探讨了这些以及其他权力来源。构建权力基础是领导或影响任何人的先决条件。没有权力，就没有领导力或影响力。拥有权力，你就拥有领导或影响的能力，但是在他们采取行动，做一些促使他人服从自己领导的事情之前，他们的权力不会产生效果。本书论述的就是领导者要影响他人需要做的事情。

过去几十年涌现出大量有关影响力的书籍，但是它们大都侧重论述营销人员、广告商和零售商如何影响消费者。尽管他们的见解很有价值，但是大多数人不写营销摹本，也不写设计广告宣传、确定产品价格或开发销售策略。如今，大多数人面对的是更典型的影响力与领导力挑战：他们想知道如何劝说潜在的捐赠者为一项事业捐款，如何说服老板为他们加薪，如何迫使他人为他们喜欢的候选人投票，如何让青少年保持房间卫生，等等。本书论述的就是有关这类日常影响力的挑战。无论你是谁，无论你在哪里工作，也无论你在生活中做些什么，如何才能让他人服从你的领导呢？

谈谈代词和公司名称

我在本书举出说明性例子时，尽可能避免使用双重代词：他或她，他的或她的，他自己或她自己。尽管这种结构意味着包含，但是用起来很笨拙。在假设或者说明时，我要么使用这些代词的复数形式，不表示性别，要么变化着使用这些代词，有时用他代指某人，有时用她代指某人。我随机选择使用代词，是为了表示假设对象的性别无关紧要。

在本书中，我还用各种称呼表示光辉国际（其思想领导力分支是光辉学院）：知识学院、国际知识学院和洛明格。光辉国际是母公司，它以猎头公司起家，如今通过内部发展和收购活动已经扩大成为领导与人才咨询公司。2008年11月，它收购了国际知识学院，几年前又收购了洛明格。如今，所有这些公司都成为光辉国际的组成部分，不过，为了准确说明情况，如果早期工作以原来公司的名义完成，我就使用原来的公司名称。

有关权力与影响力的全球调查研究

在附录B中，我描述了自己在知识学院进行的有关权力与影响力的全球调查研究结果。此项调查以对权力所有者进行全方位评估的《影响效果调查》为基础，开始于1990年，持续至今。在过去20年，我们的数据库已经发展到64 000多个研究对象，受访者超过30万人，使我和同事深刻理解了人们权力来源的优势，他们应用不同影响技巧的频率，他们应用这些技巧的有效程度，这些技巧契合他们文化的程度，以及他们掌握28个与领导力和影响力效果相关技能的熟练程度。这项研究是全球性的，因而让我们能够识别世界45个国家应用权力与影响力的差异。

致　谢

　　我在创作以前有关权力的书和本书的过程中，得到过许多人的帮助。在此，我对他们的贡献深表感谢。首先，我要感谢我在光辉国际的同事们的帮助。在该研究项目进行的各个阶段，布鲁斯·斯皮宁都帮助过我。乔伊·马丁雅克负责管理《影响效果调查》数据库，建立了帮助我提取和分析数据的程序。苏珊·库纳特帮我把工作安排得有条有理，协助我进行该项目的研究和管理工作。大卫·古尔德创建了本书出现的图表。我还要感谢唐娜·斯图尔特的跨文化研究，感谢杰德·马斯特森，是她通过顽强的努力，成功取得研究许可权。非常感谢这些优秀的人物。

　　我还要感谢埃伦·卡丁——我在美国管理协会的资深编辑，以及埃里卡·斯佩尔曼——作者梦想的编辑。图书发行是作者与出版者合作的结果，因此，我非常感谢埃伦、埃里卡及其同事为《影响力》所做的一切。

　　最后，我要感谢我的妻子黛布拉，因为她在看似无止境的写作过程中给予我爱和理解。书的写作是一种激情，不写作的人也许无法完全理解。但是黛布拉能够理解，尽管她是摄影师，不是作家。她允许我偶尔发发脾气，允许我消失在自己的世界，坐在键盘前，直到思路打开。感谢她一辈子的耐心。

引 言

　　人类是社会性动物。我们的世界能够运转,是因为我们以各种方式进行互动,并影响彼此。我们通过发展源自许多个人和组织的权力基础与他人相处,并利用这种权力影响他人的思想、感觉和行为方式。当我们学会如何用影响力成功地让他人听从我们的命令,接受我们的观点,服从我们的领导,加入我们的事业,感受我们的兴奋,或者购买我们的产品和服务时,我们就会在事业和生活上取得成功。

　　我们应该从一开始就明确一件事：影响力不是只有一部分人拥有的某种魔力。地球上的每个人都一直在运用影响力。无论何时,当我们希望别人做某件事,同意我们的意见,相信某件事,选择某件事时；当我们希望别人以特定方式思考,接受我们的观点,或者有不同的表现时,我们大家都在做影响他人的事情。即便是问候别人这样的简单行为也是一种影响行为（你是在努力说服他们；你是友好的,没有敌意；你希望影响他们,让他们也以没有敌意且友好的态度对待你）。婴儿哭的时候是在努力影响母亲；儿童问父母他们是否可以看电视节目或出去玩的时候,是在努力影响他们的父母；老师努力影响他们的学生；销售人员努力影响他们的顾客；雇员努力影响他们的老板；顾问努力影响他们的客户；说客努力影响民选官员；广告商努力影响消费者；领导者努力影响他们的追随者；像我一样的作者则努力影响读者。

　　我们常常认为权力与影响力只属于那些非常强势而有影响的人,例如国王、总统、政府官员、将军、亿万富翁、电影明星、著名运动员及很多政界商界名流。但是，这种理解是错误的。影响如此平常，在日常生活结构中又占据如此大的部分，以至于在它发生的时候，我们往往意识不到。每个人际互动中几乎都有多重影响的企图,语言和非语言的都有。听我说话的人点点头（希望我相信，她同意我说的话，或至少理解我的意思）；我征求她的意见（这是一种被称为咨询的影响企图）；她告诉我她的想法，并表明为什么她认为那是真的（这是另一种影响企图，因为她在努力说服我接受她关于真理的观点）；我提议我们去见其他人（一种影响企图）进一步讨论此事；她同意了，但是希望带一位可以验证她的观点的专家（另一种影响企图）。

我们处处尝试，每个人都在努力影响其他人，以便调整结局——这就是人际互动：当我们都试图体现自己的意志、观点或利益时，为了赢得他人的赞同或接纳，我们持续谈判。在英语中，**影响**这个词有贬义的含义，例如，**以权谋私**或某人对另一个人施加了**不当影响**。然而，这些贬义的例子破坏了实际上无所不在且多半与道德有关的人类实践的名声。事实上，**如果你不能影响他人，或者如果你不愿意接受他们的影响**，长此以往，你就不可能在这个世界上进步。正如其他作者指出的那样："没有人能逃脱心理上的'斧凿之功'，无处不在的力量时常无情地改变我们的信仰、态度、意愿和行为……说服在不断地把我们重塑为能被适度改变的人。有时很难察觉——但大多数时候效果显著。"[1]

影响力几乎是每种交流活动的组成部分，实际上出现在每个人际互动中。影响力对商务活动也至关重要。它是领导力的根本，没有它就不可能有领导力。

那么，影响力是什么？《韦氏词典》将"影响力"定义为"在不明显运用武力或直接执行命令的情况下，产生效果的行为或权力"或"以间接或无形的方式产生效果的权力或能力"。然而，有关权力与影响力的研究显示，尽管影响可能在没有**明显**运用武力的情况下发生，它也有可能是公开而且相当具体的。例如：如果客户接受报价，商人向客户提供免费送货服务（被称为"交换"的

---

[1] 蒂莫西·C.布鲁克、莎朗·莎威特和劳拉·A.布赖农，"握住说服之斧的把柄"。莎朗·莎威特、蒂莫西·C.布鲁克.说服：心理学见解与视角.波士顿：阿林培根出版社，1994：1页.

影响技巧）或者产品开发人员对同事说"我这个项目需要你的帮助"（这是一种被称为"说明"的影响技巧）。

道德影响

当影响合乎道德时，受影响者同意接受影响，但是，绝大部分时间，这种同意很含蓄，无需明确说明。例如，一位朋友请我帮忙，我答应了。或是一名同事打电话给我，提议我们面谈一个紧急的商业项目，于是，我调整日程表上的其他约会，以便我们能够立刻见面。或是我在听两位总统候选人的辩论，他们在讨论经济问题，其中一人似乎更好地把握了这个议题，而且有解决这些问题的更好方案，于是，我决定投票给那位候选人。又或是年度体检时，医生告诉我，我的胆固醇水平太高，建议我去见一位营养学家，因为他能帮我了解吃哪些食物比较健康，于是，我刚离开诊所，就与那位营养学家约好见面时间。在所有这些例子中，都没有人强迫我作出某种决定。我有自己的选择。我可以决定拒绝每一种他人试图影响我的企图。因此，实际上，我是主动接受影响的。

但是，如果我没有选择的空间，那么这种影响的企图就具有强制性和操纵性，因此是不道德的。例如，某人拿枪指着我，要求我把自己的钱包给他。一名募捐者告诉我，我向她代表的非营利组织慷慨捐赠的礼物将帮助一个发展中国家的人民，而事实上，她把许多捐款装进腰包，作为她的"管理费"。在我的服务台前，一名愤怒的男子冲到队列前面，要求我先接待他，把他想要的东西给他，否则要向我的上司投诉我。我的老板让我不要担心他没有收据的费用报销，同时，他表示为最近的裁员感到遗憾，而我应该为自己还有工作而感到幸运。一位顾客表示，只要我向他们国家的一名代理人支付咨询费，就同意接受我的提议——碰巧那名代理人是这位顾客的表亲。在这些案例中，我被施压、强迫或欺骗。对我来说，拒绝有可能产生负面后果。

威胁、强制、操纵和胁迫都是影响的形式，而且往往都能成功——至少在短期内——因为这是权宜之计。所有的校园恶霸都知道，痛打或恐吓直到对方屈服是让其他孩子按自己意愿去做的最快捷方式。但是，肉体强制会产生代价。其他孩子也许会顺从，但是他们知道畏惧恶霸，对于他们害怕的人，他们要么回避，要么痛恨。他们也许会估量，如果不屈服，恶霸可能对他们做什么，但是他们不会尊重恶霸。恃强凌弱的行为和其他不道德的影响形式一样，通常会破坏影响者与受影响者之间的关系，会在将来某一时刻招来报复。因此，尽管这些方法是权宜之计，但是它们很难成为实用的长期解决方案，特别是在商务或日常生活中。

影响力与权威

如果影响者具有合法权威，可以请求或要求人们做他希望的事情，那么非自愿同意的影响也有可能是道德的。我们生活和工作在各种各样的社会结构中——家庭、宗族、社区、国家与民族、公司、团队、部门、业务单位，等等。在每个社会结构中，我们授予某些人合法权威，让他们领导团体，组织工作，作出决策，分配任务，对外代表这个团体，裁决纠纷，执行规则与准则，维护团体的价值，等等。这些人因为角色或职位而拥有高于我们的权威，尽管我们并不总是愿意依从那个权威，做他们想让我们做的事，我们往往也会服从，因为不服从可能要付出代价。（在我的书《权力的要素》中，我称这种合法权威为**角色**权力。）一名警员在我的车后停下，示意我把车开到路边。我顺从地停好车，听这名警员教训我，要我把车完全停在停车标志上，并且平静地接受要付钱的交通罚单。我并不想听教训，也不想要罚单，或认为我不应该受到这个处罚，但是警员的合法社会权威让她能够以我可能认为是强制性的，但是又不得不接受的方式影响我。

人们试图影响他人的常见方式之一是借用合法权威（被称为合法化的影响企图）。合法化影响往往行之有效，但是滥用却有可能适得其反，特别是针对那些挑战权威的人。纵观历史，有各种各样的领导者与统治者曾经运用合法权威强迫他们的国民或追随者顺从他们，这种指挥－控制的方法起源于数百年前，是由从根深蒂固的权威社会演化而来的教会、国家和军队授予其领导者的。然而，时代在变化。今天的人们，尽管认识到合法权威的有效性，却更加抗拒它。商业尤其如此。正如哈佛大学的约翰·科特教授指出："试图只依靠命令或与某人职位相关的权力去控制别人根本行不通。首先，因为管理者总要依靠一些他们对其不具备正式权限的人；其次，因为在现代组织内，几乎没有人愿意被动接受或完全服从来自某人的源源不断的命令，仅仅因为（那个人）是'老板'。"

在工业革命之前，大多数人是农民，或以某种方式从事农业工作。他们被称为棕领工人。19世纪末到20世纪初，随着发达国家的工业发展，越来越多的人从农村移居城市，他们成为蓝领工人，在工厂和商店工作，或者建造支持工业化的基础设施。可是，到了20世纪末期，随着发达国家由工业经济转向信息经济，涌现出由受到更好教育、更专业的工人组成的白领劳动力。"现代管理学之父"彼得·德鲁克称他们为"知识工人"，而知识工人希望被领导，不希望被命令。因此，**利用**权威影响知识工人的效果不太好。他们也许会顺从，但是最终他们会怨恨权威的不合理要求。而且，在今天的人才争夺战中，他们不一定继续为专制的老板或他们的公司工作，他们可以离开。尽管他们的老板可能拥有使用指挥－控制方法的合法权威，但是这种类型的工人更愿意接受非权威的影响。

正如杰伊·康吉发表在《哈佛商业评论》上的文章所说："高管依靠法令指挥－控制的日子过去了。今天，企业主要由跨职能团队的同事经营，被婴儿潮时代出生的人（译者注：尤指1946—1965年美国出生于生育高峰期的人）和他们的后代——无名一代所占据，他们对至高无上的权威没有多大忍耐力。"[1]

---

1 杰伊·康吉"必要的说服艺术"．杰伊·康吉．哈佛商业评论经典．波士顿：哈佛商业出版社，2008：1-2页．

正如康吉所说,今天,领导者的工作得以完成大都是通过影响而不是权威;通过合作而不是强制手段;通过鼓舞人心的承诺而不是苛求的服从。21世纪,在这个更多鼓励、更全球化的世界,全球企业的领导者以及跨国界工作的管理人员和专业人员必须更巧妙地实施不彰显权威的影响。

有关权力与影响力的全球调查研究

自1990年起,我一直为国际知识学院进行有关权力与影响力的研究。基于文献回顾、客户访谈和初步调查,我创建了权力与影响力框架,其中各项似乎互相独立又互相联系,意思是说,这个框架应该能够描述每种权力基础和所有影响行为。该框架成为进行全方位评估的《影响效果调查》的基础,从1991年开始,应用于财富500强客户。[1]

《影响效果调查》是一个强大的工具。它不仅评估人们使用积极或道德影响技巧的频率,也评估他们运用这些技巧的有效程度,以及那些技巧与他们的文化契合的程度。本书深入探讨的十个影响技巧是逻辑说服、合法化、诉诸人际关系、交际、咨询、诉诸价值观、树立榜样、交换、说明和缔结联盟。正如你将要看到的那样,人们以十种常见的方式在道德范畴内努力地影响他人。此外,还有四种消极或不道德的影响实践:回避、操纵、恐吓和威胁。《影响效果调查》还测评不同文化的人们应用这些技巧的频率。

---

[1] 两次验证研究(一次的样本规模为4 500,另一次的样本规模为10 700)显示,《影响效果调查》是一个有效的工具。我们运用α系数(内部一致性的衡量)发现,量表的可靠性从.73至.90,说明《影响效果调查》形成了可靠而一致的测评。我们通过要素分析建立了结构效度,证明《影响效果调查》条目形成了与第二章有关评价影响效果的TOPS模型一致的群集。效标效度通过影响群集和影响效果评级之间的相关性得以确定。创建和验证《影响效果调查》20年来,我们评估了64 000多人的权力基础和影响效果,他们大部分是世界各地的商界专业人员和管理人员。除了让这些人对自己的影响方法进行自我评估,我们还请他们鉴定和他们一起工作,而且可以提供自己影响别人方式的其他人。我们的数据库纳入来自30多万受访者对那些人的看法。如此丰富的信息资源使我们能够从本质上了解权力与影响力如何在全球得到应用。

《影响效果调查》的另一部分是测评一个人的权力来源。在我们的框架里有十一种权力来源：五种组织来源，五种个人来源，和一个变化后的来源。组织来源是：角色、资源、信息、关系网和声望。个人来源为知识、表现力、吸引力、品德、与受影响者在一起的历史（或熟悉程度）。权力的根源是**意志**。了解人们如何开发利用这些权力之源很重要，我在《权力的要素：领导力和影响力的经验教训》一书中探讨过该主题。在本书中，我描述了人们如何运用这十个积极的影响技巧，以及如何运用四个消极或"阴暗面"的影响技巧。

影响能学会吗？

你能更好地影响他人吗？你能学会如何更有效地影响其他文化领域中的人吗？如果不认为这些问题的答案是肯定的，我就不会写这本书了。影响是一种技能，像其他技能一样。在由童年到成年的成长过程中，我们每个人都在学习影响的技能，但是精通影响技能的人很少。尽管有些人天生具有影响他人的能力，正如有些人天生具有音乐、数学或语言才能一样，但是他们的天赋也需要灌溉和开发。

大多数人并非生来就擅长影响，其部分原因是有效影响需要大量适应力、感知力和对其他人的洞察力，另一部分原因是影响力具有文化差异，我们几乎完全通过我们自己的文化透镜学习影响力。如果我们在童年时期幸运地在许多不同的文化背景中生活过，也许我们能够领会一种文化与另一种文化之间权力与影响力的巨大差别，也许我们能够学会相应地调整。然而，拥有这种优势的人很少。我们大都沉浸于自己的文化，几乎意识不到其他人看到的可能是一个不同的世界，而且我们倾向于评判而不是接受其他文化。我们假设其他人像我们一样看待世界，像我们一样作出反应，像我们一样解释经验，因此利用权力与影响力的方式也和我们一样。但是事实并非如此。

你能更好地影响他人吗？是的，当然能，只要你愿意以其他方式看待世界，只要你不假设别人应该或将要重视你所重视的，假设你所假设的。有效的影响需要适应的心态，而有效的跨文化影响需要全球化心态。全球化心态在一定程度上是你心理状态的产物，是你自愿接受他人的现状，而不是希望他们更像你自己。它是自我接纳，也是他人接纳的产物。那些最擅长全球化影响的人以好奇而友好的姿态接受与他们自己不同的人。他们接受甚至珍视那些差别，而不是推测所有"正常的"人都会像他们自己一样思考和行动。这种全球化心态可以学习吗？可以，只要你愿意，只要你开放胸怀。影响是一种技能，可以学会。你可以更有效地影响他人，包括其他文化领域中的人。

本书将向你说明如何做到这一点。为了方便读者，每章结尾都将列出本章出现的主要概念，随后是一系列向读者挑战的问题。我以问题形式发出挑战，目的是鼓励读者反思和讨论贯穿全书的思想与研究发现。祝您好运。

主要概念

1.影响力并不只是某些人拥有的魔力。地球上的每个人都一直在运用影响力。影响力是几乎所有交流的组成部分，实际上发生在每个人际互动中。它是领导力的根本，没有它就没有领导力。

2.跨文化影响具有挑战性，因为不同文化领域中的人拥有不同的信仰和价值观，使用不同的影响惯例。在你们国家起作用的影响力不一定在另一种文化中起作用，或者不一定起同样的作用。

3.简单来说，影响是让他人接受你领导的艺术——相信你希望他们相信的事实，按照你希望他们采用的方式思考，做你希望他们做的事情。

4.影响可能是道德的，也可能是不道德的。对于道德的影响，受影响者会同意被影响，不过绝大部分时间这种同意是隐性的、未明确说明的。当影响的企图带有强制性或操纵性时，那种影响就是不道德的。不道德影响是权宜之计，但是往往会破坏影响者与受影响者的关系。

5.一直以来，领导人凭借权威施加影响的情况都很常见，但是随着知识工人的崛起，人们更加抗拒这种指挥－控制的方法。今天，领导者的工作得以完成大都是通过影响力而不是权威，通过合作而不是强制方法，通过鼓舞人心的承诺而不是苛刻的命令。

6.影响是一种技能，你可以学会。你可以更好地影响他人，甚至影响跨文化领域的人们。有效的影响需要适应性心态，有效的跨文化影响需要全球化心态。

挑战读者

我在引言中说到，影响力无处不在，几乎发生在每个交流和人际互动中，我们每天都经历着数百乃至数千种影响的企图。因为影响是生活结构的组成部分，所以每一次某个人或某件事企图影响我们时，我们大都意识不到。作为练习，请努力让自己更自觉地发现影响的存在。在办公室或工作岗位，或者在乘火车前往某个城市的途中花一个小时，或者晚上在家花一个小时，试着识别某人或某事试图影响你的每一次过程。

1.你能回想起什么时候某人曾经试图以不道德方式影响你，或者欺骗你、强制你、恐吓你、威胁你？你是如何应对的？你是屈服于那次影响的企图，还是抵制了它？后来，你对那个人是如何看待的？更重要的是，你是如何看待自己的？

2.你曾经通过操纵或强制的方式影响过别人吗？如果我们诚实地面对自己，大多数人会承认，是的，我们有时采用了不道德的影响方式。有时，撒个小谎可能更快且更容易让人们赞同他们本来可能不愿意赞同的事。或当你稍稍歪曲一下真相或刻意恐吓某人，你是否成功地影响了那个人？这件事还会回来困扰你吗？使用不道德影响技巧是否影响了你和那个人的关系？

　　3.如果你处在权威地位，你是否曾经利用权威让别人做你希望他做的事？换句话说，你是否对他们颐指气使？那么这样做的结果如何？他们如何看待你利用权威让他们屈服这件事？

　　4.你的老板或拥有高于你权威的其他人是否曾经利用权威让你做过什么？你有过被强硬地呼来喝去的感觉吗？那种感觉怎么样？你乐意做别人要求你做的事吗？你愿意顺从吗？你对权威的不合理要求产生过怨恨吗？

第一部分
让他人服从你的领导

如果领导意味着通过或在他人的帮助下完成任务,那么领导的艺术就是如何让他人服从你的领导。若想达到这个目的,你就要以各种方式**影响**他们。你可以通过赞赏他们的价值,鼓励他们跟随你追求崇高的目标。你可以树立他们愿意效仿的榜样,或者向他们解释,你希望他们采用的行动方案既合乎逻辑也合乎情理的理由。你还可以给他们某些东西作为合作的回报。这些影响他人的方法有时可以成功影响一些人,但是不可能在所有时间成功影响所有人。原因很简单:人们对影响他们的企图作出的反应各不相同,他们也许会认为某种方法比其他方法更具吸引力或说服力。

能够成功影响别人的人擅长运用全方位的影响技巧,也知道如何以及何时使用这些技巧。他们善于读人,也知道在与他们努力影响的人交往时,如何回应自己的所见所闻。在本书第一部分,我解释了影响的基本原则,描述了影响他人的方法和手段。了解这个基本原则是发展你的影响技能和让他人服从你领导的先决条件。

第一章　影响的基本原则

有些书籍宣称，如果遵循他们的原则，你可以影响任何人做任何事。据那些书的作者说，你可以让任何人喜欢你，爱上你，发现你不可抗拒的魅力。哇！他们断言，你可以控制**任何**情况，在**一切**竞争中获胜，而且**每次**都占上风。有一本书为想泡妞的男人支招，夸口说，如果按照书中提供的神秘方法去做，你可以成功地诱哄美女上床。另一本书则大胆地宣告，你可以在八分钟之内说服任何人。当我读到这样的主张时，不禁想起亚伯拉罕·林肯说过的话："你可以永久地愚弄某些人，或者在某段时间内愚弄所有的人，但是你不可能永久愚弄所有的人。"

让你具备使你要影响的人无法抗拒的魅力，有这样的秘密方法吗？影响他人做**任何**你想让他做的事，有这种可能吗？如果这些主张都真实有效，那么反堕胎倡导者如今肯定已经发现这些原则，并且利用它们改变了所有支持堕胎立场的对手（反之亦然）。如果影响别人，影响**任何人做任何事**是那么容易，为什么中东冲突还没有得到解决？为什么保守党人还没有影响所有自由党人采纳他们的保守哲学和议程（反之亦然）？就此而言，为什么某个极具影响力的厨师没有说服其他厨师并大胆宣告：她的食谱能做出绝对最正宗的得州辣椒汉堡包？

显然，人们没有看这些书，或者没有遵从这些建议，或许那些主张根本就是废话。事实上，你不太可能在八分钟之内让任何人做你希望他做的任何事。在现实世界中，你不可能永久影响某些人，也不可能在某段时间影响所有人，当然更不可能永久地影响所有人。人类很复杂,他们通常自行思考,或许有很多正当理由不按你的意愿做事,不按你的意愿思考。

下一次,如果有人向你承诺,遵循他的秘密方法,你可以影响任何人做任何事,请注意:他是在企图卖给你骗人的万灵药。其实,如果你可以在买他的建议或者买真的万灵药之间作个选择,那就买万灵药吧,也许它还真有某些有益的用途。

影响的尝试与可能产生的系列结果

本章讲的是影响的基本原则——这是你想了解权力与影响力如何在生活及商界真正起作用需要知道的原则。这些原则是通用的。它们适用于全球任何地区。它们适用于家庭、团队、俱乐部和部族,也适用于企业和个人对个人的情况。第一也是最重要的基本原则是,影响的企图不会产生二元(是/否)的结果。当你努力影响某个人时,产生的结果并非简单的"是的,她受到了影响"或者"不,她没有受到影响"。事实上,每一次影响的尝试都有可能产生一系列不同的结果,如图1-1所示。

图1-1. 每一次影响的尝试都有可能产生各种不同的结果

基线

基线是指我们所有人按自己的意愿行事的事实——做我们在做的，想我们在想的，相信我们相信的。在你试图影响我们去做、去想、去相信不同的东西之前，我们会继续走自己的路，不会察觉到你的存在，也不会受你的影响。即使你努力影响我们，我们也仍然会千方百计地不受影响。我们可能对你或你的提议无动于衷或保持冷漠，甚至可能有意识地不承认你的存在。如此说来，一次影响的尝试可能产生的结果就是没有影响，我们仍然不为所动，或不受影响，甚至没有意识到你的影响。

我们每个人每天都要尝试进行数百次乃至数千次影响。我们与别人交谈，看望其他人，我们看书、看电视或听收音机，看或听广告，看报纸或杂志，打开电子邮箱，参加会议，与人共事，接触律师，拜访客户，等等。我们也许接受我们看见、与之交谈、遇到或读到其作品的人的影响，也许不会。如果我们对每个影响都持接受的态度，我们就会左右摇摆、晕头转向，无法持久地掌控自己的生活。因此，人类经验的一个重要组成部分就是决定（大都是下意识的）是否接受我们经历的某事影响。我看到一个产品的广告，但是不会动心买下它。我看到百货公司的橱窗展示了一件最新款式的时装，但是没有停下脚步。我听到有人抱怨一个企业的决定，但是并不在意。我收到供货商发的宣传册，但是并不需要他们出售的产品，或者对产品不感兴趣，于是，把宣传册扔进垃圾箱。

我无动于衷，没有受影响，也没有改变方向。基线就是标准。它存在于一个影响的尝试之前，往往也存在于一个影响的尝试之后。

服从、承诺与领导

如果一次影响的尝试成功了，最有可能的结果是简单的同意、赞同或服从。

那个人遵守你的要求、同意你的建议或者做你希望他做的事。你努力说服一名潜在客户看你的产品演示，这名客户也愿意这么做。你请一位同事为你刚写的报告提出反馈意见，你的同事同意了。你告诉你十几岁的儿子，你希望他在饭后帮忙清理厨房，他帮助了你——也许很不情愿，但是他帮忙了。这些都是服从的例子。你试图影响的人附和了你的意愿，他们偏离自己的基线，同意做或认可你喜欢的事。

有时，你不只想要对方服从，你还想要他的承诺。你希望这个人不只是赞同你，还要全心全意地同意，热心而积极地参与，不仅用脑而且用心来表示赞同。服从通常意味着理性的同意。如果有人问我为什么遵守某人的要求，我最常用来解释自己决定的是逻辑术语："这样做有道理。我没有理由拒绝。"而承诺意味着情感冲动、承担义务、被卷入情感洪流和自愿参与。如果你问我为什么承诺某人或某事，我通常使用感性词语来解释："因为我相信。因为那么做是正确的。因为它使我感动得落泪。"贝拉克·奥巴马赢得2008年美国总统大选，而他的共和党竞争对手约翰·麦凯恩却没有，原因是奥巴马的演讲迎合人民的情绪，鼓励他们相信有希望的改革，而麦凯恩提出的是他应该当总统的理性原因。（"给我投票，"他说，"因为我知道如何面对我们的敌人。"）从本质上来说，麦凯恩要求服从，而奥巴马唤起承诺。至于奥巴马是否兑现了他的承诺是另一个问题。我对此的看法是，对许多美国选民而言，候选人麦凯恩的措辞不像候选人奥巴马的措辞那样激发兴趣。麦凯恩想得到人们的选票，而奥巴马想征服他们的心灵和思想。

图1-2阐明了服从与承诺之间的差别。左侧的拉布拉多猎犬是服从的状态。它摆出忠实的姿态，听从主人的命令，静止坐着。套在脖子上的颈圈与一条皮带相连，它保持高度的警惕，等待着被释放。相比之下，右侧的狗表现出被承诺的状态。它跃起扑球，尽可能高地跳离地面，耳朵飞起来，嘴大张着，它在做自己喜欢做的事。任何曾经和狗玩过球的人都了解狗体验到的无限快乐。这些照片说明了服从与承诺之间的重要差别。服从影响企图的动物和人这么做，往往因为感到有义务，或因施加影响的人提出要求，或因形势所迫。他们之所

以服从，是因为必须服从，或因他们没有理由不同意，或因他们受过训练或已习惯这么做。当要求他们做的事使他们充满快乐，从情感上吸引了他们，并以某种方式给予回报，或者本身就是他们喜欢做的事时，他们就会被唤起承诺。

图1-2. 服从（左）与承诺（右）之间的差别

除了承诺，影响企图的另一种可能结果是领导力。在这种情况下，那个人不仅接受影响，决心从事这项事业，而且承担领导角色，接过影响者的衣钵，推动这项事业进一步发展。在历史上的各个阶段，有许多人接受影响，最终进入领导阶层。美国前总统罗纳德·里根在美国内外鼓舞了大批里根式的财政保守派。印度民族解放运动领导人甘地感动亿万印度人民参加非暴力抗议，不与英国当局合作，推动印度走向独立。在他的影响下，许多政治门徒担任更重要的领导角色，其中包括贾瓦哈拉尔·尼赫鲁——他成为印度第一任总理。在非裔美国人民权运动中表现突出的人物——仅举几例：W.E.B. 杜波依斯、马尔科姆·艾克斯、罗莎·帕克斯和马丁·路德·金，在他们的影响下，许多追随者担当了领导角色，其中包括杰西·杰克逊、朱利安·邦德、罗伯特·摩西、詹姆斯·梅雷迪思和安德鲁·杨。鼓舞人心的领导者有一个共同的目标，他们不只是诱导承诺，还要鼓励其他人担当领导，推进鼓舞人心的领导者无法独立完成的运动目标。

正如你将在后面看到的对每种影响技巧的论述，其中有些技巧更有可能导致服从而不是承诺或领导力。如果成功，逻辑说服、合法化、交换和说明技巧通常能产生服从或只是同意。此外，交际、诉诸人际关系、缔结联盟或者咨询技巧有可能产生承诺。而诉诸价值观和树立榜样技巧有可能产生领导力。这并不是说你不能采用讲道理的方式鼓励他人承担领导责任，而是说逻辑说服产生的效果远不及诉诸价值观或树立榜样产生的效果。

怀疑、反抗和不服从

如果影响的企图不成功，可能产生的结果是什么？正如图 1-1 所示，从影响者的角度来看，最不受欢迎的结果是怀疑的态度，它表示疑惑或不信任。像大多数人一样，我有时会接到强行推销的销售人员的电话，他们以为不屈不挠的骚扰会说服我把钱送给他们。且不说他们卖的是什么，或者我是否需要他们的产品或服务，仅仅是他们采用的方法就非常令我反感。我不但不会被打动，不会受影响，而且会非常烦恼甚至愤怒。你可以认为冷漠也是一种不成功的结果，确实如此，但是怀疑比不为所动更严重。怀疑的态度在受影响者心里埋下疑惑和不信任的种子，使影响者将来更难以成功影响那个人。

就影响企图而言，更强的负面反应是反抗。在这种情况下，受影响者要么积极、要么消极地反抗影响者的意愿，或者，受影响者带头反抗影响者，并努力争取其他人参与反对影响者追求的目标。举例来说，假设我的一位同事带着提案来找我，提议把我认为是核心业务重要组成部分的业务外包。她试图说服我说通过外包，我们可以节省资金，改善服务和质量。无论如何，我不买账。我表示怀疑，并告诉她我认为那不是好主意的原因。她不仅没有影响我，还让我的内心产生疑惑，将来我更不可能赞同她，除非她以更令人感兴趣的论证回复我。

我可能会采取积极或消极的反抗方式回应她的影响企图。如果积极反抗，我有可能对这方面的外包状况进行调查，收集反对这个想法的论据，发布有类似含义的报告。我的目的是努力说服其他人反对她。我也可能以各种方式消极反抗：不支持她；与他人私下会晤，说出我的怀疑；或者更努力地工作，在她想外包的那方面表现得更出色。对我来说，更强烈的消极反抗是开始反外包事业；热心地公开反对外包；建立反对外包的管理者联盟；在高管层摇旗呐喊，不仅反抗她的建议，而且要摧毁它。

实际上，图1-1中基线两侧列出的结果是对立的。怀疑是服从的对立面，反抗是承诺的对立面，不服从是领导力的对立面。当然，现实并不像图表显示的那么简洁。人们对影响企图作出何种反应，是积极的，还是消极的，差别极大。但是，其基本点是，任何影响企图都可能没有结果（基线），产生对影响者来说积极/成功的结果或消极/不成功的结果——这些结果的反应强度可能有差异。为什么说这很重要？因为当你试图向他人施加影响时，有许多人、组织和文化因素影响他们对你作出的反应。如果你想更成功地影响他人，尤其是跨文化影响他人，了解这些可能的结果以及控制它们的方式很重要。

因此，影响的重要基本原则就是每种影响企图都有一系列可能的结果，要想最有效地影响他人，你需要知道如何获得成功的结果，回避不成功的结果。

影响的十项法则

还有一些影响的基本原则，我称为"影响的十项法则"。

法则 1

影响企图可能因为许多正当理由失败

如前所述，你能影响任何人做任何事的想法是荒谬的。人们可能不为你的影响企图所动，甚至意识不到你的影响企图，原因有很多。在《约翰·科特论领导人真正要做的事》一书中，约翰·科特探讨了人们为什么有可能不回应管理者的影响企图："有些人不合作，也许因为他们在别处太忙，也许因为他们真的没有能力帮忙。其他人的目标、价值观或信仰很可能与管理者的目标、价值观或信仰极不相同，而且有冲突，因而没有任何帮助或合作的愿望。"[1] 此外，你试图影响的人也许并不在乎你希望他们拥护的事。他们或许不赞成你的意见、想法、建议、提议或观点；或许并不需要你销售的产品；或许心烦意乱；或许对你、对你的团队或公司尊重不足，因而没有注意到你的留言。

想想看：在商界，销售人员在研究和实践影响技巧上花的时间比公司里任何其他团队花的时间都多，然而，即便是最优秀的销售人员也不可能总是把他们的产品或服务销售给每个顾客。为什么？因为，虽然他们可能经验丰富、具有影响力，但是仍有许多正当理由说明他们为什么不能或不会说服某些顾客——那些理由往往与销售人员无关，而与顾客和当时的境况有关。在现实世界，影响一个购买决定的因素有许多，甚至经验丰富的销售人员也有可能意识不到，或者无法改变。那些因素会引导买家选择其他供应商或什么都不买。

法则 2

影响前后关联

如果情况和环境不利于人们表示赞同，他们就不会答应接受影响。同意的基础是自主权、利益和心情。

我的意思是说，你想影响的人必须有表示赞同的自主权，你的要求或命令不应该违背那个人的利益和价值观，而且那个人必须愿意答应你。

---

1 约翰·科特. 约翰·科特论领导人真正要做的事. 波士顿：哈佛商学院出版社，1999：98 页.

自主权——在同意的这些基本原则中，自主权最重要。接受影响的人是否能够答应？如果那个人愿意同意，他有表示同意的自由吗？最近，我看了一部动画片，片中有一位古代民意调查人在一间草房前和一位农民谈话。调查人问那位农民，他认为匈奴王阿提拉是非常好的领袖、好领袖、不好的领袖还是非常不好的领袖？这是一个黑色幽默，因为如果给出错误答案，那位农民会有生命危险。他没有对阿提拉的领导表达诚实意见的自主权。

为什么人们会没有接受影响的自主权？因为他们也许没有权力同意，因为规则、规定、法律、标准或指导方针有可能禁止他们同意。你努力说服一个人购买你的产品，但是因为她在公司的职位，她没有权力答应你。或许那个人已经承诺了另一个行动方案，需要信守承诺；或者认为他生活中的某位权威人物（例如家长、老师或老板）不会批准。或许你是在让一个人做他已经发誓不做的事，就像为一个戒酒的酒鬼提供鸡尾酒。他面对的约束有可能是内在的，也有可能是外力强加的，而你可能永远不知道这些因素是什么。因此，当你努力影响顾客、管理者、同事、同伴或任何其他人时，首先要问自己的问题是：这个人有答应我的自主权吗？

如果没有，你就是在努力影响一个不能接受影响的人。要不然，就是时机不对（或许这个人以后会有更多的自主权）。也许，影响这个人的企图永远也不会成功。

利益——其次，问问你的要求是否符合那个人的利益和价值观。如果不符合，那么顺从你，那个人就会失去属于自己的利益。在这种情况下，大多数人绝大部分时间不会愿意答应接受影响。"苏格兰飞人"埃里克·利德尔就是一个实例。他是20世纪初的短跑选手，1924年代表英国参加奥运会，后来成为电影《烈火战车》主人公的原型。利德尔是虔诚的基督教徒。他拒绝在安息日参加比赛，因而没有参加他的强项100米的比赛。影片中，由威尔士亲王领导的英国奥委会努力说服利德尔，希望他"为了国王和国家"参加100米预选赛，他坚决拒绝。于是，奥委会负责人指责他无礼。利德尔愤怒地回答："试图说服一个人违背他的信仰才是无礼。"

这个例子说明，如果你试图说服他人做不利于他们最大利益的事情，或者不符合他们的价值观或信仰的事，你就会遭遇反抗。因此，你需要了解什么对他们最重要，还要避免直接对抗他们的价值观。这是不是说，你永远都不可能让人们偏离一点点他们的价值观或信仰呢？不是。但是，经验证明，你必须谨慎地接近他们，一定不要直接对抗、拒绝或使他们的信仰体系失效。"骑马的最好方式是朝向马要走的方向。只有先调整到马打算走的方向，才有可能随后慢慢有意地调整到你想走的方向。"[1]这句话说得很有道理。如果你试图在短时间内改变马想走的方向，就有可能被甩下马背。同样，如果你试图影响人们偏离他们根深蒂固的价值观和信仰，如果你的要求不符合他们的最佳利益，就可能失败。

心情——最后，人们不响应影响企图也许只是因为他们心情不好。我有一位客户，喜怒无常，我叫她多娜。你打一个电话又一个电话，却永远不知道她是会友好地合作，还是会咄咄逼人地发脾气。在与她打交道的几年里，我永远无法知道哪一个状态的多娜会接这个电话。我由此认识到，影响她需要耐心和毅力。我不得不等到她的恶劣情绪过去之后，再提出以前提到过的观点。有时，我还不得不耐心忍受，等到下次她比较能接受的时候再打电话。我从没见过比多娜更善变的人，但是即便是最通情达理、最善于接受的人偶尔也会有心情糟糕的时候。我敢说，我们所有人都会不时感到心情不佳，闹一会儿别扭。

有些人没有心情合作，也许因为性格，或工作让他感到心烦、忙碌，或工作需要保密。电影《惊天大阴谋》中的一个情景就很能说明问题。影片开始后不久，法庭传讯试图在民主党全国委员会总部安装窃听器的五个人，在此期间，记者鲍勃·伍德沃德（扮演者：罗伯特·罗德福）走进法庭，坐在乡村俱乐部律师马卡姆（扮演者：尼古拉斯·科斯特）后面。伍德沃德问，他在那里是否与水门盗窃案有关。律师回答，他不在那里。当意识到这么说有多滑稽之后，他又补充说自己不是被告窃贼的律师。马卡姆向伍德沃德指出被告的律师后，就拒绝回答更多问题，并离开了法庭。伍德沃德不屈不挠地跟着他走进门厅，

---

[1] 诺亚·J.戈尔茨坦，史蒂夫·J.马丁，罗伯特·B.西奥迪尼.就是要说服你：提高说服力的50个科学方法.纽约：自由出版社，2008：82页.

问马卡姆，他怎么那么快就到了。因为那些窃贼被捕后还没有打过电话，所以这暗示是窃贼以外的人安排了私人法律顾问。马卡姆回避回答这个问题，返回法庭。伍德沃德追着他，提出更多问题，结果，马卡姆透露，他在一个社交场合认识了其中一个窃贼。伍德沃德从马卡姆那里了解到的东西引起他的怀疑：在水门发生的不是普通盗窃案。

在这个场景中，伍德沃德努力说服消息人士提供信息。出于各种原因，这位消息人士不愿意合作，但是伍德沃德的坚持最终收获颇丰，有助于他的调查，使他相信这个故事不简单。有时，你努力影响的人不配合，也许因为他们害怕你、怀疑你，或者不喜欢你这个人或你所代表的东西。也许因为某种原因，他们对你抱有成见，而你可能永远也不知道为什么。所有这些因素都有可能提高他们的反抗力，降低他们的接受力。对同意接受你影响的人来说，他们必须愿意合作才行。

简单测试——采用这个简单测试可以预估某人如何回应一个影响企图：问问你自己，**这个人为什么会同意或不同意？**提这个问题是为了让你站在他人的立场看问题，让你从受影响者的角度看情况。假设你想请一位朋友给一所大学的奖学金基金捐款，对他来说，你要求的是可观的捐赠。他为什么会同意或不同意？

他可能同意的原因：

1. 他喜欢你。
2. 他知道那所大学奖学金基金对你来说很重要。
3. 他是一位校友，这所大学对他来说很重要。
4. 今年他向慈善机构捐赠的不多，对此感到内疚。
5. 他会这么做，是希望你将来能支持他最喜欢的慈善机构。
6. 他刚好得到一笔外快，感觉有这个雅兴。

他可能不同意的原因：

1. 他喜欢你，但是感到你们之间产生了距离。
2. 他对你很友好，但是真的没把你当成密友，因而觉得没有义务支持你的事业。

3. 他并不特别热爱这所大学。

4. 他没有这份钱，或者不是那么慷慨的人。

5. 他已经捐钱给慈善机构，因而认为他现在不能再作贡献了。

6. 他愿意作贡献，但是数量没有你要求的那么多——你要那么多，让他很烦恼。

7. 他已经向这所大学的奖学金基金捐过款，不想再多捐了。

8. 他请你向他最喜欢的慈善机构捐赠时，你没有答应。现在，他认为没有义务支持你。

9. 最近，他收到一些坏消息，没有捐赠的心情。

10. 他担心失业（或者已经知道他即将下岗），因而没有多余的现金。

尽管你无法预测朋友的所有情绪，但是操练这个简单测试很有好处。你不会知道他可能或不可能同意的所有原因，但是这个测试仍然有助于你提前预测那些原因。它可以帮助你选择恰当的影响技巧，并以正确的方式设计论据。总之，它有助于你了解他人认为什么有说服力，什么没有说服力；它有助于你了解他们是否有表示同意的自主权，如果没有，为什么没有；它有助于你了解他们的利益和价值观；它有助于你了解他们是否会心情愉快地与你合作。

当然，如果你在努力影响你的朋友，他的反应和回答会透露出你能立刻用来修订论据的信息。你可以在与他谈话的时候了解到你事先不了解的东西，它将帮助你更深刻地认识别人不同意的原因，以及让他表示同意需要的是什么。此外，影响的艺术还涉及适应，和有能力辨别如果你坚持下去，是否有损害关系的风险。有时，如果你认为他的情况有可能改变，或者在认真思考你提出的要求之后，他的思想有可能改变，你就已经掌握主动，那么最明智的做法就是停下来，待会儿再去影响他。

法则 3
影响往往是过程而不是结果

如前所述，你也许不能在第一时间或以你接近他们的第一种方式影响他们。

影响往往是一个过程而不是结果。你第一次接近他们时,也许他们心情不好。他们起初抵制,或许因为他们需要仔细考虑一下。举例来说,内向的人往往需要独自思考,然后才可能同意某项建议。他们需要考虑一下这个想法,可能要和密友谈谈,并在接受之前彻底想清楚整个概念。或许他们需要更多不同的论据。或者,如果他们和你不太熟,他们也许需要在和你相处时感觉自在之后才表示赞同。有些人认为,太轻易地答应某事有可能使他们显得容易被控制。另一些人天生抗拒影响,几乎不管谁在影响他们,他们都会首先采取抵挡的姿态。

有时,你使用的影响技巧不能在他人身上产生反应。如果继续尝试相同的方法,可能会产生越来越大的阻力。例如,逻辑性极强的人有个共同的毛病,就是假定其他所有人也同样具有逻辑性,而且都会对充分合理且符合逻辑的论点心悦诚服。当他们尝试这种技巧,并且失败了的时候,他们通常会再去展示更多理由、更多事实、更多证据——即使面对越来越大的阻力。因此,有关影响的重要经验教训是当你采用的技巧不起作用时,最好尝试其他技巧。不要继续苦心钻营,以为你能最终说服他人。咄咄逼人地使其屈服只能让你令人讨厌。即使对方让步,也有可能是被迫的,这是不道德的,有可能损害你们的关系。

法则 4
影响是文化艺术

即使在商业环境中,在墨西哥起作用的技巧不一定会在马来西亚起作用,正如澳大利亚特有的开放性和随意性也许并不能为德国或荷兰所接受(事实上,还有可能引起怀疑)。影响效果部分取决于每种文化的惯例、价值观和信仰。我在本书大部分篇章以及相关网站探讨了世界各地权力与影响力的不同。我考察文化的基准是《环球》有关62个社会群体的研究——对全球文化差异最新且最全面的分析。[1] 此项研究确定了文化差异的8个维度:业绩导向、未来导向、性别平等、极度自信、个人主义、集体主义、权力差距、人本导向和不确定性规避。

---

[1] 罗伯特·J. 豪斯,保罗·J. 汉格斯,曼索尔·贾维丹,彼得·W. 多尔夫曼,威平·古帕塔. 文化、领导和组织:《环球》62个社会团体研究. 伦敦:塞奇出版社,2004.

《环球》的作者们将"极度自信"定义为"组织或社会中的个人在社会关系中的自信、对抗和进取的程度"。[1]《环球》研究显示，在采用自信实践的国家和地区中，匈牙利、德国、中国香港和奥地利排名最高，瑞典、新西兰、瑞士和日本排名最低。我对全球权力与影响力的研究证明，自信实践排名最低国家的人具有下列影响特点：

- 他们更有可能构建并利用支持者网络，而不是努力依靠自己施加影响。简言之，他们会建立更多联盟。
- 他们的行为最不可能被视为威胁。
- 他们更倾向于与其他人建立密切关系，并且尝试借助那些关系施加影响。
- 他们更有可能带头或向其他人示范如何做事。换句话说，他们更有可能担当导师、教练或老师。
- 在利用吸引力作为权力之源方面，他们的评级更高，这说明他们更有可能拥有人们似乎喜欢的品质。（请看《权力的要素》对这种权力之源的更全面论述。）

相比之下，那些在极度自信方面排名最高国家或地区的人们拥有以下特点：

- 他们更有可能借助某种权威形式，使他们的要求合法化。
- 他们更有可能大胆直言、毫不犹豫，利用强有力的手势阐明自己的观点。
- 在寻找替代选择或解决方案方面，他们可能更富有创造力。
- 他们可能更具表现力，并且拥有组织内外更广泛的社会关系网络。

以上所列的意思应该很明显：尝试向高度或低度自信文化中的其他人施加影响存在着不同的难题，而且就因为有这种文化差异，有些影响技巧会在不同国家起更好或更差的作用。举例来说，如果我试图影响德国的一名客户，我会预料到：这名客户对等级或权威更敏感，当她为说明自己的观点而提到权威时，会直接或大胆地阐明她的立场，并期望我作出反应。如果我当时前往日本参加客户会议，我会预料到：那个客户会让其他人参与决策，寻求有关购买决定的共识；

---

[1] 同前，12页。这种自信的程度在某些方面类似于吉尔特·霍夫斯塔德的男性维度。霍夫斯塔德是第一批研究文化差异的人之一。第八章有更多有关霍夫斯塔德的内容。

他在开始谈生意之前，会花更多的时间交际；他重视建立更紧密的关系，以此作为谈生意的先决条件。而且，我明白，如果我以与德国客户互动的方式与他互动，我的日本客户会不知所措，甚至尴尬地面对我。他有可能把我的豪放、善于表现和率直解读为无礼甚至侵犯。尽管这些观察似乎加强了文化的刻板印象，但事实上，有关德国和日本对待权力与影响力不同方式的研究为此提供了支持。

法则5
道德影响需要"两相情愿"且往往互惠

我在引言中指出，道德影响是"两相情愿"的，也就是说，受影响者没有受到真实或想象的强制作用，而是心甘情愿地遵从影响者，虽然他回应的某个人拥有要求或请求服从的合法权威。例如，警官示意司机停车，司机也许感觉服从有压力，但是会因为那是社会认可的准则而屈服于警官的权威。我将在第三章中通过影响的具体例子，更详细地探讨借助权威施加的影响。

在不存在权威的道德影响中，受影响者愿意接受影响，也有权利拒绝影响。因此，受影响者知道那个人的影响企图，也意识到其影响背后的动机。如果投资经理建议我投资一只股票，而且她真诚地相信那只股票将来的走势良好，这是道德影响。如果她收到以销售为基础的奖金，尽管她有证据说明那只股票将要下跌，而且知道我将有可能损失大部分投资，却隐瞒我，还建议我去买这支股票，那就是不道德影响。当影响者诚实地施加影响时，因为完全了解事实，也完全知道可以选择说"不，我不相信"或"不，这次不行"，所以受影响者仍选择接受劝说。

总之，道德影响历来是互惠互利的，也就是说，作为报答，影响者也愿意接受影响。有道德的管理者，即使在向下属发布指令或分配任务时，也依然愿意接受影响，只要她的下属有更好的想法或建议，能够更有效率或更有效力地完成任务。当事人商讨协议或协定时，道德影响有可能牵涉到互相让步，需要双方都同意接受影响。

法则 6

不道德影响有可能成功——但是总要付出代价

纵观人类历史，暴君、独裁者和暴徒都知道，通过武力、暴行、胁迫与谋杀能够控制其他人，也可以将自己的意愿强加于人——有时可能超过数百万人。意大利思想家马基雅维利在《君主论》中写道："如果不能两者兼具，最好是让人畏惧而不是受人爱戴。"1978年，在琼斯镇，吉姆·琼斯说服900多人喝下混合氰化物的软饮料。在他的空中楼阁倒塌之前，金融诈骗案主犯伯纳德·麦道夫从数千名投资者手中诈骗了数百亿美元。

很显然，阴暗面影响确实能起作用，因此对我们中无所顾忌的人有如此大的吸引力，不过，它造成的破坏不仅严重伤害了受害者，而且最终严重损伤害人者，即使不是身体损伤，至少也是名誉损伤。马基雅维利还写道："新任统治者必须确定他将需要造成的所有伤害。他必须一次性实施这些伤害。"这种权力哲学最明显地体现在国家政治的重大历史环境中，也体现在较小的范围。比如，高管滥用自己的权力；管理者试图通过恐吓而不是鼓励来激发人们的积极性；其他人企图利用操纵事实来争取优势。最终，这些策略摧毁了信任，损害了关系，几乎不值他们预期的短期收益。尽管如此，它们仍然吸引着那些满不在乎的人，以及我们周遭心理变态的其他人。

法则 7

人们能作出最佳反应的是他们自己运用的影响技巧

人们倾向于假设：他们喜欢的，其他人也会喜欢；对他们有效的，对其他人也有效。之所以如此，是因为大多数人认为自己是正常人，而且与其他大多数人拥有共同的观点。举例来说，逐渐长大之后，马丁·G.发现：只要他表现得外向而幽默，就能交到更多的朋友，而且自己在朋友中也会最有影响力。这成为他的交际模式，他开始联系其他外向而幽默的人。他们对他的接纳鼓励了他的行为。开始工作后，吸引他的是鼓励外向和幽默的职位和公司。像所有人一样，马丁在适宜自己的环境里工作很出色，于是，他努力运用自己的强项，通过交际影响其他人。毫不奇怪，之后，当其他人与他交往时，他作出了最佳反应。如今，他是一位成功的推销员，拥有厚厚的通信簿，建立了广泛的客户与联系人网络。

与他相反，亚纪子·N.生长在一个拥有崇高理想的家庭，她上学的学校以一位受人尊敬的民族英雄的名字命名。她为自己的成就而骄傲，也为朋友和家人的成就而骄傲。她梦想有一个更好的世界，那里不再存在她看到的不公正与不平等。在她的朋友和同事看来，她是理想主义者和梦想家。她经常尝试通过激励他们，迎合他们的价值观和理想来影响他们，她也对这类影响尝试作出回应。因而，逻辑论证不如吸引她的心灵更能引起她的共鸣。

这些例子说明有关影响的一个重要见解。如果有人试图通过逻辑说服来影响你，那么他们自己也有可能对逻辑说服作出反应。如果他们努力讨价还价，或者与你谈判，那么他们可能也会对交换作出反应。如果他们通过诉诸权威实现合法化，那么他们很可能尊重权威，也会对权威作出反应。人们最常用的影响技巧很可能是他们认为最具影响力的那些技巧。

法则 8
如果你善于观察，就会发现人们会透露他们认为最有影响力的是什么

我认为这是有关影响力的最深刻见解之一。在很多情况下，你不必猜测别人认为最具影响力的是什么。如果你善于观察，如果你仔细倾听别人说的话，观察他们的行为和他们为自己打造的环境，你就能发现最好地影响大多数人的方式。就马丁·G.的情况来说，在你见到他的那一刻，就会看到一个外向而热心的人。他的办公室里放满客户送的纪念品和公司产品的样品。墙上挂着、书架上摆着家人和他度假时拍的照片。他营造的环境表示欢迎你询问他的生活，从中找到与他的某种联系。他喜欢在午餐时谈生意，喜欢快速分享他听到的最新笑话。很显然，你可以通过交际影响他。

要想了解亚纪子需要较长的时间。她更注重私人空间。不过，当她向你敞开心扉时，你会发现，她是人道促进会的志愿者，重视传统，有很强的等级观念。

她关心你要做什么，就像关心你为什么要做某事一样。她钦佩鼓舞人心的领导人，喜欢听新时代音乐，也喜欢听古典音乐。有关她的一切表明，如果你诉诸她的价值观，她会作出最佳反应。

对逻辑说服技巧作出最佳反应的人会向你显示：他们进行逻辑思考，尊重事实和证据，往往无法忍受混乱的认知。对咨询技巧作出最佳反应的人会向你显示：他们希望参与，有想法要分享，需要感觉到成为解决方案的组成部分，等等。如果你善于观察，人们会透露他们愿意接受何种影响，认识到这一点，有助于你更有效地影响他人。

法则9
影响通常包含混合的技巧

在实施教育与培训项目——教导其他人如何更有效地影响别人的过程中，我观察了成千上万关于一个人试图影响另一个人的交流实例。令人感兴趣的一个观察结果是很少有人只使用一种影响技巧，而且我多次看到这个结果得到确认。一般说来，影响包含混合的技巧。例如，一名影响者刚开始时努力解释她为什么认为X是正确的方法或策略。受影响者将其驳回。影响者再尝试逻辑技巧，提供更多证据或从另一个角度推论。这么做也没有结果时，她就换成诉诸价值观，从而产生了一点效果，但是仍然没有成功。于是，她尝试咨询——通过提出问题把别人牵扯进来，如此取得了更大程度的成功，甚至超过她的希望。她有了底气，又尝试利用逻辑说服来敲定协议，但是遭到断然拒绝。于是，她采用合法化技巧，却得到强烈的负面反应，只好再回到诉诸价值观，从而营造了良好的关系。为了获得最终协议，她提出一个交换方案，并被接受。

这往往就是成功进行影响尝试的方式。由于最初的尝试要么没有说服力，要么遭到怀疑，影响者会转而尝试其他技巧，随着从受影响者的反应和响应中了解到更多，她不断探索和调整。如果顽固坚持最初采用的技巧，往往会因为受影响者的强烈抵抗而失败。如果影响者对于影响技巧无效的迹象无动于衷，继续坚持，对方可能会恼怒或愤怒，形势会变化，成为愿望之争。如果你是家长，曾经试图让你的孩子们打扫卧室，你就知道形势会如何发展。为此，我强烈建议，如果你的尝试没有起作用，就试试别的技巧。

法则 10
你拥有的权力越多，你的影响力就越大

权力是决定你能拥有多大影响力的实力基础。你拥有的权力越多，你可以运用的影响力就越大。有些作者把权力与影响力视为相同的概念，但是这么做模糊了一个重要的不同点。你可能拥有巨大的权力，且尽可能选择不直接实施影响。甘地就是一个榜样。作为他那个时代印度的道德榜样和政治巨人，他拥有庞大的权力，几乎可以选择任何方式加以利用，但是他采用他认为在精神和道德上都正确的方式行使他的权力（他的道德立场在印度和全世界增强了他的权力）。然而，有一条警句是这么讲的：权力导致腐败，绝对权力导致绝对腐败。甘地也许是个例外。许多拥有巨大权力的人控制不住自己利用它的欲望，往往以伤害或限制他人的方式运用权力。另外一些人，如甘地，拥有精神和道德的坚韧毅力，能够防止权力导致他们腐败。在任何情况下，某人拥有的权力越多，他能够施加在其他人的生活、机遇、思想、行动和理想上的潜在影响就越大。

权力从何而来？我在《权力的要素：领导力和影响力的经验教训》一书中回答了这个问题。在此，我只想说，你拥有的权力数量与你能行使多大领导力和影响力有直接关系。

主要概念

1. 无论你是多么有才华的影响者，你能影响任何人做任何事的想法都是荒谬的。影响的企图可能因为许多正当理由而失败。

2. 影响的企图没有二元（是/否）的结果。影响的结果也许是没有影响。如果影响成功,最有可能的结果是服从,而影响的企图也可能产生承诺或领导力。如果影响不成功,它们有可能激起受影响者的负面反应,其中包括怀疑、反抗或不服从。

3. 只有形势或环境有利于别人表示同意,他们才会同意接受影响。同意的基础是自主权、利益和性情。对你而言,要想成功地影响他人,他们必须有表示同意的自主权,他们表示同意必须符合他们的利益和价值观,他们必须愿意表示同意。

4. 请采用这个简单测试来考量某人如何回应一个影响企图:问问你自己,**这个人为什么会同意或不同意?**

5. 影响往往是一个过程而不是一个结果。有时,你第一次接近某些人,他们也许不会接受你的影响,你可能需要不断尝试。如果你使用的影响技巧没有起作用,就不要继续作同样的尝试。请试试别的技巧。

6. 影响是文化上的。不同国家和不同文化的人对不同影响技巧的响应可能不同。要在不同的文化中有效实施影响,你需要了解人们在那种文化中如何运用权力与影响力,并作相应的调整。

7. 道德影响是两相情愿的,而且往往是互惠互利的。不道德影响也许能够成功,但是总要付出代价。

8. 人们会对他们自己运用的影响技巧作出最佳反应。如果你善于观察,人们会透露他们认为最有影响力的是什么。

9. 影响通常包含混合的技巧。

10. 你拥有的权力越多,你的影响力就越大。

挑战读者

1. 想想你最近在工作或生活中影响他人的尝试。仔细考虑三四个成功的影响尝试。你努力达到的目标是什么？更重要的是，你为什么会成功？

2. 现在，认真考虑三四个失败的影响尝试。在这些案例中，你努力达到的目标是什么？为什么别人没有如你所愿受到影响？你本来能够或者应该以哪种不同的方式进行尝试？哪种方式有可能产生差别？

3. 认真回顾过去别人如何影响你。曾经有人对你产生巨大的影响，以至于你对那个人的想法或行动方案作出承诺吗？你曾经为担当**领导**角色所感动吗？影响者如何达到那个目的？对你有如此大吸引力的是什么？

4. 反过来，是否曾经有人努力影响你，而你的反应是积极或消极**抵抗**或煽动**不服从**？如果这样，是什么促使你作出反应？那个人做了或说了什么，使形势恶化？那个人应该尝试哪种不同的技巧呢？

5. 曾经有人试图影响你做违背你的利益或价值观的事吗？你的反应是什么？

6. 同意的基础之一是心情。考虑一下当时的情况：有人努力影响你，而你不合作只是因为你没有合作的心情。那么，何时是接近你的最佳时机？什么时候的状况最有利？现在，想想你的老板或同事。何时是接近那个人的最佳时机？何时最糟糕？就影响任何人而言，这说明了什么？

7. 运用这个简单测试，弄清楚对你需要影响的人来说，什么最重要：**这个人为什么有可能表示同意？她为什么有可能不同意？**根据你的回答，为了确保成功，你应该如何接近这个人？

8. 你是否在跨文化环境中工作过？或者是否曾经在你自己的文化中与不同国家的人合作过？你觉察到权力与影响力在不同文化中的作用有多么不同吗？仔细考虑你所采用的没有如你所愿影响来自其他文化人们的那些影响方法。那些方法为什么无效？

9. 人们会对他们自己采用的影响技巧作出最佳反应。想想你的老板和三四个与你最紧密合作的其他人，他们如何尝试影响别人？他们采用了哪种技巧、逻辑、权威、鼓舞、熟悉、咨询？接下来，仔细考虑经常与你合作的那些客户，他们如何尝试影响你或其他人？他们更喜欢哪种技巧？

10.记住，如果你善于观察，就会发现人们能透露他们认为最具影响力的行为是什么。想想与你最紧密合作的一些人，影响他们的最佳方式是什么？他们提供的什么线索透露了影响他们的最佳方式？你呢？别人影响你的最佳方式是什么？你做了或说了什么透露出这个信息？你的办公室或家庭环境暗示你能够被影响的方式是什么？

第二章　影响的方法和手段

值得注意的是，影响他人的方法和手段有很多。英语中许多动词都暗含用不同的方式影响他人思考或行动，或影响他们做一些影响者希望他们做的事的意思：刺激、驱使、规劝、打动、使结盟、激活、求助、争辩、唤醒、请求、讨价还价、以货易货、示意、乞求、使着迷、蛊惑、使存偏见、哄骗、迷惑、促进、使陶醉、指导、劝诱、使转变、使确信、要求、开发、处理、驱动、怂恿、迷住、鼓励、支持、诱使、交换、使兴奋、解释、煽动、使震惊、鞭策、争论、推动、给人深刻印象、使倾向于、诱导、启发、唆使、诱骗、领导、调解、动员、激励、感动、谈判、提供、说服、鼓吹、促成、劝说、激起、使改变、诱发、吸引、推动、鼓舞、勾引、震动、央求、激励、鼓动、教唆、暗示、使动摇、教授、触动、强烈要求、甜言蜜语、争取过来。这些词大都暗含用积极且符合道德的方式影响他人的含义，不过也有一些，如诱骗或勾引，暗示以欺骗的方式影响别人做不利于他们更好判断的事。

不过，如果我们在列表上添加一些表示影响的词，而且几乎所有人一致认为那种影响是不道德的，我们将添加这样的动词：侵犯、攻击、勒索、恫吓、威吓、骗取、诈骗、恐吓、欺诈、迷惑、愚弄、吓唬、伤害、强加于、胁迫、对……撒谎、操纵、威胁、误导、惊吓、使害怕、威胁、戏弄和使受害。语言中有大量描写各种各样施加影响手段的词，是因为影响别人是人际互动的根本组成部分。人们一直努力以不同的方式相互影响，因此，在各种语言中，我们创造了许多描述影响的方式。幸好，我们可以把这些方式和手段归结为一个简单的框架，方便了解人们如何道德地相互影响，如下所示：

影响策略	影响技巧
解释或告知 （理性方法）	逻辑说服 合法化 交换 说明
找到共同点 （社交方法）	交际 诉诸人际关系
诉诸价值观 （情感方法）	咨询 缔结联盟 寻求鼓舞 树立榜样

人们使用最频繁的影响别人的策略是解释他们想要什么或他们为什么想要，或者直接告诉别人他们想要什么，这是影响的理性方法。人们在提供解释时，可能采用两种形式：有可能以逻辑推理为基础，也有可能以权威为基础。有人会说"我认为我们应该这么做，因为这么做符合逻辑"或者说，"我认为我们应该这么做，因为一个权威（比如老板）想让我们这么做"。**逻辑说服**是世界各地的人使用最频繁的影响技巧，毫无疑问，它也是商界人士选用的影响技巧。尽管如此，在各种影响别人的方式中，它有时并不是最有效的，尤其是在你努力激发他人承诺或领导力的时候。合法化（诉诸权威）使用频率相对较低。诉诸权威的方式有数十种，但是它与成功不能混为一谈，因为有些人天生就抗拒权威，或许会抗拒特定权威。

交换和**说明**也是理性的影响方法，但是，在这两种情况下，解释通常是隐性的。你可以通过提供交换或刺激合作来施加影响。以货易货和谈判都是交换的形式。如果有人帮了你的忙，你会提出帮他的忙。这是理性的影响方法，因为受影响者要么明确地通过谈判交换条款,要么含蓄地通过确定影响者的请求或提议的事情是否值得做来权衡交换的利弊。说明是影响者直接声明他希望或打算做什么的影响技巧。说明通常暗示诉诸权威。如果你的老板说:"我希望你在今天三点前提交你的报告。"他是在说明他想要什么,在他的影响企图背后,是他作为你的老板的合法权威,他不必特别提到自己的权威性。这种方式就带有隐蔽性。我将在第三章论述逻辑说服和合法化,在第四章论述交换和说明。

影响其他人的另一个策略是找到共同点,确定你和你想要影响的人之间有哪些相似点,提高他人对你的喜爱程度。这些是广泛应用在社交上的影响方法。研究显示,我们更有可能赞同我们喜欢或感到与自己相关的人提出的意见。**交际**是影响者寻求与他们希望影响的人交往——通过自我介绍、建立联系、分享信息、找到相似兴趣或价值观,而且建立在人类与他人交往所需的共同点基础上。**诉诸人际关系**表示通过请我们已经认识的人帮助、援助、支持或同意施加影响。这种影响技巧通常都能产生很好的效果,因为相互认识的人往往乐意互相帮助、表现友好或彼此支持。

咨询是通过提出激励他人的问题来阐述见解,或者通过在解决问题过程中请他人参与来影响他人,因为参与制订解决方案的人更有可能支持这个方案。最后,**缔结联盟**是影响者通过找到其他支持者,为她想要做的事情建立后备军。然后,在她试图影响某个人时,利用那个后备军来施展影响的技巧。集团商定了基本原则或经营方针,影响者利用此协定影响其他人遵守集团的社会准则,这时也会出现缔结联盟。这种影响方法的基础是社会认同或同事压力("如果别人支持这个主意,那么我想我也应该支持")。我将在第五章论述交际和诉诸人际关系,在第六章论述缔结联盟。

第三种影响别人的策略是利用情感的方法激励或鼓舞他们。如果说解释的策略是征服他们的思想,那么鼓舞的策略就是征服他们的心灵。在诉诸价值观时,影响者试图说服他人,让他们因为感觉良好,或者感觉不错而与之合作——从情感上鼓励他们,或者激活或鼓舞他们的精神。很多政治家、宗教领袖、高管、市场营销人员、广告商、作家、诗人以及发言人早就开始利用这个技巧吸引受众,通过感染他们的情绪来影响他们采取行动了。影响的更微妙手段是塑造你希望其他人效仿的榜样，或者塑造一种生活模式或思维模式，或者成为其他人愿意效仿的榜样。教师、教练、管理者、领袖、家长等一直都是典范。无论他们是否意识到自己在利用树立榜样施加影响，他们始终可以将自己树立成榜样来表现自己，最终影响他人——无论好坏。我将在第七章论述诉诸价值观和树立榜样。

是什么使影响有效？

在我的《权力的要素》一书中，我论述了人们有可能发展权力的十一个来源。（有关这些权力之源的简要说明见附录A。）如果不建立权力基础，你就不会具有影响力。你的权力基础越强大，你可以发挥的影响力就越大。实质上，在组织里，处于高级职位，拥有良好品性，而且知识渊博、受过良好教育、有口才、有吸引力的人，拥有广泛社会关系网络、掌握大量信息和资源的人和享有良好声誉的人比具备相反特点的人更具影响力。当你努力影响别人时，你是在为实现一个目标而运用自己的权力。设想这两种情况：一、我努力说服自己的另一半去我特别喜欢的一家餐馆；二、我努力说服同事和我一起会见一名重要的新客户。在两种情况下都取得成功取决于各种因素，有一些我可以控制，另外一些我无法控制。我能控制的因素显示在下面的公式中：

$$TOPS = 影响效果$$

其中，

T = 我选择的影响技巧

O = 我的组织权力来源

P = 我的个人权力来源，包括意志力

S = 我运用影响技巧的技能

在第一种情况下，如果我与妻子的关系一直良好，彼此受到爱情的吸引力，而且我善于借助我们的关系，我就更有可能成功。然而，如果我笨拙地依靠我作为某公司总裁的职位（角色权力）和广泛的业务关系网络，试图通过说明我的要求去说服她（"这是我们要去的地方"），我就有可能显得傲慢和专断，很可能会失败（实际上，那样还有可能毁灭我的婚姻）。在第二种情况下，如果采用逻辑说服、交际、诉诸价值观或交换的技巧，利用我强大的权力来源，即知识、吸引力、性格、信息、社会关系网络和声望，我就更有可能影响我的同事和我一起会见客户。

影响效果中我无法控制的因素是第一章中引用的那些：受影响者的自主权、利益和心情。我的另一半有表示同意的自主权，也许不会与她的价值观或利益有冲突，但是在餐馆的问题上，她也许不愿同意我的选择。也许，她当时在生我的气，所以不会同意我提出的任何建议，或许她心里已经选择了另一个餐馆。在这种情况下，我们可以通过交换的方式来成功影响彼此（例如说："今天晚上我们去你选择的餐馆，改天晚上再去我选择的餐馆吧"）。我的同事也许没有这种自主权（她可能承诺了另一位客户）、利益（我的会见可能超过了她的专业领域或者公司职责）或心情（她也许正在与我竞争下次晋升的机会，不愿意帮助我）。

我在第一章中描述了一种简单方式，可以在你努力影响某人之前测试其效果。你可以简单地问：这个人为什么会表示同意或者不同意？如果知道我的另一半在生我的气，现在要求她接受我选择的餐馆就可能不合时宜（吃饭时我可能会受到冷遇）。如果那位同事正在和我竞争一次晋升的机会，那么我也许需要找别人和我一起会见客户。尽管如此，如果情况对我有利，也就是说，受影响者可能拥有接受影响的自主权，或者愿意这么做，或是我选择合适的技巧，拥有合适的权力来源，熟练运用合适的方式，我都可能获得成功。

影响力与领导力

早些时候，我就坚持认为没有影响力就没有领导力，因为影响是领导者领导的方式。沃伦·本尼斯和伯特·纳努斯在他们有关领导力的经典著作中附和了这个观点。他们写道："管理技巧与领导能力之间有深刻的差异，但是两者都很重要。'管理'意味着'导致、实现、承担或负责、处理'。'领导'意味着'施加影响、指导方向、指引航线、行动、意见'。"[1] 他们还说："领导力中**至关重要**的因素是影响的能力。"

当然，管理者也需要运用影响力，因为只有一小部分管理工作可以真正通过控制和利用权威来完成。管理者和领导者都致力于实现一个组织的目标。管理者通过计划、组织、流程、任务分配、计量等实现目标，他们也必须指挥别人，管理他们的业绩，而你不可能仅仅通过指挥－控制的方法管理人。他们是人，不是机器、机械零件或装配线。当他们得到人性化管理时，他们会作出最好的回应；当他们对如何完成任务有发言权时，他们会作出最好回应；当他们感觉受到尊敬、信任和关怀，并且充分知情时，他们会保持忠诚和参与的态度。这正是最好的管理者也是领导者的原因，他们通过交际和情感方法而不只是理性方法施加影响，达到领导的目的。

领导者动员周围的人憧憬未来，鼓励他们追随领导者的脚步，从而达到领导的目的。他们向人们说明未来的可能性，并鼓励他们把那些可能性变为现实。他们以各种方式激励并召集人们：实现他们的梦想，赋予他们使命感，当工作完成后，为他们留下深厚的成就感。领导者依靠塑造思维或行为模式，支持考虑情境的新方式进行领导。他们以此赋予人们承诺和勇气，把这些新方式变成他们自己的东西。最好的领导是教师、导师和榜样——他们通过影响，而不是权威完成绝大部分工作。

在许多实例中，领导者和管理者完全是一个人。一位部门副总裁领导团队

---

1 沃伦·本尼斯, 伯特·纳努斯. 领导者：管理的策略. 纽约：哈珀商业出版公司, 1997：20 页.

完成他们原以为不可能完成的工作，他也是一名管理者。一位管理者不仅监督团队的业绩，而且关心团队成员的职业规划，指导他们发展技能，他也是领导。管理与领导的艺术就是知道什么时候担当管理者和什么时候担当领导者；什么时候利用权威和什么时候利用影响力；什么时候提问和什么时候告知；什么时候接管和什么时候放手。在任何情况下都至关重要的是，领导者和管理者要了解他们能够利用的影响技巧范围；知道何时以及如何利用这些技巧；建立他们的权力基础，以便他们获得影响的能力；磨砺他们的技能，以便他能够有效地影响其他人。

关于影响技巧，研究向我们说明了什么

我对全球范围内的权力与影响力进行过研究，其中揭示了有关10项影响技巧使用频率及其有效性的一些令人感兴趣的事实。首先，在全世界各种文化领域中，有5种技巧（我称其为**影响权力工具**）的应用频率大大超过另外5种技巧。我用7分制衡量影响的使用频率。不同等级表明测评的每个人使用特定影响技巧的频率。

如图2-1所示，5种影响技巧——**逻辑说服、交际、说明、咨询和诉诸人际关系**——的使用频率平均为5分，另外5种平均为4分。两组影响技巧之间的差距值得注意。总的来说，无论生活或工作在哪种文化领域中，人们试图影响他人的时候，最常使用的就是前5种影响技巧中的一种。人们总是首先为他们的要求或建议提出合乎逻辑的理由。可以这么说，人们的默认模式是逻辑说服。根据情形和受影响者的不同，他们也许会将影响的社交形式——交际（如果他们不太了解受影响者）或诉诸人际关系（如果他们很了解那个人）作为逻辑说服的补充技巧，他们也有可能利用咨询技巧征求受影响者的想法，努力争取合作。以融合了逻辑与社交的方式施加影响可能是他们的立场或需要的直接声明。

一般来说，不常用的影响技巧一般留在特殊情况时使用。当他们努力影响一大群人的时候，当话题需要体现一些情感或价值层面的东西时，影响者也许会采用诉诸价值观的技巧（例如：某人为一项慈善事业筹集基金时）。他们会在谈判期间或者当争取某人合作的最佳方式是讨价还价或贸易交换时，使用交换技巧。缔结联盟的使用频率较低也许因为太耗费时间。

影响技巧	平均频率等级
逻辑说服	5.91
交际	5.52
说明	5.43
咨询	5.39
诉诸人际关系	5.28
合法化	4.79
诉诸价值观	4.77
树立榜样	4.77
缔结联盟	4.76
交换	4.47

图 2-1. 影响技巧使用频率全球平均值

但是，当影响者要改变某人的观点或争取他人合作，又没有其他更好的办法时，可以尝试用缔结联盟这个方法。合法化（或诉诸权威）最好运用在影响者需要快速承诺的情境，而树立榜样最好用于影响者有充足的时间，可以慢慢影响别人的情境。

图 2-2 显示的是 10 种影响技巧的全球平均有效率（以及使用频率）。正如该图所示，除了合法化的有效率等级相当低以外，其他所有技巧的有效率等级都在 5 分之内。人们使用合法化技巧的有效率通常较低，通常因为既要诉诸权威，又不能显得强硬和具有挑战性。值得注意的是，3 种影响技巧（逻辑说服、说明和合法化）的使用频率等级比有效率等级高。而就咨询而言，其使用频率与有效率几乎相等。但是，其余 6 种技巧的平均使用频率等级低于平均有效率

的等级。这些差异证明，世界各地的人们更常使用逻辑说服、说明和合法化技巧，这些技巧被过度利用了。相反，人们较少应用交际、诉诸人际关系、诉诸价值观、树立榜样、缔结联盟和交换技巧，这些技巧没有得到充分利用。

影响技巧	平均有效率等级	平均使用频率等级
逻辑说服	5.68	5.91
交际	5.61	5.52
诉诸人际关系	5.55	5.28
咨询	5.41	5.39
树立榜样	5.39	4.77
说明	5.35	5.43
诉诸价值观	5.26	4.77
交换	5.23	4.47
缔结联盟	5.03	4.76
合法化	4.65	4.79

图 2-2. 影响技巧的全球平均有效率

要想更有效地影响他人，你应该注意可以使用的技巧范围，以及如何最好地利用这些技巧。请把这些影响技巧放到你的工具箱里。要想在更多情境中更有效地影响他人，你需要拥有一套完整的工具，要知道哪种工具用于哪种情况最好，你还需要拥有有效利用这些工具的技能和必要的权力来源。

主要概念

1. 影响的基本策略有三种：解释或告知（理性的方法）、找到共同点（社交的方法）和寻求鼓舞（情感的方法）。

2. 影响的理性方法包括逻辑说服、合法化（或借助权威）、交换和说明。

3. 影响的社交方法有咨询、交际、诉诸人际关系和缔结联盟。

4. 影响的情感方法有两种：诉诸价值观和树立榜样。

5. 影响的有效性取决于影响者能够控制的某些因素和无法控制的某些因素。TOPS 公式反映了影响者能够控制的因素，其中 T 表示影响技巧的选择，O 和 P 分别表示影响者的组织和个人权力来源，S 表示影响者运用这种技巧采用的技能。影响者无法控制的因素是受影响者的自主权、利益和心情（第一章有更全面的描述）。

6. 管理者和领导者为了实现他们的目标，都会运用影响力。但是，在试图领导其他人的时候，领导者几乎完全依靠影响力。没有影响力就不可能有领导力。

7. 在世界各地，人们倾向于应用五种影响技巧的频率大大高于其他五种。这些**影响权力工具**是逻辑说服、交际、说明、咨询和诉诸人际关系。几乎在每种文化领域中，这五种影响技巧的使用频率都最高。无论你生活或工作在哪里，这些都是你可能最常遇到的影响技巧。

挑战读者

1. 仔细考虑这十种积极或道德的影响技巧。你认为你最常用的是哪种技巧？哪种最有效？你如何努力影响其他人？哪种技巧最适合你？

2. 想想最近别人试图影响你的情况。他们试图达到什么目的？他们是怎么做的？他们成功了吗？如果成功了，他们为什么会成功？那个人怎么样？你和那个人的关系怎么样？那个人接近你，让你感觉有吸引力或说服力的方式是什么？换句话说，你为什么表示同意？如果影响的企图失败，你为什么表示拒绝？

3. 你认为要使影响的企图成功需要什么？

4. 你赞成领导者主要通过影响而不是权威实现他们的目标吗？想几个实例。

想想你认识的若干有效领导者。他们如何为获得自己的目标而努力？你认识的领导者如何争取别人来实现自己的目标？

5. 你知道领导与管理的差别吗？请尝试作一个实验：取一张纸，在上面列出两个栏目。左栏列出的词描写管理者做了些什么或他们使用了什么工具；右栏列出的词描写领导者做了些什么或他们使用了什么工具。你会如何定义管理与领导之间的差别？领导者和管理者依靠影响而不是权威分别达到何种程度？

6. 复查图 2-1 和图 2-2，以及研究结果分析，你对十种影响技巧及其使用频率和有效率做出的结论是什么？

第二部分
正面技巧——积极的影响技巧

本书第二部分探讨人们如何以道德方式彼此影响。道德的影响技巧有十种，但它们都不适合单独运用。每种技巧都有利弊，所有技巧的有效率不仅取决于你运用它们所采用的技能，而且取决于人们接纳它们的程度。在一定的程度上，大多数人响应逻辑说服，但是在某些情况下，逻辑并不具备吸引力或说服力。此外，如果你希望你努力影响的人致力于你提出的行动方案，那么逻辑说服也许不会起作用。你想得到承诺时，最好迎合你想影响的人的价值观，塑造你希望他们效仿的榜样,或者诉诸人际关系（如果你非常了解受影响者，他们也相信你）。在其他情况下，你不会成功，除非你采用交换或缔结联盟技巧——研究显示，这些技巧不太常用，却是用于特定情境的仅有工具。

关键的是这些影响技巧没有一个能做到始终对每个人起作用。出于这个原因，能够始终最有效地影响他人的人都拥有完整的工具箱。他们也知道哪种工具适用于哪种情况和他们努力影响的哪个人。这里对十种道德的影响技巧以及有关它们的重要事实作一个概述。本书第三部分描述四种属于影响阴暗面的影响策略。

理性的方法

逻辑说服 运用逻辑解释你相信或你想要的是什么。这是世界第一的影响权力工具，也是几乎每种文化都运用最频繁，也最有效的影响技巧，但是它并不能对每个人起作用——而且，在某些情况下，它根本不起作用。

合法化 诉诸权威。通常，这是世界上有效率最低的影响技巧，影响范围要根据具体情况来定，而且有可能最快地产生服从的结果。

交换 以谈判或交易换取合作。以隐性而不是显性的方式使用这种方法最有效。与其他影响技巧相比，全世界使用这种技巧的频率较低，但是，它有时是赢得赞同或合作的唯一方式。

说明 声明你相信或想要的。如果你很自信，而且以引人注目的语调说明想法，这种影响权力工具最有效。但是，如果使用过度，有可能事与愿违。

社交的方法

交际 认识其他人，坦率而友好，找到共同点。称赞别人，让他们自我感觉良好，这是运用于文化领域和许多情境的关键技巧。这种影响权力工具的使用频率与有效率在全球排名第二。

诉诸人际关系 争取你已经很熟悉的人的赞同或合作。这种影响权力工具利用的是你现有社会关系的长处和力量。作为影响技巧，它的有效率在全球排名第三。

咨询 通过提出问题吸引或激励别人，让他们参与解决问题或制订解决方案。这种影响权力工具的使用频率和有效率在全球排名第四。聪明自信的人往往有贡献想法的强烈需要，在他们身上运用这种技巧效果很好。

缔结联盟 找到支持者或建立联盟帮助你影响其他人；利用同伴或团队压力争取合作和赞同。这种技巧不常用，也并非总是有效，但是在合适的情况下，它也许是获得同意的唯一方式。

情感的方法

诉诸价值观 进行情感诉求或心灵诉求。因为情感诉求是立刻影响许多人的重要方式之一，也是建筑承诺的最好技巧，所以这是宗教或精神领袖、理想主义者、募捐者和政治家使用最频繁的技巧。

树立榜样 按照你希望别人表现的方式表现自己；充当角色榜样；教导、辅导、劝告和指导。你有可能不知不觉地影响别人。无论他们是否自愿选择，家长、领导者、管理者和公众人物总是通过不断树立榜样——无论积极的，还是消极的——影响其他人。这种影响技巧的有效率在全球排名第五。

第三章　让我解释：逻辑说服与合法化

在英国著名小说家乔治·奥威尔的小说《动物庄园》中，曼娜庄园的老白猪麦哲有天晚上做了一个令人不安的梦，他决定告诉庄园里的其他动物。第二天晚上，农场主琼斯喝醉酒，昏睡过去，睡在他身边的琼斯夫人也发出响亮的鼾声。动物们慢慢聚集到大仓房，听老麦哲说话。动物庄园的动物们非常尊敬老麦哲，因此，在他开始讲话时，它们大都聚精会神地听着：

> 伙伴们，你们已经听说我昨天晚上做怪梦的事了。我过一会儿再说那个梦。我先说点别的事。伙伴们，我想我和你们在一起的时间没有几个月了。在我死之前，我感觉有责任把我获得的经验教训传给你们。我活的时间很长，独自躺在猪圈里的时候，我有大量的时间思考。我认为，我可以说自己理解地球上的生活本质，也了解所有动物现在的生活本质。我希望和你们谈的正是这个问题。[1]

老麦哲的这段自白式序言引起听众的同情，同时把自己描绘成动物中的圣人，描绘成责无旁贷地要把他在漫长生命历程中获得的经验教训传递下去的领袖。他在把自己塑造成为"地球上的生活本质"专家，从而把自己将要说的话

---

[1] 乔治·奥威尔. 动物庄园. 纽约：哈考特·布雷斯·乔万诺维奇出版社，1946：17-18页.

定位成真理：

> 现在，伙伴们，我们这种生活的本质是什么？让我们面对现实吧：我们的生活是不幸的、艰苦的，也是短暂的。

这个声明有可能引起所有表示赞同的动物共鸣，但是它缺少必要的证据，说服不了那些没有这种生活感受的动物。于是，老麦哲又提供了支持自己声明的证据：

> 我们出生后，得到的食物仅够苟延残喘而已。我们中间那些有能力的动物被迫劳作，直到耗尽最后一丝力气。一旦我们失去利用价值，立刻遭到极其残忍的屠杀。

老麦哲假定他们的生活不幸，重要的证据就是他们获得仅能维持生命的食物。尽管这算不上饥饿，但是任何想得到更多食物的动物都有可能同意食物不足构成悲惨的说法。更有甚者，他们"被迫劳作，直到耗尽最后一丝力气"，这使他们过着艰苦的生活，而且一旦他们没有用了，就会被屠宰。从那些失踪或被拉去屠宰的动物命运，他们认识到这是真的，因此，老麦哲的论证听起来真实可靠。这头老猪总结道：

> 在一岁之后，英国动物都不知道幸福或休闲的含义。英国动物都没有自由。动物的生活处于不幸和受奴役的状态：这是不容置疑的事实。

老麦哲还未得出呼吁行动的结论，但是已经为揭露动物不幸原因的论证铺设了逻辑基础，也将引导动物们做出必须反抗的结论。基础打好了，他现在转向联系因果。首先，他想剔除即将推出的结论中一个合乎逻辑的选择：

> 可是，这真的是命中注定吗？是因为我们的土地太贫瘠，不能为生活在那里的动物提供体面的生活吗？不，伙伴们，一千个不！英国土壤肥沃，气候宜人，能够提供丰富的食物，足以供养远多于现在生活在那里的动物。我们这个庄园足以供养十二匹马、二十头牛、数百只羊——他们都将过着舒适而有尊严的生活，几乎超出我们的想象。

因此，他们的生活不幸不是因为土地无法提供更多的食物。他的证据呢？土壤肥沃，气候宜人。土地能够提供更多食物，足以供养比现在生活在曼娜庄园里为数更多的动物。他排除了动物不幸生活的环境原因，引导他们接受他的核心假设：

> 那么，我们为什么继续生活在这种不幸的环境？因为人类几乎从我们手中偷走我们所有的劳动成果。伙伴们，我们的所有问题都只有一个答案，我可以把它归结为一个字——人。人就是我们唯一真正的敌人。

事实就是如此：结果是不幸，原因是人类，老麦哲说。我们动物是不幸的，因为人类几乎偷走我们的全部劳动成果，没有给我们留下足够我们幸福生活的食物。现在，他得出结论，号召行动：

> 在生活中远离人类，永远摧毁饥饿与过度劳累的根源。

他认为，如果摆脱人类，他们就可以实现乌托邦式的梦想。老麦哲的讲话包含一些情感诉求，但其本质是一次逻辑论证：

> 我们是不幸的。
> 人类是我们不幸的原因。
> 如果我们摆脱人类，我们再也不会不幸。

老猪试图通过逻辑说服影响他们，他成功了。动物们受到他的乌托邦幻想的鼓励，相信人类是不幸的原因，奋起反抗，驱逐了农场主琼斯。后来，他们重新为自己的家园命名为"动物庄园"。

我们努力影响他人最常见的一个方式是使我们的要求或立场显得合理或公正。我们通过合乎逻辑地解释我们为什么想要或相信什么，来假定别人会同意或赞同——因为我们想要的是合乎情理的；因为那是有意义的；因为其他任何理性之人都会提出同样的论点，提供同样的证据，得出同样的结论。换句话说，我们假定别人是有逻辑头脑的、理性的。因此，如果我们提出合乎逻辑的要求，那么从逻辑上说，他们会同意。当我们利用理性方法实施影响时，我们基本上都会说，"我想要 X，因为……"或"我认为正确答案是 X，因为……"或"我想要你做 X，因为……"**因为**这个词可能被明说，也可能被暗示，但是它始终存在，因为影响的理性方法要么是基于动机的解释，要么是基于权威的辩护。你应该做 X，"因为这么做合乎逻辑"；或者你应该做 X，"因为一个合法的权威人士说你应该这么做"。

十个道德影响技巧中有四个是理性的影响方法：逻辑说服、合法化、交换和说明。本章论述逻辑说服和合法化：它们如何起作用；在不同的情况下，什么使它们有效或无效；对每种技巧来说至关重要的权力之源；与它们最密切相关的其他影响技巧；以及有效运用它们所需要的技能。理性的影响方法——尤其是逻辑说服和说明——是世界上几乎所有国家使用最频繁的方法，但是，它们并非总是最有效的影响技巧。即使如此，我们往往更喜欢这些理性的影响方法，因为我们假设别人是有理性的，会作出理性的决定。但是，正如我们将要看到的，事实往往并非如此。

逻辑说服

我研究过的 45 个国家中有 44 个国家最常用的影响技巧是逻辑说服（在第

五章中，我会告诉你哪个国家是例外）。在印度、中国、德国、美国以及其他许多国家，逻辑说服的使用频率不仅高于任何其他影响技巧的使用频率，而且**非常明显**，所以它是世界大多数国家默认的影响方法。为什么会这样呢？我认为，这主要是因为由古希腊哲学家巴门尼德（公元前5世纪），他的门徒、同为哲学家的芝诺（"芝诺悖论"的作者）以及其他古希腊哲学家传递给我们的理性思维传统——他们不满足于坚持他们认为是真实的东西。他们力图通过构造无可辩驳的论据证明自己的主张，并在此过程中发明了逻辑。本质上，逻辑探求的是客观真理——那种能得到所有理性观察者证明和赞同的真理。与此相反，东方思想融合了理性与直觉理解方式的经验，从而获得更主观的真理（例如：达到与自然或某人祖先的一致），但是不能通过理性的方法加以证明。

尽管东、西方理解方式的经验都影响世界各地人们的思维和行动方式，但是逻辑拥有最强大的吸引力。逻辑像病毒一样传遍古代世界，只要你愿意，还能修改人们思维方式的DNA。它成为许多研究领域的思想基础，这些领域包括数学、物理学、化学、生物学、工程学、语言、法律、心理学、社会学、哲学和医学等，也构成了我们的教育方法基础。学校不只教给我们技能和事实，还教给我们思考这个世界的方法——让我们知道如何合乎逻辑和理性地思考世界。

因为我们的教育偏向于理性，我们就想象自己是完全理性的生物。我们期望自己，也期望他人理性地表现，作出理性的决策。两岁的孩子问他们的父母，天空**为什么**是蓝色的或他们**为什么**必须现在上床睡觉，这时，他们是在努力了解这个世界，他们期望得到在他们看来讲得通的答案——在他们的理解力范围内似乎合理的答案。我们带着怀疑的目光看待不理性的人（有的时候，我们把他们限制在精神病院）。因此，我们力求影响他人的默认模式是为我们的需求提供合乎逻辑的解释，努力使我们的要求或定位看似合理。以下是逻辑说服的一些实例：

- "客户附加给产品的价值与客户所能感知到的那些产品帮助他们解决问题的能力成正比。因此，产品的价值取决于买方或最终用户的看法，其他一切都是派生物。只有买方或用户可以指定其价值，因为价值可能只存留在他需求或感觉到的利益中。"[1]（这是一个经典的逻辑论证。如果你接受第一句的断言，那么后面的论证就符合逻辑。）

- "由于今天市场的不确定性，人们已经认识到企业养老金不再有安全保证，自身技能倒是能提供给他们安全感。出于这个原因，有天赋的人才会选择能够帮助他们发展新技能、新知识和新经验的公司。"[2]（"出于这个原因"表示两种思想之间的逻辑连接。）

- "耗散结构研究证明，**混乱**有可能是**秩序**之源，发展的基础不是均衡，而是不均衡。在组织里，我们最怕的——波动、干扰、不平衡——不一定是迫在眉睫的毁灭性混乱的信号。相反，波动是创造力的主要源泉。"[3]（这里的逻辑论证是，如果混沌之中产生秩序的原则确实存在于自然界，那么它也确实存在于组织中。）

以上例子来自经典的商业书籍，但是在更为平凡的环境中，逻辑说服也显而易见，例如：

- "比尔，我们星期六去看红袜队比赛吧。乔恩·莱斯特是投手，这场比赛一定好看。"（从逻辑上来说，如果是莱斯特投球，随后的比赛一定会好看。）

- "我本打算做一个巧克力蛋糕，为乔斯过生日。后来，我想起他不喜欢巧克力，于是就做了一个胡萝卜蛋糕。我希望，你也喜欢。"（"我"的决定是合理的。"我"没有做巧克力蛋糕，**因为**乔斯不喜欢巧克力。）

每当你试图合乎逻辑地说明你想要什么或你想要的原因来影响某人时，你都是在运用逻辑说服的影响技巧。运用这种影响技巧的还有这些情况：依据合理标准证明自己的方法或结论是最佳选择时；利用验证的过程作出决定时；依靠知识或专长为个人立场提供事实原因时；当你通过提供图表、图形、数据、统计资料、照片或其他形式的证据努力证明你的案例时。

---

1 西奥多·莱维特.营销想象力.纽约：自由出版社，1986：77页.
2 埃德·迈克尔斯，海伦·汉德菲尔德·琼斯，贝斯·阿克塞尔罗德.人才争夺战.波士顿：哈佛商学院出版社，2001：58页.
3 玛格丽特·J.惠特利.领导力与新科学：从有序宇宙中学习组织管理.旧金山：贝瑞特－科勒出版社，1994：20页.

有关逻辑说服的深刻见解

我相信没有人比爱因斯坦运用逻辑说服技巧的次数还多。他被称为"现代物理学之父",是有史以来最伟大的科学家,还因对20世纪科学的卓越贡献而成为《时代》杂志的世纪人物。不过,爱因斯坦的早期阶段根本不顺利。1879年,爱因斯坦出生在德国乌尔姆,是个与众不同的孩子。他妈妈认为他可能是畸形儿,因为与身体相比,他的头太大了,他的语言发育也远远落后于正常孩子。他三岁以后才开始说话,在上学初期可能有诵读困难,直到九岁才开始正常讲话。但是,言语困难并没有影响他的好奇心。五岁时,他父亲(一位工程师)送给他一个小罗盘,爱因斯坦苦苦思索是什么使指针移动。他天生对机械装置充满浓厚的兴趣,渴望了解使物理世界运转的原因。

在以后几年的学校学习中,他的数学和物理天赋开始显露头角。1900年,他拿到教学文凭,从苏黎世联邦理工学院毕业。因为找不到教学工作,他最终接受位于瑞士伯尔尼(Bern)的国家专利局的一个职位。他在那里评估涉及力学和电学的专利申请。接下来几年是这位年轻科学家的高产年。他发表了许多论文,其中包括有关狭义相对论和光电效应的论文,他还收获了苏黎世大学实验物理学的博士学位。后来,他离开专利局,担任讲师和教授。1914年,爱因斯坦担任柏林凯撒·威廉物理研究所主任。1921年,他因光电效应的研究荣获诺贝尔物理学奖(当时,"相对论"仍然是没有得到公认的概念)。

像所有科学家一样,爱因斯坦为在世界上观察到的现象谋求合理的解释。

图解:爱因斯坦是通过逻辑说服施加影响的大师

他的著名思想实验引导他挑战了传统的宇宙力学观点，除此之外，他还证明了质量和能量相等、光速恒定、重力和加速度难以区分。他为证明这些断言提供了逻辑解释和数学方程式。他的理论如此激进，致使许多人与他争辩，直到后来，科学实验一次又一次证明爱因斯坦革命性的相对论理论是正确的。

随着量子力学的发现爆发了另一场科学革命。爱因斯坦的相对论描述的是非常大的物理现象，而沃纳·海森堡、尼尔斯·玻尔、沃尔夫冈·泡利以及其他科学家努力描述的是非常小的物理现象。物理学的难题之一是用实验的方法可以证明像电子那样的基本粒子同时兼具粒子和波的特性。探索这个谜题以及其他涉及基本粒子的谜题引导海森堡构想出他那著名的"测不准原理"。该理论说明：你能知道一个电子的位置或动量，但是你不可能同时知道它的位置和动量。这个自然的非确定性观点不太符合爱因斯坦的观点，它不合理，所以他反驳说，"上帝不会和宇宙掷骰子"。遗憾的是，相对论能够很好地描述发生在宏观层面的现实状况，却在运用于微观层面时失去作用，而量子力学能够出色地描述微观世界，却在运用于宏观层面时失去作用。这两种理论都正确，但是两者互不兼容。直到爱因斯坦生命的最后阶段，他都在寻求一个统一理论，希望能够统一量子力学和相对论，统一非常大的物理学现象和非常小的物理学现象，但是他没有成功（至今也没有任何其他人获得成功）。

像爱因斯坦这样经常运用逻辑说服作为影响他人手段的人拥有某些共同的特征。他们中的许多人拥有会计、商业、科学、数学或其他技术领域的学历，或者在类似法律这样需要利用理性方法解决问题和作出决策的行业工作。他们接受符合逻辑的教育，他们的职业需要逻辑，他们每天进行逻辑思考。与其他影响技巧相比，那些运用逻辑说服技巧的人最倾向于运用这个技巧，也**明显**更常使用这个技巧。他们依赖于逻辑说服，如果这么做不起作用，他们往往继续运用这同一个方法，仿佛只要他们用足了逻辑，堆叠了足够的证据、足够的事实，他们就将消磨掉他们希望影响的人的反抗意识。他们如此依赖逻辑说服，以至于运用其他影响技巧可能会感到不舒服，或者根本不想试一试。

研究中出现了另一个令人感兴趣的观察数据。最有效运用逻辑说服技巧施加影响的人也善于运用其他技巧，也就是通过建立支持者联盟，或提出刺激他人感知到或接受影响者观点的问题施加影响。我认为，他们善于缔结联盟是因为他们的说服能力让他们能够发现和说服潜在的盟友支持他们，而他们组织强有力论据的能力使他们能够提出恰当的问题，引导他人得出与他们一致的结论。最终，有效运用逻辑说服技巧的人往往成为高明的谈判专家。他们知道如何起草逻辑提案，如何运用事实支持他们的论点，而这些技能使他们通过谈判或以货易货（被称为"交换"的影响技巧）更好地施加影响。

在《权力的要素》中，我确定了人们拥有有效影响力和领导力所需要的权力之源。[1]（本书附录 A 中也提供了这些权力之源的概要）。知识和信息是任何希望高度有效地运用逻辑说服技巧的人必不可少的两个权力来源，这似乎合乎逻辑。然而，尽管知识渊博、消息灵通十分重要，但是研究显示，就逻辑说服技巧而言，最重要的权力之源是善于表达——清晰有力的沟通表现。知识和信息本身并不能让人们熟练运用逻辑说服技巧。尤为重要的是他们能够熟练地以别人认为有吸引力的方法明确表达自己的想法。

逻辑说服的另一个重要权力之源是声望，是你在组织或社区内受重视的程度。这是研究中吸引人的发现。它表明，你受重视的程度越高，人们越有可能接受你的逻辑主张。无论如何，如果你的知名度或受重视程度不高，即使你的逻辑推理很合理，你罗列的事实很正确，你也可能不会那么成功地说服别人。这个悖论告诉我们许多有关什么能影响别人、什么不能影响别人的道理。

同样，作为权力之源，品德也与逻辑说服的有效运用高度相关。相比品德无瑕疵的人，一个品德有问题的人可能运用了逻辑说服技巧但没什么效果。这并不奇怪，它强化了一个古老的告诫：评估某人不得不说的话的价值时，你必须考虑它的来源。有意思的是，研究显示，有效运用逻辑说服与一个人在组织内的角色或职位，或这个人对重要资源的控制之间没有相关性。因此，当公司高管试图通过给予他们的要求合乎逻辑的理由，说服雇员做某事时，他们不一

---

[1] 特里·R. 培根. 权力的要素：领导力和影响力的经验教训. 纽约：爱默康出版社，2011.

定因为自己的级别而更让人相信。级别中也许含有特权，但是涉及逻辑说服时，这样的特权就没有了。同样，富人或那些控制大量资源的人在应用这种影响技巧时也没有优势。

为了有效运用逻辑说服技巧，人们需要哪些技能？研究显示，擅长运用这种技巧的人也擅长逻辑推理（毫无疑问）、形象化地分析和展示数据、提出有深度的问题、找到有创意的替代选择和运用吸引人的语调。这些结果并不令人吃惊。事实证明，擅长逻辑说服的人也具有倾听和与他人建立良好关系与信任的娴熟技能。对任何人来说，有人听自己说话都是令人愉快的体验。它使我们感觉得到认可和有价值，因此，当一个试图影响我们的人愿意花时间听我们说话时，更容易让我们接受他的观点。此外，如果影响者愿意花时间预先与我们建立密切的关系和信任，我们也会更愿意接受他的观点。这些结果给予我们深刻的启示：当你努力运用逻辑说服技巧影响他人时，如果你提前与他们建立密切关系和信任，并且在他们说话时，**积极倾听**，你的想法一定会更可信，也更具吸引力。

逻辑说服的局限性

像麦肯锡、贝恩、波士顿咨询集团和埃森哲这一类的管理咨询公司一般为自己能用理性方法解决问题而自豪。他们的结构化数据采集和严谨的客户问题与机会分析旨在产生最好、最合理的解决方案和建议。然而，根据他们的一些高级合作伙伴测算，在为那些活动付出数百万美元之后，客户完全采纳他们建议的时候不到一半。为什么？如果说由世界上最优秀的人才作出的逻辑分析能产生解决经营问题的最合理办法，为什么执行团队并不总是完全执行咨询顾问的建议？答案是，"最佳解决方案"不只需要符合逻辑。麦肯锡的传奇董事马文·鲍尔曾经说过，人们不会作出理性的决定。他们先作出情绪化的决定，然后运用逻辑来证明。

古代的亚里士多德和柏拉图，当代的哲学家、心理学家，以及更近代的神经系统科学家都试图解释理性和感性在人类决策和行为中所起的作用。区分人类大脑与其他灵长类大脑的是我们的新皮质（白色物质）大小，它使我们有意识、判断和理性思考的可能。可是，我们的新皮质在大脑顶层，与大脑更原始的部分（其中包括位于脑干上方的杏仁核）共同起作用，是我们情感回路的基础部分。[1] 在形成我们精神生活的持续思想流中，我们唤起理性与激情、认知与情感。事实上，正如所有《星际迷航》迷所知，正因为我们无法把理性与情感分开，才使我们成为人类。因此，马文·鲍尔的观察似乎是有根据的。尽管我们当时可能并没有清醒地意识到，但是我们作出的每个决定、我们推出的每个结论、我们考虑的每个论据似乎都在某种程度上受到我们情感的影响。在评估逻辑命题时，我们似乎没有实施纯粹推理的生理能力，甚至逻辑上正确的最真实论据也可能影响不了在情感或心理上倾向于做其他事的人。例如，在影响力专家罗伯特·B.西奥迪尼在其有关影响心理学的书中指出，我们经常受到"还人情"需要的影响。[2] 如果有人给了我们什么东西，我们感觉一定要回报什么东西，**即使这不合逻辑**。我们也受到需要显得始终如一的影响，因此，我们一般会理所当然地认为应该兑现之前承诺过的事情，**即使这么做已经没有什么意义了**。我们还受其他人所作所为的影响，**即使他们在做的事不合逻辑**。此外，我们倾向于相信高价位的服装、首饰、电子产品和艺术品比低价位的质量更高，价值更大，尽管价格与质量之间或许并没有联系。

我们往往想当然地认为，外貌有吸引力的人也更聪明、更灵巧、表现更好，因此相比相貌平平的人，前者更有可能获得成功，这种情况被称为晕轮效应。很显然，这是不合理的，但是许多社会学研究已经证明了晕轮效应。我们还受到安慰剂效应的戏弄。在药物研究中，接受检测的患者中一半收到真正的药物，另一半（实验对照组）不知不觉地收到安慰剂——一种不会产生效果的无效药。

---

1 丹尼尔·戈尔曼.情商.纽约：矮脚鸡出版公司，1995：13-29页.
2 罗伯特·B.西奥迪尼.影响力：说服的心理学.修订版.纽约：威廉·莫罗出版社，1993：17页.

然而，在无数次实验中，实验对照组的一些患者身体状况也得到改善。安慰剂效应为什么会起作用依然是个谜，但是人们普遍认为，那是源自人们期待药物发挥好的效果。

我们并不像我们自认为的那么理性，我们的决定受到个人甚至有可能意识不到的许多情感、心理和社会因素的影响。[1] 人类活动的某些领域比其他领域更有理性。我们期望在科学、数学、工程学、技术和商业之类的领域更有理性。我们期望应用事实，分析数据，从我们解决问题和制订决策的结果中得出符合逻辑的结论。我们愿意认为我们的策略和计划是合理的——在某种程度上，这是事实。在这些领域，适合运用的影响技巧是逻辑说服。但是，即使在这些高度理性的领域，逻辑说服也有可能无法影响他人，至少在某些时候，因为人类做的事没有完全理性的，认识到这一点很重要。如果你是在用事实和数学公式解决一个工程难题，那么理性的方法是正确的方法；如果你试图让别人相信你解决某个社会或家庭问题的方案是最好的，那么，运用逻辑说服也许不会如你所愿那么有效，因为人不是机器，其他隐藏的因素有可能影响他们的决策。

在《约翰·P. 科特论领导人真正要做的事》中，约翰·科特评论说，领导者不能指望人们服从连续不断的命令，仅仅因为它们来自老板。而且，"试图仅仅运用说服的手段，这种影响也不会起作用。尽管说服是非常有力而且可能是最重要的影响方法，但是它也有一些严重的弊端。要让它起作用需要时间（往往是大量时间）、技能和说服者方面的信息。说服有可能只因为其他人选择不听

---

[1] 越来越多的证据表明，我们始终而且往往下意识地受到各种情感和心理因素的影响，使我们根本没有理性。相关著作有奥瑞·布莱夫曼和罗姆·布莱夫曼的《摇摆：难以抗拒的非理性诱惑》（纽约：双日出版社，2008），17 页；丹·艾瑞里的《怪诞行为学》（纽约：哈珀柯斯林出版社，2008），XX。在《摇摆》中，奥瑞和罗姆确定了一些这样的因素，他们写道："这些隐藏的潮流和力量包括厌恶损失（我们竭尽全力回避可能损失的倾向）、价值归因（我们根据最初的感知价值为一个人或一件事附加某些品质的倾向）和判断偏差（我们对否定我们对某人或处境最初评价的所有证据视而不见）。"麻省理工学院经济学家丹·艾瑞里认为，传统经济理论错误地假定消费者的行为都是理性的："在传统经济学中，我们都是理性地假设，意味着在日常生活中，我们计算我们所面对的所有选项的价值，然后遵循最佳行为路线……（然而），我们远不及标准经济学理论假设得那么理性。此外，我们的这些非理性行为既不是随机的，也不是没有意识的。它们是有系统的，而且由于我们一次又一次地重复，它们也是可以预言的。"例如，艾瑞里注意到，我们和某个产品联系起来的第一个价格成为一个锚定，影响我们将来愿意为那个产品付出多少钱的决定，尽管产品未来的实际价值也许完全不同。

或不仔细听而告失败"。这正是逻辑说服的局限性。无论你的逻辑多么合理,都有可能无法影响他人:如果他们不听;如果他们早就倾向于另一种解决方案;如果他们对你或你所代表的组织有偏见;如果他们在了解其他人的立场之前不愿意支持你;如果他们需要更多的时间考虑此事;如果有其他隐藏的因素阻止他们赞同你。

何时运用逻辑说服

在某些情况下,逻辑说服是首选的影响方法,但是它有可能导致服从而不是承诺。你可以在这些情境运用逻辑说服技巧:

- 当你试图影响的人已经表现出对逻辑说服敏感时。例如,如果某人刚刚试图通过向你提供逻辑论证说服你做某事,他很有可能也会对一个逻辑论证作出反应。
- 当你希望影响的人**期待**一个符合逻辑的计划或解决方案时。例如,你在提交科学论文、商业建议书、技术计划、财务分析报告,或诸如此类的东西时。至少在开始时,特定的环境——比如评估收购候选对象的商务会议——需要符合逻辑的方法。
- 当你不处于危急环境或者不需要快速服从时。在危急时刻,你需要能够导致更快服从的影响技巧,比如合法化。如果人们有时间作出反应或深思熟虑,那么逻辑说服就可能有效。
- 当国家或组织文化倾向于逻辑说服时。在诸如思科系统的科技企业或毕巴威之类的会计事务所,逻辑说服是优先运用的影响手段。但是,在公共事业组织或那些从事艺术的组织,其他方法(如诉诸价值观、咨询)往往更合适。
- 当你的知识、技能、专长、经验或洞察力是对方不具备的时候。在这些情况下,你出众的知识和信息量有可能具有决定性意义。

- 当你具有雄辩的口才或非常优秀的表达能力,能够运用你的语言天赋提出令人信服的案例时。记住,善于表达是与有效运用逻辑说服高度相关的权力之源。相反,如果你没有雄辩的口才或令人信服的表达能力,那么运用逻辑说服技巧就可能无效。
- 当你拥有证据优势支持你的观点时。如果事实压倒性地支持你的论点,甚至在面对情感阻力时,逻辑说服可能也会有效。
- 当受影响者倾向于同意你的观点时。这是难点所在。一般来说,只有当你试图影响的人已经倾向于附和你的愿望时,逻辑说服才会有效。无论你的逻辑多么合理,如果他们不太情愿,就有可能抗拒你的逻辑。你通常可以识别出这种情况,因为有的人不同意你的观点往往出于没有道理或无关紧要的原因。发生这种情况时,你遇到的是基于情感或心理因素的阻力或者是使受影响者不能或不愿意同意的其他障碍。此时,即使向这个人列举更多事实或逻辑理由也不太可能有说服力,因此请改用另一种影响技巧。
- 当你需要服从而不是承诺时。逻辑说服往往不能赢得人们对一项事业的衷心承诺。如果你需要承诺,请运用诉诸价值观或树立榜样。

如何有效运用逻辑说服

1. 充分认识你的听众。了解他们是谁和他们的行为模式,懂得什么对他们最重要以及他们期望从你那里得到什么。

2. 请运用这种简单的测试。问,"**他们为什么表示同意,为什么表示拒绝?**"他们认为什么具有说服力和吸引力?他们可能如何反对你提出的建议(如果他们表示反对,你要说什么)?他们可能提出什么问题(你将如何回答那些问题)?

3. 你的心里要清楚,他们为什么**应该**同意你提出的建议。要能够尽可能精确而简洁地说明你的假设,以及支持你的假设的主要事实和论据。概述你的论据,确保它符合逻辑,往往对你有帮助。

4. 找出支持的事实和证据组成你的论据。如果有的话，找到以吸引人的方式呈现或展示那些信息的方法。

5. 在恰当的时机实施你的影响企图——当受影响者没有受到其他紧急业务的压力，当他们有时间认真思考，作出反应，并能充分听取你的论证时。

6. 仔细倾听他们的回答。记住，倾听是与逻辑说服最密切相关的技能之一。倾听、深思熟虑地回答、提出吸引他人参加讨论的问题、不时进行总结，是有助于使逻辑说服更有效的技巧。

7. 记住，影响往往是一个过程而不是一个结果。你可能需要简述你的观点，如果他人表示拒绝，要了解其阻力何在，然后再拿出解决阻力的修改方案。

合法化

在乔治·奥威尔的小说中，动物们成功地把农场主琼斯逐出庄园之后，两头大猪——斯诺鲍和拿破仑成为动物庄园的自然领导人。他们确定，动物们应该依据减少到七诫的动物主义原则自我管理。斯诺鲍坐在危险的梯子上（有蹄脚的动物爬上梯子很困难），把七诫刷到仓房的墙上：

> 七诫
> 1. 只要是两条腿走路者都是敌人；
> 2. 只要是四条腿走路或有翅膀者就是朋友；
> 3. 任何动物不得穿衣服；
> 4. 任何动物不得睡在床上；
> 5. 任何动物不得饮酒；
> 6. 任何动物不得杀死其他动物；
> 7. 所有动物都是平等的。[1]

---

1 奥威尔，33页。

这七诫成为不可更改的法律,控制着动物此后的生活方式。宣布这七诫成为动物庄园法律的时候,斯诺鲍和拿破仑试图通过确立和给予他们期望庄园所有动物遵守的这些规则合法性,影响其他动物的行为。后来,拿破仑偷偷养了一群忠于他的恶狗。他的狗把斯诺鲍赶出庄园,使拿破仑巩固了自己的政权。他一条接一条地改变七诫,等到他和他的同道猪们占据统治地位时,七诫已被减少至一条极权主义准则:

所有的动物都是平等的。但是有些动物比其他动物更高一等。[1]

奥威尔的小说是有关极权主义危害的寓言,拿破仑代表重写规则以适合自己和维护自己权力的谄媚者、扭曲法律的残暴独裁者。不过,通过诉诸权威施加影响不一定都出于邪恶目的。实际上,这是人们争取别人按他们的意愿行事的常用方式。当人们试图通过合法化影响别人时,他们是在努力求助于权威。他们是在说,他们想要或希望受影响者相信、接受或遵守的是合法的,因为具备权威的某人或某事这么说了。他们调用权威,而不是需要更长时间、或许不会成功的逻辑论证作为他们提出请求或表明立场的正当理由,希望受影响者毫无异议地接受。合法化是一条捷径,通常采用下列形式之一:

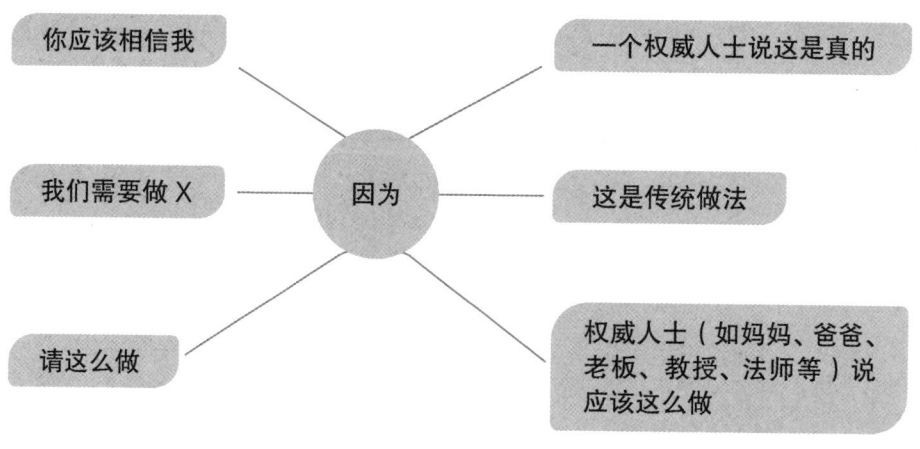

---

1 奥威尔,123 页。

合法化技巧起作用，是因为尊重与服从权威是文明的行为基础之一。创立法律、习俗、传统、协议、标准、规则、惯例、制度、职位和头衔是为了让我们能够以有秩序的方式彼此相处，限定允许或不允许的行为。这些权威工具相当于文明人行为规范的共享协议，当有人违反这些社会准则时，他们往往会遭到某种程度的排斥或惩罚。

我们想想简单的停车标志。它既是法律工具，也是民事权威的象征。它允许交通有序而安全地流动，通常是社会控制人们如何驾驶车辆的有效方法。换句话说，停车标志是一种影响技巧，一种合法化方式。警察佩戴的徽标则是另一种合法化形式，正如法官穿的长袍，牧师穿的长袍和戴的帽子，以及教授在毕业典礼上穿的长袍和戴的学位帽，所有这些都是权威的象征。拥有这些职位的人们穿戴它们，是使他们所做、所说和所想——他们希望他人做的——合法化的一种方式。通过调用权威使影响企图合法化的方法有很多，其中包括：

- 展示或佩戴具有合法性或权威性的**标志**（如前所述）。
- 引用被公认为**权威者**的话（如我在本章援引罗伯特·B.西奥迪尼和约翰·科特等的话）。
- 引用一个**公共机构**（"最高法院今天裁决……"）。
- 引用一个人的**头衔**、**职位**或**地位**（"大主教宣布……"或"首席执行官希望我们快点转向这个项目"或"妈妈说我们应该等她"）。
- 引用一个代表权威的**团体**（"劳工党决定……"或"逊尼派领导人今天开会讨论……"）。
- 引用**成就**或**荣誉**（"他是诺贝尔奖得主"或"她赢得2009年斯特雷加奖"）。
- 引用**法律**、**条例**或普遍接受的**标准**（"根据州法律，我们别无选择，只能这么做"或"给该地区消毒的标准流程是……"）。
- 引用**以前的工作**、**先例**或**出版物**（"我在《美国医学协会杂志》中读到……"或"我以前就是这么做的，效果很好，所以……"）。
- 引用**行为规范**、**道德**或**传统**（"你打喷嚏之后，应该说对不起"或"道德金律说，你希望别人怎么对待你，你就应该怎么对待别人"）。

- 引用**协议**("这是我们商定的做法,就让我们这么做吧"或"双方协议规定……")。
- 引用**文化习俗**(日本人崇敬年长者,因此,参加聚会时,你应该首先向那里的最年长者致意,即使那个人的地位并非最高)。

显然,这类权威的效力并不相等(例如,法律一般比习俗的分量重得多),也不会得到同等的尊重。事实上,有些人根本不尊重权威。在针对权力与影响力的研究中,我要求研究对象分 1~5 级排序,说明他们对权威的尊重程度。将近 8% 的女性和刚刚超过 13% 的男性表示,他们很少或不尊重权威。(相反,62% 的女性和 53% 的男性表示他们高度或非常高度尊重权威。)有些人会尊重一种权威形式,但不尊重另一种形式,这就提出了有关合法化的关键一点:只有受影响者尊重影响尝试引用的那种权威时,影响才可能有效。

影响效果与尊重权威

正如我的研究所示,大多数人大部分时间尊重某些权威或某些权威来源。此外,我们中还有一些天生的反叛者,他们大部分时间不尊重大多数权威或权威来源。作为影响技巧,合法化显然对反叛者不太有效。我们常常赞美那些反叛者——想想《无因的反抗》中的詹姆斯·迪恩,或挑战巴黎左岸惯例的让-保罗·萨特和西蒙娜·德·波伏娃,滥用绘画规则与传统的毕加索,无视流行音乐期望的传声头像乐队灵魂人物大卫·拜恩,宣布物理定律没有按照艾萨克·牛顿认为的那样起作用的阿尔伯特·爱因斯坦。对权威嗤之以鼻令人有种奇妙的自由感觉,而我们期望我们最优秀的艺术家和科学家们那么做。但是,令人感兴趣的是,研究显示,在商业活动和日常生活中,与那些尊重权威的人相比,不尊重权威的人非常缺乏影响力。

正如我们所料,尊重权威的人更有可能在影响别人时使用合法化技巧。不过,他们也更有可能尝试咨询、诉诸价值观、逻辑说服、交换和交际技巧。简言之，他们常常使用更多种类的影响技巧。他们被认定能明显更有效地影响别人；被认为对其他人的感觉和需要更敏感；更真诚地表现对他人的兴趣；更善于化解矛盾，建立融洽的关系和信任；也更善于倾听。显然，他们拥有出众的交际技能。令人感兴趣的是，说到"在不显得强硬的情况下运用权威"时，他们也收到明显更高的评价。当不尊重权威的人试图调用权威时，他们往往缺乏精明而巧妙的技能，因而他们往往直率地声明他们想要什么，结果给人留下更可怕的印象。

合法化的局限性

人们运用合法化技巧，因为那是一种影响他人的权宜之计，能够导致快速地服从。当警官高喊"站住！"时，大多数人会立刻顺从。但是，合法化有点像工具箱里的砂纸，你要尽量少用它。只有当合法化是做这项工作的合适工具时才能用，因为它是粗粒砂纸，过度使用会擦伤别人。如果经常使用合法化，即使尊重权威的人也会被激怒。要心甘情愿地顺从权威，人们必须尊重权威。

诉诸权威的另一个局限性是，它有可能是逻辑性谬误。当某人作出断言，并通过诉诸权威使之合法化时，你应该询问那个权威是否可以信任。一位著名的演员出现在漱口水广告中，也许引人注目（因为她有很大的魅力），但是她不太可能是漱口水的权威。同样地，如果我断言非暴力抵抗比暴力抵抗更好，而且通过援引甘地为例来支持我的断言，我是在使之合法化。援引甘地为例并不能使我的断言不真实，也不会使它成为真理。尽管如此，如果你崇敬甘地，而且知道他的非暴力抵抗立场，你就有可能同意我的断言。重点在于：利用合法化技巧时，你必须保证你引用的权威来源可信而且可靠，你试图影响的人会承认这个权威名符其实而且令人信服。

合法化的深刻见解

鲁斯·巴德·金斯伯格及其美国最高法院的法官同事为我们提供了合法化的最好范例。因为承担誓言和法律规定的义务,他们既诉诸权威(援引法律先例),也代表其他人诉求的权威。法官、律师、警官、管理员、办事员,以及依靠法律、法规、规章、先例和传统管理的其他职位人员往往调用权威证明他们的声明和决策合法。无论我们是否同意他们说的话,他们都是权威的代言人。

1933年,金斯伯格出生于纽约布鲁克林。她毕业于康奈尔大学,获学士学位。1954年,她上了哈佛法学院,成为500名同学

图解:鲁斯·巴德·金斯伯格及其最高法院的法官同事经常运用合法化证明他们的裁决合法

中的9名女性之一。后来,她转学到哥伦比亚法学院,在那里获得法律学位。

在卓越的早期职业生涯中,她既具有独立性,也能和那些政治观点与她不同的人共事,因而出名。她曾是哥伦比亚法学院研究室主任、罗格斯大学和杜兰大学顿特区的美国上诉法院法官。在美国参议员奥林·哈奇(共和党人)的强力支持下,比尔·克林顿总统(民主党人)把她推荐给最高法院。在法院,她一般随自由主义人士投票,但是和她关系最好的同事是保守党大法官安东宁·斯卡利亚。

我对权力与影响力的研究显示,经常利用合法化技巧影响他人的人(如鲁斯·金斯伯格)也频繁使用缔结联盟技巧。我把缔结联盟技巧定义为找到支持

你的观点的另一些人，然后利用团体的力量说服其他人。例如，如果我想说服老板在我们员工中采用弹性时间工作制，而我认为仅靠自己一个人提出建议，他不会同意。这时，我会首先与和我同级的其他直线管理人员谈话。如果他们都支持这个想法，我就请他们和我一起向老板提出这个建议，以团队形式和他商谈，此时，我们使用的是同伴压力的影响策略。事实上，我们是在利用群体意见的影响力使我们的建议合法化。因此，合法化和缔结联盟是相关联的影响技巧，频繁使用一种技巧的人也会使用另一种技巧是有道理的。因此，当他们试图合法影响司法意见时，鲁斯·巴德·金斯伯格及其美国最高法院的法官同事当然有可能使用缔结联盟技巧。

与有效使用合法化技巧关系最紧密的权力之源是**善于表现**（因为巧妙地诉诸权威可能更有说服力，也显得不那么强硬）、**声望**（因为合法化权威来自备受尊敬的人，更易为他人接受）、**角色**（因为人们期望那些权威人士会偶尔使用他们的权威）和**关系网**（因为作为合法化的一种形式，拥有良好社会关系网的影响者能够更好地调用团队权威，也能通过他们的关系网联系到可以作为权威引用的其他人）。这几乎是鲁斯·巴德·金斯伯格的真实写照。她是一名有天赋的沟通大师，拥有良好的声誉，占据着美国最强大的位置之一。在职业生涯中，她建立了广泛的社交网络，她还拥有渊博的专业知识和接触大量信息的权力。毫不奇怪，作为权力之源，**知识和信息**也与有效运用合法化紧密相关。要想有效地运用合法化，你必须知道哪些权威来源最具吸引力和说服力。因此，你知道的越多，你巧妙运用这种技巧的能力就越强。

正如我们期望的，权力之源吸引力与合法化技巧的使用频率成反比。吸引力是吸引其他人或让他们喜欢你的能力。

研究显示，与不常使用合法化技巧的人相比，频繁使用合法化技巧的人缺少吸引力。正如我前面提到的，运用合法化技巧犹如用粗糙的砂纸摩擦某人的皮肤，如果摩擦过度，就会擦伤他们。显然，合法化的逆反应最不可能发生在美国最高法院（以及人们期望调用权威的其他地点）。在这些情境中，合法化不仅有可能被接受，而且实际上可能是首选。

尽管如此，在商业活动及日常生活中，少量使用合法化大有帮助。如果过度使用合法化，你可能会让别人疏远你，研究也证实了这一点。得到有效运用合法化技巧最高评级的人并不经常使用这个技巧；反之亦然，最常使用这种技巧的人得到的有效运用评级最低。正如人们所料，与有效运用合法化技巧关系最紧密的有两种技能，分别是表现出权威性和在不显得强硬的情况下运用权威。无论如何，非常有效地运用合法化技巧的影响者也擅长建立共识、化解矛盾、讨价还价或谈判。总之，他们善于在恰当的时间引用正确的权威，拉近人与人之间的距离，促使人们达成共识。

何时使用合法化技巧

在正常的商业和生活环境中，运用合法化技巧的目的是实现快速服从或达成协议，它暗含权威的力量。请在这些情境中运用合法化技巧：

- 当你需要的只是服从，而且你的时间不够来使用其他技巧，比如逻辑论证、谈判等。
- 当你希望与政策、程序、条例、法律、习俗或传统保持一致，而受影响者要么没有意识到，要么需要提醒时。
- 当形势需要不容置疑的服从——例如，必须绝对遵守法律、条例、合同或其他协议时；当安全或其他重要的东西处境危险时；如果对方不按你的意愿去做，后果对他来说很严重时。（你妈妈让你不要拿着剪刀跑，你就不会那么做。）
- 当有权威的人强迫你去影响其他人，而你可以通过诉诸他们的权威使你的要求合法化时。（老板说，我们必须这么做。）
- 当提及一个合法权威会在你的声明中添加庄重、可靠或可信的细节时（如，引自可靠的消息来源）。
- 当你在较正式或较官僚的文化或组织中经营，而遵守规则和尊重权威是这个文化或组织的社会规范时。在这些情境中，合法化技巧不仅更有可能被接受，而且可能受到期待。

- 当你的组织处于危机，而这个情形已经得到广泛的确认和理解时。危机之中，人们更容易服从权威。
- 当受影响者尊重权威，如果你不调用权威，他不可能服从你的愿望时。

如何有效运用合法化技巧

1. 充分了解你的听众。只引用他们认为可信且尊重的权威。

2. 以政策、程序、标准惯例、规则、条例或传统作为你的决策基础。（"根据部门规程，所有设计图纸都应该递交给……""政策手册要求我们应该……""传统上，该公司曾经处理过这些情况，通过……"或者"我们在宣传资料中承诺……"）

3. 在提出要求或发表声明时引用更高权威。（"集团副总裁委托我落实这个计划，我需要你的帮助……"或者"生产主任让我调查我们的聚乙烯化合物应用……"）

4. 在写作或演讲中，运用备受尊重权威的语录证实或强化你提出的观点。

5. 在适用的情况下，引用支持你的决策或建议的先例。（"2008年年初，由美国环境保护署进行的研究支持这些调查结果……"）

6. 不要过度使用这种技巧，也不要以生硬或强硬的方式使用它。注意观察受影响者的反应，如果感觉对方反抗或怀疑，就考虑采用另一种影响技巧。在世界各地，合法化是所有影响技巧中最少使用的影响技巧，因为总的来说，人们不喜欢被告知要做什么。在他们视为权威的高压手段压迫下，他们可能会表示轻蔑。因此，如果必须使用这种技巧再去实施，否则尽可能使用其他技巧。

主要概念

1. 影响的四种理性方法是逻辑说服、合法化、交换和说明。

2. 使我们的要求或立场显得合理或正当是我们试图影响别人的最常见方式之一。

3. 逻辑说服是世界上使用最频繁的影响技巧。尽管如此,它往往并不如我们所愿那么有说服力。越来越多的证据表明,我们往往而且始终是下意识地受到各种使我们根本没有理性的情感和心理影响。因此,人们往往先作出情绪化的决定,再运用逻辑加以证实。

4. 合法化是通过诉诸或调用权威施加影响。你运用合法化技巧,就是在通过引用支持你的权威证明你的立场或要求。

5. 运用合法化技巧时,你必须保证你引用的权威是可信而可靠的,并且你努力影响的人会承认这个权威真实而有说服力。

挑战读者

1. 本章讨论影响的两个理性方法:逻辑说服和合法化。其中,你最常用的是哪种?

2. 你运用最熟练的是哪种影响技巧?哪一种又是最不熟练的?

3. 你认为哪种逻辑论证最有说服力?如果有人试图通过逻辑说服影响你,那个人怎么做才能让你感觉有说服力?

4. 想一个你将来需要影响某人的重要情境。假设你必须使用逻辑说服,你的论据会是什么?你能提供什么证据?这个人为什么会表示同意?为什么可能表示拒绝?

5. 你对权威的重视程度是多少?哪种权威你愿意尊重,哪种又不愿意?

6. 设想与第 4 个问题同样的情境。这一次，你必须使用合法化技巧，你会诉诸哪种权威？你如何通过合法化技巧证明你的愿望？你试图影响的人会尊重那些权威吗？你能举出有说服力的案例吗？

第四章 相信我：交换与说明

美国文学中一个有意思的影响实例出现在马克·吐温的《汤姆·索亚历险记》中。那是一个美好的星期六早上。为了这一天，汤姆准备了许多计划。可是，波莉姨妈让他粉刷三十码长、九英尺高的木板围墙。他想到因为不得不工作而要错过的种种乐趣，想到其他男孩将取笑他的情景。他考虑付钱给别人，让他们为他做这个工作，可是自己没有多少值钱的玩意儿能贿赂他们。后来，他找到了灵感。一个朋友走过来，开始奚落他，汤姆假装快乐地干活，还说："哪个男孩子每天都有粉刷围墙的机会？"这引起了朋友的兴趣。不一会儿，他就问汤姆是否能换班粉刷围墙。可是，汤姆假装不愿意让其他的人做这件事，直到那个孩子把部分苹果送给他作为回报。就这样，别的孩子也来了。他们送给汤姆各种东西，用来交换粉刷围墙的快乐。吐温写道：

> 等到下午过去一半的时候，汤姆已经从早晨一贫如洗的苦孩子，变成地地道道的阔佬。除了上述几件东西以外，他还得到了十颗弹子，一把破竖琴，一块蓝瓶子玻璃片，一门线轴做的炮，一把什么锁也打不开的钥匙，一截粉笔，一只大酒瓶上的玻璃塞子，一个小锡兵，一对小蝌蚪，一只独眼小猫，一个铜门把手，一只狗项圈（但是没有狗），一个刀把，四片橘皮和一个破损不堪的窗框。他度过了一段美好惬意的休闲时光——不缺玩耍的伙伴——而且围墙已经刷上了三遍灰浆。

若不是灰浆用完了，他说不定会让村里所有的男孩破产。[1]

当别人拥有某种你想要的东西时，影响他们把它给你的有效方式，往往是给他们你拥有的东西作为交换。这是影响的理性方式，因为这样能刺激受影响者，让他在心里盘算："我愿意放弃我拥有的东西，交换别的东西吗？这是不是公平交易？"这种计算也许是无意识的，但是你不可能不权衡交换的利弊，就提出交换有价值的东西，正如你不可能不暗中评估某种零售商品是否值标签上的价格，就考虑购买那个物品一样。

刺激人们盘算的另一种影响方式是说明。在2009年的讽刺作品《以眼杀人》中，伊万·麦格雷戈扮演调查记者鲍伯·威尔顿。他遇到自称美军秘密组织新地球军前成员的林恩·卡萨迪（由乔治·克鲁尼扮演）。这支部队的成员接受过训练，能运用超自然能力解决冲突，击败敌人。尽管有怀疑，威尔顿还是感到好奇，于是，跟随卡萨迪到伊拉克作进一步调查。他们在一起的时间里，卡萨迪对自己的特异功能——包括加强直觉、遥视、隐形、云爆炸、穿墙和一种心灵遥感形式（他专心地盯着一只山羊，就使山羊心跳停止）——作出一些古怪的断言。威尔顿刚开始并不相信所有这些断言，但是卡萨迪用满怀疯狂的信念把它们说出来，致使威尔顿开始把卡萨迪看成巫师，慢慢地相信他的断言是真的。这就是说明的力量。

有人试图通过说明影响你时，他们只是坚持某个观点或立场。你必须确定是否相信他们的话。换句话说，你必须推断他们的立场是否合理，你是否认为能够接受，或者你是否想向它挑战。他们越肯定而大胆地说明自己的断言，你就越有可能接受它们——除非那些断言是古怪的、冒犯的、危险的或在某种程度上令你不满意。本章将更深入地探讨影响的这两种理性手段。

---

1 马克·吐温.汤姆·索亚历险记.威斯康星拉辛：惠特曼出版社1955：26页.

交换

　　交换有许多说法：以货易货、议价、谈判、互通有无、讨价还价、物物交换、交易和交换。人们采用交换技巧的场所有很多，仅举几例：跳蚤市场、宅前旧货出售、集贸市场、旧货物交换会、分类广告、拍卖、易趣、克雷格列表网站和证券交易所。讨价还价根植于人类灵魂的深处，可以追溯到史前——我们最早的祖先认识到合作的生存价值之时。通过提供你拥有的东西交换你想要的东西来影响他人是我们所知最古老的道德影响技巧之一。

　　把买卖货物和服务当成影响的一种形式似乎有点奇怪，但是这没有错，事实就是如此。你去市场买面包，是在用钱交换产品。和这种交换一样，我们以试图交换另一个人行为的方式行事。有时候，我们在价格上争论不休。有时候，卖家向我们提供打折商品，不仅试图诱使我们购买那个产品，而且要让我们认为他不错，因而以后会回来买更多商品，或者告诉我们的朋友们来买他的商品。买卖的整个过程都是在施加影响，所有加入这个过程的人都在努力影响其他人。

　　通过交换施加影响通常非常透明。设想你从塔什干的商人那里买一块小地毯的情景。他告诉你地毯质量很好，告诉你如何制作这些地毯（他甚至可以让你看到制作这些优质地毯的人），告诉你地毯多么耐用，放在你的家里会多么漂亮，你能跟他交谈是多么有鉴赏力。你很喜欢这块地毯，却表现得无所谓。你说，颜色可能不合适，或它可能不适合放在客厅，或你有可能在别的地方找到更好的特价商品（他向你保证，你找不到），等等。最后，你按商人提出的"跳楼"价格买下这块地毯，超出你想支付的金额，但是你们两个人都为你们完成的交易感到满意。这个戏剧性小事件是通过交换施加影响的练习。

　　透明或显性的交换也经常发生在国会大厦和世界上所有城、镇、县、州、领土、部落和民族的立法和管理机构中。每当统治者或代表们聚集在一起，制定符合他们所代表的人群利益的法律和法案时，他们都会争论、辩论和谈判，寻找折中方案，如果没有人愿意放弃某些东西，就不可能得出任何结果。政治妥协的艺术是为了得到你能够得到的东西而放弃你必须放弃的东西，事实上，如果没有显性交换，国会大厦什么事也做不成。如果没有通过交换影响他人的能力，众议员和参议员（以及试图影响他们的游说者）将无能为力。实际上，当你努力在利益冲突中达成一项协议时，唯一可行的影响技巧就是交换。

在《论领导力》中，约翰·W.加德纳写道："把行使权力想象为一种交换是可能的。你想从我这里得到某种东西，而你有权创造我需要或想回避的特定成果作为回报。你可以给我A，也可以让我不及格。你可以提升我为主管，也可以把我降为办事员。你可以提高我的工资，也可以降低我的工资。你可以付出爱，也可以保留爱。"[1] 加德纳谈论的是以领导或经理所拥有的角色权力为基础进行的交换。他的观念可以更广泛地应用于所有人，因为我们都有权力基础，能让我们通过用我们拥有的交换我们想要的去影响他人。交换是通过隐性或显性的以货易货或互相让步施加影响。在有些文化中，这是人们高度认可的惯例（如巴基斯坦、中国、印度、美国和加拿大）；在另一些文化领域中，个人的显性交换不太常见（如法国、瑞典、丹麦、波兰、荷兰），不过，即使在这些文化领域中，集贸市场、证券交易所、拍卖和立法机构出现的那种交换也不仅是可以接受的，而且是必要的。

有些人不喜欢将交换作为影响技巧，因为交换有一点交易的意味，甚至很不入流，特别是在人际交往或职场环境。他们可能认为，这好像有人说："在我虚报费用账目时，如果你假装没看见，我会推荐你升主管。"偶尔，这种不道德的操纵行为会发生，但是这并不是我要说的交换。我所说的交换在生活中很常见，而且人们也都乐于接受，例如我们以诚信的态度互换物品时；我们请求同事在一个项目上帮忙，并答应提供他们所需要的一些帮助；我们在索求或收到某种东西后，认为以后该回报对方。以下是通过交换施加影响的一些例子：

● 一位家长对孩子说，"如果你在晚饭前打扫干净你的房间，你可以吃甜点。"（大多数家长很熟悉这种显性交换。它不仅教给孩子物物交换的方法，而且教给他们如何合作与履行责任）。

---

1 约翰·W.加德纳.论领导力.纽约：自由出版社，1990：58页.

- 一名职员对老板说:"你分配给我的工作是我不喜欢做的。不过,如果你同意一年以后再把我调到特别调查组,我会完成这个工作。"(其实,这是我在美军服役时采用的交换技巧,我的指挥官同意了。我信守了协议中有关我的部分,他也信守了有关他的部分。)
- 每天,世界各地的各种组织中发生无数次供货商和客户代表之间的交换。在这种意见交换中,为了达成适用于双方的协议或解决方案,每个人都在影响其他人:

  供货商:"琼,我想把我们拟议的解决方案递交给全体委员。"

  琼:"这会很困难,因为每个人的时间表排得都很满。我认为,在下个星期之前,我们能让每个人抽出的时间也许超不过三十分钟。"

  供货商:"这样行不行?我们提供三十分钟的实况概述,我把能提供细节的网络广播链接传给他们,让他们稍后查看?"

  琼:"你能在十五分钟内完成概述,留下提问的时间吗?"

  供货商:"可以,我们只涉及要点,然后回答提问。"

  琼:"好吧,我看看大家的时间表,然后让你知道开始的时间。不过,你需要灵活掌握时间和日期。"

  供货商:"没问题,谢谢。"

- 约翰对同事贝丝说:"你介意检查一下我写的故障报告吗?请告诉我,你认为报告是否还好。我很欣赏你的意见,谢谢。"(这里的交换是什么?约翰请求贝丝帮忙。以后贝丝需要约翰帮忙时,她可以合情合理地期望得到他的报答。交换往往是隐性的,不是显性的。交换帮忙是同事、朋友、邻居、同学、队友和家庭成员相互合作的主要形式。)

正如最后例子说明的那样,交换的基础往往是感恩——我们认为有义务回报某人给予我们的帮助。罗伯特·西奥迪尼在有关影响心理的书中,令人信服地描写了报答的力量——我们认为有偿还债务、帮助、礼物、邀请和善意的义务。他指出，使我们成为人类的正是这种"债务网络"或"义务网络"，它使我们能够互相合作，建立相互依赖的社团——在分享、合作和报答的基础上，把人们团结起来。[1] 要不是我们早已建立共识：彼此合作，并在别人给予我们帮助时，报答对方，我们就无法生活在集体中，或发展一个文明社会。这意味着交换在我们所有人的心里根深蒂固。即便是在别人对我们微笑的时候回个微笑这么简单的事也是一种交换行为。我们行动时，通常下意识地明白：当我们为别人做了什么事时，他们会认为有义务还这个人情，反之亦然。

  根据我的经验，交换通常不明确，除非你处于市场或政治舞台。在人际关系中，人们一般不会通过明确提出交换条件来影响他人。你可能不会对朋友说，"我今晚真想去意大利餐馆，可是，我知道你更喜欢吃日本料理。这样如何？如果你同意今晚去意大利餐馆，我就同意下次咱们去日本餐馆。"约翰没有对他的同事贝丝说，"如果你今天帮我检查故障报告，下次我也会帮你检查报告。"对大多数人来说，这是太露骨的交易，所以你更有可能说，"今晚我想去意大利餐馆。你看怎么样？"和"如果你愿意帮我检查我的故障报告，我真的非常感激。"

  正如这些例子所示，尽管交换常常是显性的，而且相当于一次谈判，但是大多数个人交换是隐性的。无论哪种情况，交换都是影响他人的理性方法，因为事实上，人们是在以物物交换争取合作。当有人向我们索取某物时，我们会赋予他们想要的东西价值，并与我们期望得到回报的价值相比较。对认为交换可以接受的人来说，付出物品的价值必须与收到物品的价值大致相等。如果我的朋友同意今晚去意大利餐馆，但是希望第二年只去日本餐馆，我就会犹豫，因为这不是公平的交换。如果我的同事同意现在检查我长达 10 页的故障报告，但是后来希望我帮她编辑 5000 页有关地下水位的研究报告，并替她撰写执行摘要，我会认为她试图利用我欠她的人情——我会婉拒。这一点很明确，但是需要说明：只有当事人双方报答或感觉交换的价值大致相等时，交换才能作为影响技巧起作用。你不能索取高于你愿意回报的东西。

---

1 罗伯特·B. 西奥迪尼. 影响力：说服的心理学. 修订版. 纽约：威廉·莫罗出版社，1993：17-56 页.

交换的局限性

交换是人类生活结构的组成部分，但是，只有当我们能够相信对方将以同样的方式报答时，交换才能起作用。因此，隐性交换更有可能发生在朋友、同事、家庭成员和同一文化中的商业伙伴中，而不能发生在买主与卖主、陌生人、来自不同文化的人们和代表互相不信任组织的人们之间（如城市卫生检查员和以前有过违反安全操作的餐馆）。与经常使用交换技巧最密切相关的四个权力来源是品德、历史、吸引力和声望。因此，实际上，当有人试图通过交换影响我时，我会问自己，我真的相信这个人吗？我和他有多熟？我多喜欢他？他是否有良好的声誉？在向他提供帮助之前，我需要相信那是一个公平交换，而且当我需要他的帮助时，他会报答我。

在信任度低的情况下，比如一个陌生人试图通过交换影响我的时候，我可能希望交换是显性的、更透明的。我想知道，我提供合作能得到什么回报。我希望能说出来，或者写下来。由于交换更透明，让我更有信心用我所给予的交换我想得到的。

缺乏信任是交换潜在的局限性之一。一般来说，哪里存在高度信任，哪里的交换就是隐性的，不必明确说明的。哪里的信任度低，哪里的交换就是显性而更具交易性的。在市场上，互不相识的买家和卖家之间的交换是正规化的，因此双方都知道交换应该如何进行的"规则"。如果一方极不信任另一方，交换也许就不可能实现。例如，在交战国家之间的和平谈判中，这种不信任显而易见，因而交换难以实现。最终，要想获得和平，双方必须同意往往互相反感的交换。

最后，如前所述，用来交换的价值应该大致相等。不过，有的时候，一个人的需求很重要，她也许愿意付出的比得到的回报更多。如果表姐借给她一条裙子，让她参加一个画廊的开幕式，她愿意为表姐举办生日派对。开幕式在第二天举办，裙子漂亮极了。后来，她发现生日派对的规模比她想象的大得多，于是，抱怨表姐"强迫"她完成似乎不再公平的交易。人们对交换物价值的感受日后有可能改变，特别是在未事先说明那些价值的时候，而且在以后产生的不公平感有可能损害双方的关系,甚至导致一方否认说明或默示过的承诺。为了使交换成为长期有效的影响技巧,交换的价值必须让当事人双方都认为公平,他们之间的信任度也必须得到维护。

有关交换的深刻见解

肯尼斯·费因伯格也许是自所罗门以来最高明的调停者。从纽约大学法学院毕业后,他在纽约州上诉法院工作过几年,后来成为位于曼哈顿的美国检察官办公室的一名检察官。在那里,他和后来的纽约市长鲁迪·朱利安尼共事。

几年后,在为华盛顿特区一家法律事务所工作期间,他接下一个由越南老兵提交的集体诉讼案:老兵们辩称,在越南战争期间,橙剂制造商制造的落叶剂给接触这种化学品的老兵造成严重的健康问题。由于双方讨价还价,都很顽固地不退步,

图解:调停人肯尼斯·费因伯格是通过交换施加影响的大师

所以诉讼停滞了八年。可是,费因伯格只用六个星期就促使他们达成和解,虽然双方都不太情愿,但是发现还可以接受。从那以后,他受到各种邀请:帮助仲裁泽普鲁德拍摄的肯尼迪遇刺影片的公平市场价格;帮助确定屠杀奴工案中法律费用的公平分配;管理为 2007 年弗吉尼亚理工学院大屠杀的受害者与受害

者家人准备的基金；确定在2008—2009年金融危机之后收到联邦救助资金公司的高管薪酬。

　　他最为著名的工作是担当"9·11"受害者赔偿基金的管理人。这是他无偿承担，并在33个月内完成的重大而艰巨的任务，也是他的职业生涯中最具挑战性的仲裁任务。在此期间，他受到一些家庭成员的中伤，也受到另一些家庭成员的赞扬，而他从这次经历中脱颖而出，荣获调停大师的声誉。最近，奥巴马总统又邀请他管理200亿美元的基金，用来支付由英国石油公司深水地平线墨西哥漏油事件引起的索赔。毫无疑问，肯尼斯·费因伯格非常熟练地运用交换技巧影响他人。

　　权力研究得出更吸引人的见解：经常运用交换技巧和经常运用诉诸人际关系技巧之间有密切的关系。我将在下一章中对此进行深入论述。简单地说，你请朋友或熟人帮忙，就是借助与那些人已有的人际关系影响他们（表示同意）。当你非常信任某人的时候，这种技巧非常类似于隐性交换，因此两种技巧之间有强烈的相似之处。

　　像费因伯格这样的调停者经常运用交换影响他人，也经常使用逻辑说服和咨询技巧。他们提供逻辑论证，说明他们为什么认为特定的交换有价值，或者通过让他人参与解决问题来吸引他人。费因伯格说，他从调停的经历中学会做更好的听众。他经常通过提问（引出各方的观点）和运用符合逻辑的声明（指出备选方案对一方或多方所持不妥协立场的有效性）进行工作。

　　交换的主要权力之源是品德、历史、吸引力和声望。品德很重要，因为人们更愿意和他们信任的人谈判或交换。历史很重要，因为熟悉促成隐性交换。人们更愿意和他们喜欢的人做生意，说明吸引力的力量。当他们非常尊重另一个人时，也更愿意提出或接受让步，这正是良好声誉的重要之处。知识渊博、巧舌如簧的谈判代表和费因伯格这样的调停者往往也擅长运用交换技巧。知识赋予他们更强大的能力，可以推测出对方有可能接受的交换条件；善于表达使他们能够以更具吸引力的方式明确有力地说明交换条件。令人好奇的是，研究显示，在有效运用交换技巧中最不重要的权力之源是资源权力。控制其他人想要或需要的资源赋予影响者有价值的东西用来交换,这看起来似乎符合逻辑,然而,品德、历史、吸引力和声望更加重要。这四种主要权力之源是信任的基础,有关谈判或交换的关键认识是,建立信任实质上比源自财富或资源控制的权力更重要。

从那些经验丰富的谈判代表和调停者身上,我们可以看到一些有效交换所需的技能:倾听、建立融洽的关系和信任、支持和鼓励他人、洞察他人的价值、以交谈的方式讲话、找到有创意的备选方案、真诚地表露对别人的兴趣、展现对他人情感和需要的敏感。注意,这些大都是人际交往的技巧,涉及对其他人深层次的理解。当影响者了解他人的价值,并对他们的情感和需要很敏感时,交换就成为一种有效的影响技巧。卓有成效地运用交换技巧的影响者也是忠实的倾听者,他们具有创造力,这有助于他们找到其他人在交换中会接受的选项。他们擅长建立融洽的关系和信任。相反,当我们调查有效运用交换技巧评级最低的人时,我们发现,他们拥有的最高技能是坚持、声明、表现得自信、使用独断的非语言、表现出权威性。换句话说,他们侃侃而谈,不知道什么时候该停下来。他们是谚语中的"瓷器店公牛"(译者注:形容在需要机敏和技巧的工作中,莽撞笨拙的人),这正是他们在运用交换作为影响技巧时很少成功的原因。

何时运用交换技巧

任何经验丰富的调停者都会承认,调停过程更有可能导致服从而不是承诺。你也许能够得到可以接受的结果,但是当事人各方不可能百分之百地满意。尽管如此,在正常情况下,交换产生的结果可能为涉及的所有人接受。请在这些情况下运用交换技巧:

● 当你与他人拥有互相信任的关系,而且他们愿意考虑提供帮助或接受请求时。(重要的是,你愿意以后报答他们。)

- 当受影响者需要或看重你不得不用来交换的东西时。
- 当你与受影响者有团队或合作关系，而且你们经常合作时。例如，在协同工作的团队，交换是标准的办事方式。为了完成团队的任务，人们会不断地进行平等交换。尽管合作不需要明示，但是不合作会被注意到，而且一般会受到惩罚。
- 当你拥有很少的角色权威，需要为争取合作而进行物物交换时。交换通常是没有多少权力的人不得已采用的影响技巧。例如，街头乞丐学会表现自己的方式是使给他们钱的任何人因帮助受蹂躏者而自我感觉良好。事实上，乞丐必须用于交换的是使施主对自己感觉良好的能力。
- 当你试图影响陌生人或与你没有相互信任关系的人时。假若如此，显性的讨价还价实际上能使双方都感到更自在。
- 当受影响者在寻求有利的交换，而你必须提供的东西会吸引他们时。
- 当别人本来没有多少与你合作的理由或动机时。
- 当交换成为达成协议或与对方和解的唯一方式时（在政治交换中很常见）。

何时不能运用交换技巧

- 当你不相信受影响者，或他不相信你时。
- 当受影响者以后会利用你，请求或要求比你收到的更多时。要小心你亏欠的人。
- 当过多的显性交换可能形成完全交易型的关系时。这种情况发生在家长通过对他们想让孩子做的事提供奖赏来"贿赂"他们的孩子时。过一段时间，如果得不到奖赏，孩子们就不会做任何事了。单纯交易型的关系必然会失败，因为合作的价格会不断上涨。在家里，如果与父母的交往变成交易，孩子对父母应有的尊敬就会消失。

如何有效运用交换技巧

1. 充分了解你的听众。要知道他们重视的是什么，以及他们合作或不合作的各种原因。运用这个简单测试：问，**他们为什么表示同意，为什么表示拒绝？**在换取他们的合作或协议时，他们认为什么有价值或吸引力？

2. 在你还没有通过交换达到影响目的之前，要努力与你想影响的人建立融洽的关系和信任。拥有相互信任的关系能使交换更容易也更有效。

3. 当运用交换技巧时，要仔细倾听对方并积极响应。如果对方不接受你最初的建议，请寻找有创意的备选方案。通过寻求可以接受的折中方法，确定适用你和他们的技巧是什么。

4. 积极、主动、无条件地帮助他人。不要附加任何条件或明示寻求任何回报。这样，别人会更自然地感觉亏欠你，以后也更有可能接受你的请求。正如约翰·科特的评论："成功的管理者往往特意帮助那些他们预料会感觉有义务还他们人情的人。"[1]

5. 避免形成完全以奖励为基础的交易型关系，除非你是在市场进行交换或者为了达到政治目的而妥协，即使这种关系是交易型的，你也不在乎。

6. 考虑你不得不用来交换的事物要有创意。有时，你必须提供的只不过是你的时间、你的注意力、你的友谊或赞美，或者当其他人需要谈谈时，你愿意倾听。记住，在个人和集体关系中，人们交换的大都是无形的东西。

7. 愿意报答。你必须信守承诺，当他们需要你时，你必须到场。

8. 在显性交换中，明示用来交换的东西及其原因。交换越透明，双方对进行交换的原因和结果越有信任感和信心。

9. 可能的情况下，多为他人做一些超过其预期的事。善待他们，他们将铭记在心，并且回报。

10. 确保你进行的任何交换都经得起公众的审查。在政治或行政领域，公之

---

[1] 约翰·P.科特．约翰·P.科特论领导人真正要做的事．波士顿：《哈佛商业评论》出版社,1999:104 页．

于众的交易有可能受到攻击，产生更多折中或令人尴尬的结果。永远不要同意你不想看到被印在报纸头版或上传到 YouTube 的交换。

说明

在喜剧片《窈窕奶爸》中，罗宾·威廉姆斯扮演的丹尼尔·希拉德是一名失业的演员。离婚后，他痛苦地失去三个孩子的监护权。每个星期只有一次探视孩子的机会让他心烦意乱。听说前妻打算雇一位女管家，他就把自己打扮成上了年纪的苏格兰妇女，前去应聘这个工作。他化装，戴上假发，穿上老式的裙子，来到前妻家，按响门铃。她打开门，他自称道特菲尔太太。这个计策成功了，他得到了管家的工作。他的装扮和苏格兰口音帮助了他，前妻因此相信他是一位上了年纪的女管家。另外由于他声称自己是道特菲尔太太时表现得很自信，前妻也因此成功地被影响。虽然这是一部虚构的影片，但是令人惊讶的是，人们仅仅肯定地说明他们希望一个人相信或接受一件事就会成功地达到目的，这是多么平常的事。

说明或肯定你的观点或立场是试图影响他人最简单也最直接的方式。实际上，你是在依靠你自己的权威和自信作出断言。这种影响技巧与咨询技巧（我将在第六章中论述）对立。说明是**告诉**，而咨询是**提问**。以下是说明的几个例子：

- 在困境中，船长告诉他的全体船员："情况是这样的……"（船员从指挥官那里获得有力而直接的说明。他很坚定，没人与他争论。老板有时以直接说明的形式发布命令或指令。）
- 一名经理对其直接下级说："马克，我需要你为我做这件事。"（"我需要你"这个短语使说明的形式更柔和，但仍然是直接说明，目的是影响马克服从。）
- 少女对妈妈说："我不在乎那是不是你的希望，我不会那么做。"（在此例中，说明是基于某人自己作为一个人的权威作出的断言。听到这个信息的人可以选择是否接受,即,受影响或不受影响。青少年的叛逆性往往通过说明表达出来。)

● 约翰·加德纳论述领导力时声明,信任领导最重要的先决条件是稳定。对可靠性的需要不仅是道德理想,而且通常是实际需要。[1](加德纳希望读者承认他的断言是真理,但是除了他的大胆断言,并没有提供证据。他的可信性来自他的才智、经验和声望,而他在此运用的影响技巧是说明。)

● 一名有升职空间的专业人员见到经理时说:"我认为我适合那个职位。"(当人们表达自己的信心时,通常使用说明技巧。)

● 在一个合伙企业,一位合伙人对另一位合伙人说:"没有你,我们不可能做到这一点。"(听到这种直接断言的人也许相信,也许不相信——即,接受此断言的影响——但是,那是这位合伙人的目的。)

每天,我们上百次乃至上千次听到人们用直接说明的方式声明他们的思想、信心和观点。如果我们接受他们的主张,他们就成功地影响了我们。

说明起作用有几个原因。首先,如果我们不知道某人是惯骗或者没有感觉到他们的断言似乎言过其实或有伪造的痕迹,我们往往相信别人告诉我们的信息。相反,荒诞故事的有趣之处在于,我们知道故事不真实("相信我,我抓到一条这么大的鱼!"),而夸张的程度蕴含着幽默。大多数时间,和大多数人(除了独角滑稽秀演员)在一起时,我们倾向于相信:某个人介绍自己是道特菲尔太太,她一定就是道特菲尔太太。其次,讨论某人的直接说明会引发矛盾,而大多数人更愿意回避矛盾。因此,除非这个说明是挑衅的、有争议的、令人不安的或异想天开的,或者听众有自己的目的,需要讨论别人作出的说明,大多数人会礼貌地接受另一个人的合理主张。当然,也有人认为需要讨论几乎任何人说的任何事,他们经常通过(更大声地)维护自己的意见表示怀疑。然而,大多数时间,我们接受他人的主张,只是因为他们的观点是事实或表达精确。

---

1 加德纳的《论领导力》,在第33页。

最后，如果影响者大胆、坚定而且自信，人们更有可能接受他的说明影响。自信本身可能就有令人难以置信的说服力。我在研究中发现，有权威表现的人具有比没有权威表现的人高两倍的影响力；说话铿锵有力的人也具有比说话柔声细气的人高两倍的影响力；坚定的人具有比谦逊的人高三倍的影响力；而表现自信的人具有比缺乏自信的人高四倍的影响力。证据明显而清晰：实质上，如果坚定而自信地说明你的观点，你更有可能说服别人相信你的话——只要你的断言有道理，而且没有侵犯或违背他人的私利。

说明技巧的局限性

说明可能是影响他人的权宜手段，能够产生快速的服从，尤其当采用说明技巧的人被公认为专家或占据一个权威性职位的时候。尽管如此，如果那个人只采用这种影响技巧，可能很快就会让人感觉他爱炫耀、傲慢自大、言过其实或以自我为中心。说明是世界各地常用的影响技巧，但是，如果过度使用，影响者可能给人胁迫或威胁的印象，有可能引起不服从或反抗。

在某些环境中，过多的说明可能使影响者显得不合作或不愿意听取别人的观点。在科学调查、协作团队、集体讨论会和公开对话中，说明有它的一席之地，但是影响者应该使它与咨询（通过提问吸引别人）、逻辑说服（引入逻辑论证和证据）、交际（找到共同点）以及其他更吸引人的影响技巧协调起来。说明就是告知，一个人太长时间的太多告知有可能产生负面反应——除非当时的形势需要说明或受影响者期待说明。

有关说明技巧的深刻见解

在费因伯格管理为"9·11"受害者及其家人准备的赔偿基金时，说明对他没有帮助。向悲伤的受害者家人说明一个立场，尤其是他们不赞成的立场，会事与愿违，给调停者带来非常严重的后果。虽然费因伯格才华横溢，但是他仍然得到一些经验教训。有一次，他对一位受害者家人说："我知道你的感受。"那位受害者家人直率地说："你根本不了解我的感受。"（费因伯格和那位受害者家人都试图通过说明影响他人，但是在这个案例中，费因伯格吸取了重要的经验教训，从此不再那么说了。因此，就影响来说，那位受害者家人成功了。）

不管怎样，在许多特定的状况下，我们不仅接受说明，而且期待说明。例如，在体育团队，我们希望教练在指导运动员时能直接，甚至不客气地说明："布拉多克！盯着球！"培训驾驶员的老师也一样："在变更车道之前，永远要检查并确定车道上是否有车，然后打方向灯。"我们也希望各种顾问直截了当："主动给准客户打电话之前，要先调查那个公司，了解其业务状况。根据公司的需要或努力完成的目标制订你的策略，始终强调我们的产品能够如何提供帮助。"

美国历史上最著名的教练是文斯·隆巴迪——美国全国橄榄球联盟绿湾包装工队的传奇教练。隆巴迪是一个严格执行纪律的人，有可能强硬地对待他认为没有尽最大努力的运动员。但是，他同时也指导他们，鼓励他们，并带领他们赢得前两届超级杯赛冠军——在比赛中，绿湾包装工队赢得了大比分。

大学毕业后，隆巴迪多次担任助理教练和主教练，最值得注意的是，他曾在军官学校传奇主教练瑞德·布莱克手下担任进攻线教练。1954年，他成为纽约巨人队教练组成员。1959年，他接管一年前仅赢过两场球的绿湾包装工队。他要求运动员在身体和精神上不屈不挠，全心全意地献身球队。仅仅一年的时间，他领导球队打进联盟冠军赛以及他们所说的其他历史性比赛。隆巴迪能够出名，不仅因为他的教练技术过硬，而且因为他的领导理念强劲。例如，他说，赢是一种习惯，不幸的是，败也是一种习惯。说到失败，他说，被撞倒并不羞耻，不重新站起来才是耻辱。当隆巴迪这样的名人通过简单说明表达一种信念时，人们可以接受，也可以不接受，但是考虑到他说明的水平和智慧，大多数人会倾向于赞成他，而且有些人会发现他的说明令人振奋，鼓舞人心。

研究显示，频繁采用说明技巧的人往往明显更常采用任何其他影响技巧。

图解：传奇的橄榄球教练文斯·隆巴迪经常通过大胆陈述意见影响他人

对他们来说，默认的影响技巧不是世界上大多数人认可的逻辑说服。在他们看来，影响别人并不意味着说服，而是声明他们的愿望。这个策略的消极面是，说明不会总起作用，但是，即使不起作用，只拥有一种主要影响技巧的人仍倾向于使用这种技巧。正如俗语所说，如果你仅有的工具是锤子，你会把所有问题都当钉子来对待。

研究还显示，最常使用说明技巧的人通常不会充分利用交换、缔结联盟、诉诸人际关系和交际技巧。简言之，他们相对较少使用社交方法去影响他人，而且他们不愿意讨价还价。此外，当他们的最高评级技能是表现自信、坚持和肯定时，他们的最低评级技能是表现出对他人的敏感、解决矛盾、拥有对别人价值的洞察力、建立共识、建立密切关系和倾听，这是"瓷器店公牛"的真实写照。最少运用说明技巧的人拥有几乎相反的个性——他们在社交和人际交往能力方面的排名很高，但在肯定能力方面的排名较低。

与有效运用说明技巧最密切相关的权力之源是品德（人们最有可能接受品德高尚者的主张）、历史（同样地，人们更有可能接受他们非常熟悉的影响者的主张）、善于表达、声望、知识、关系网和吸引力。简言之，如果其他人认识并相信他们，他们更有可能有效运用说明作为影响技巧。令人感兴趣的是，与有效运用说明关系最不密切的两个权力之源是角色和资源。老板的职位，并不一定能使他更有效地运用说明技巧。最后，研究显示，人们运用说明技巧的频率比他们意识到的多。根据《影响效果调查》全方位评估中的自我评估，48%的研究对象表示，他们频繁或非常频繁地使用说明技巧，而65%为他们评估的人表示，他们非常频繁地运用说明技巧。（更多有关《影响效果调查》的内容见附录B。）大多数人感觉自己不像别人印象中的那么武断。

何时运用说明技巧

像合法化和交换技巧一样，说明也是影响的理性方法，有可能导致服从而不是承诺。请在这些情况下运用说明技巧：

- 当你有权独断，而且需要快速服从时。
- 当你行使领导权或管理权，而且需要指导时。
- 当你不想引起辩论或讨论，或者没有时间辩论或讨论时。
- 当你对你希望或相信的东西抱有强硬态度时。
- 当你和期望你直截了当的人在一起时。
- 当有人征求你的意见或看法时。
- 当人们期望你果断时。
- 当你加入一个团队或项目，需要确立你的发言权和个人权威时（只是不要太过火）。
- 当有人在控制讨论或过分武断，而你需要保证这个人不是唯一发言的人时。
- 当你参加团队会议，又知道正确答案，有重要贡献，或需要毫无保留地说出来，使团队保持正确方向时。

如何有效地运用说明技巧

1. 以自信的方式行事。对某些人来说，说起来容易，做起来难，但是你要清楚地知道自己想要或相信什么，唯一的选择是明确地说出来。

2.避免咄咄逼人、高声说话或专横傲慢。说明不是恃强凌弱的行为，坚定自信与咄咄逼人不同。你不是为了令别人屈服而打击别人，你只是想以清晰而自信的方式表达自己的意见。

3.不要因为不确定或拿不准的表达，或者为提出观点找借口而危害你的立场。与男人相比，女人更容易这么做，这使她们更难有效影响别人。在我们的研究中，女性更有可能接受这样的建议：更具逻辑性，更多运用她们的权威，并为表达自己观点的价值作更多的努力。男性更有可能得到这样的建议：多听，多感受其他人，经常征求其他人的意见。

4.尝试使用吸引人的语调。这同样说起来容易，做起来难。有人天生拥有比别人浑厚、高亢或洪亮的声音，他们具有自然的优势。不过，促成令人信服语调的是态度和信心。如果你有明确的观点，而且强烈地感觉到这一点，你的声音很可能传达出你的信心。

5.运用肯定的非语言形式强调你的观点。保持目光接触，双肩端平站立（不要下垂），身体微微向对方倾斜，使用明显而夸张的手势，通过提高声音来强调关键点。从本质上来说，这关系到活力与热情的传递。但是，不同文化认定的合适表达有相当大的差异。在一种文化中表示强调的方式，在另一种文化中有可能是过分表达的方式。你要了解文化偏好，运用会为你赢得尊重的肢体语言表示强调。

6.如果你遇到过多的阻力，直接说明无法施加影响，请采用其他影响技巧。在商界和专业环境中，逻辑说服和咨询往往是最好的替代选择。

主要概念

1.影响的四种理性方法是逻辑说服、合法化、交换和说明。

2.交换是通过隐性或显性的以货易货或意见交换施加影响。促成交换的心理学原理是报答，是人们感觉应该偿还债务、帮助、礼物、邀请和善意的义务。

3.事实上，当你试图在利益冲突中达成协议时，唯一可行的影响技巧是交换。

4.努力影响别人最简单而直接的方式是说明或坚持你的观点或立场。其实，你是在依据你自己的权威和自信表达主张。

5.研究显示，如果你肯定而自信地陈述你的观点，实质上你更有可能说服他人相信你说的话。

挑战读者

1.我们有四种理性的影响方法——逻辑说服、合法化、交换和说明——你认为你最常用的是哪种？为什么？

2.这四种技巧中，你最熟练运用的是哪种？最不熟练运用的是哪种？为什么？

3.这些方法中哪种比较适合运用于你的组织或民族文化？据你观察，在这些方法中其他人最常用的是哪种？最不常用的是哪种？你为什么这么认为？

4.仔细考虑你认识的最有影响力的人，他们最常用的理性方法是哪种？是什么使它们那么有效？

5.运用交换技巧时，你感觉舒服吗？如果你感觉不舒服，什么会使你感觉更舒服？让你真正享受或十分成功地进行交换需要什么？

6.想想你认识的十分熟练地运用交换的人，他们是怎么做的？是什么让他们如此熟练地运用这种技巧？

7.设想一个你将来需要影响某人的重要情境。假设你必须使用交换技巧，你能提供什么来交换他人的赞同或合作？在心里过一遍可能进行的对话，对话会如何发展？使它成功的会是什么？

8.说明就是直接声明你的立场或需要。你维护自己的要求时感觉多舒服？你有多自信？

9.你认识过分自信和过于频繁运用说明的人吗?他们大多数时间是成功的吗?他们令人讨厌了吗?他们对别人有什么影响?

10.设想和第 7 题一样的情况。这次,你必须只使用说明作为影响技巧,在心里过一遍这种互动。如果其他人不同意,或和你辩论,或不接受你的主张,你会做什么?你将如何应对那种情况?

第五章　找到共同点：交际和诉诸人际关系

　　写到影响力很难不提到戴尔·卡耐基的《人性的弱点》。这本书最早出现于1936年，如今仍在出版。在这本书中，卡耐基为操纵别人、担任领导、让别人喜欢你、说服他们像你一样思考确定了三十个原则。这些原则包括"给予实在而真诚的赞美""做一个优秀的倾听者""让别人保全颜面"和"让他人感觉重要"。[1] 尽管为人友善和使他人感觉重要不只为了影响，但是你很难不同意卡耐基的忠告。实际上，他倡导的是运用良好的人际交往能力，他的原则反映了以社交方法施加影响的常识性最佳范例。

　　因为我们是社会性动物，我们更有可能接受两类人的观点：喜欢我们的人，我们喜欢的人。人际关系对我们很重要，所以我们愿意接受其他人，尤其是那些最亲近的人对我们的看法和感觉的影响。我们也接受我们所属社会和集体的社会规范影响。在成长过程中，在所处社区，在那个时候，我们学到的规范与价值观塑造了我们的思想、感情和行为。我们接受其他人行为方式的影响，是一种根深蒂固的冲动。如果有孩子哭了，幼儿园里的其他孩子往往也会哭（说明同情心与生俱来）。孩子们学会和其他孩子表现一致（否则他们可能受到排斥）。就算已经成年，我们也要从我们与之生活和工作在一起的人的态度、价值观、信仰和行为中寻找社会认同。这并不是建议我们去盲目效仿别人所做的一切，

---

[1] 戴尔·卡耐基.人性的弱点.周年纪念特版.纽约：袖珍书出版社，1998.

而是说，我们在生活中经历的社会状况深深地影响着我们。不管我们如何考虑自己，我们都有一种强烈的需要，希望得到我们最亲近的人认可，因此在我们的生活中，最强大的影响力源自我们与其他人的关系，无论个人的还是集体的。

影响的社交方法有四种：交际、诉诸人际关系、咨询和缔结联盟。本质上，这些影响的方法是寻找与他人的共同点。我这么说的意思是，调用相似性或喜好的心理学原理是我们可以尝试影响他人的一种方式。我们努力与他人建立联系，拉近我们与他们之间的距离，寻找或依赖彼此的相似点。或者，我们努力让他人更喜欢我们，克服冷漠，创造同情心。

如果我们已经与我们希望影响的人有了情感关系，我们就可以依靠我们与那个人的历史权力，诉诸人际关系。（附录 A 解释了历史权力和其他权力之源。）寻找共同点与利用已有共同点不太一样。诉诸人际关系也许很简单，就如请同事帮忙做一个项目，请一位家庭成员帮忙，请朋友捐助一项慈善事业，或向一批长期合作的生意伙伴递交一份投资建议。在这些案例中，受影响者都容易受到影响表示同意，因为他们与影响者之间存在情感关系。当然，他们也可能因各种原因仍然表示拒绝，但是他们的倾向会更积极，因为他们认识而且可能喜欢或信任提出请求的人。这是伯纳德·麦道夫施行巨大庞氏骗局的部分原因——他掠夺了许多与他有密切关系的人（第十章有更多关于他的描述）。

真诚交际的目的是在人类层面上与他人交往，更多地了解他们，与他们分享经历，并且随着时间的推移，在不隐藏动机的情况下，发展相互理解和同情心。戴尔·卡耐基建议读者真诚地表达对他人的兴趣，记住他们的名字，善待他们，此时，他是在像我定义交际术语一样谈论交际。社交是世界上最常用的影响技巧之一，而且在某些文化中（如日本、中国、澳大利亚和新西兰），这是特别重要的影响技巧——如果不知道在每种文化中有效进行交际的方式，你在那些文化中就可能没有影响力。

交际与诉诸人际关系是重要的影响技巧。交际是世界上位居第二的最常用影响技巧（逻辑说服位居第一）。诉诸人际关系排名第五位。谈到有效性，我的研究显示，交际和诉诸人际关系在全球整体有效性中排名第二和第三位。毫无疑问，世界各地最常用且最有效的影响技巧包含这些影响的社交方法。如果你想有效地影响他人，就需要了解这些技巧是什么，何时运用它们，以及如何有效地运用它们。

交际

当你已经与其他人建立了良好关系时，诉诸人际关系会起作用。但是你如何才能影响刚刚认识的人呢？如果你与对方过去没有交往过，你该怎么做？答案是，运用我称为**交际**的影响技巧，其中包括建立与他人的联系；坦率、友善而真诚；通过交谈和分享经历找到相似点；通过人际互动建立融洽的关系与信任。在我们的研究中，交际被评为世界上最有效的影响技巧之一（仅略低于逻辑说服，略高于诉诸人际关系）。在我研究的45个国家中，逻辑说服是最频繁使用的影响技巧，但是唯一在新西兰，交际排名第一位。新西兰人是非常好交际的人群。

有些论述权力与影响力的作者把这种技巧称为逢迎。例如，盖理·尤克尔在他有关领导力的名著中写道："逢迎是使目标人物（受影响者）对作用者（影响者）感觉更好的尝试。这样的例子包括表达赞美、主动提供帮助、表现恭敬和尊重、行为特别友善。"[1] 尽管如此，**逢迎**这个词具有负面含义。有些作者基本上把它与"奉承"联系起来，而且注意到只有当人们感觉到你的真诚时，奉承才会起作用。罗纳德·德鲁加在《商业论坛》中写道："在组织内，逢迎被定义为下级为提升自己在管理者眼中的人际关系吸引力而进行的违规尝试。"这个词往往用来描述此类操纵方式：巴结、拍马屁、扯关系、阿谀奉承、谄媚以及唯命是从。我们的身边不乏这样的人，而且无论用什么词来形容他们的行为，这种行为显然都是操纵别人的谄媚尝试（第十章全面论述了影响别人的操纵企图）。主要出于这个原因，我认为形容这种影响技巧最恰当的词是交际。

---

1 盖理·尤克尔. 组织领导学. 新泽西上鞍河：普伦蒂斯霍尔出版社，2010：176页.

交际依据相似性和喜好的心理学原理起作用。人们更有可能只对他们认识的人表示赞同，因而，交际是一种尝试——争取认识你试图影响的人，更重要的是，让那个人认识你。交际也是找到你们之间共同点的一种尝试。例如，你们为同一家公司工作，生活在相同或相似的街区，有相同的兴趣或价值观，属于同一个俱乐部或团体，喜欢一样的书或电影，有契合的观点，等等。事实上，相似点几乎包罗万象。当然了，当我们遇到并逐渐了解其他人时，我们也可能发现重要的不同点（如自由派对保守派的观点），这些不同点有可能大于相似点。虽然如此，我们参与社交，就在努力寻找与人们的相似点。

我们还尝试增加好感。当我们逐渐认识他人时，我们总会发现我们真正喜欢的人，也会发现喜欢我们的人。我们不仅与他们分享相似点，而且可能愿意花时间与他们相处，并珍视他们的友谊。随着我们友谊的发展，我们对那些人的同情心也在发展。我们会更理解他们。

我们关心在他们身上发生的事。我们开始投资维护或促进我们的友谊。当我们与他们分享了足够的经历时，我们彼此的历史权力就会增长，我们可能开始通过诉诸人际关系施加影响。而实际上，在达到这一点之前，我们已经变得对通过交际认识的人有更大的影响力。以下是与交际相关的一些典型行为：

- 表现友好而平易近人。
- 以热情而有魅力的方式介绍自己。
- 花时间了解刚认识的人（不要仓促地投入业务流程）。
- 充分倾听；至少要像对待自己的事一样对那个人的事表示有兴趣；要作出反应和乐于助人。
- 要恭敬、和蔼和礼貌。
- 要真诚地表现出对他人的兴趣；提出有关他们的问题；记住有关他们生活和兴趣的事实。
- 适当透露有关你自己的信息，并表示乐意分享。
- 尊重隐私的界限（这通常因文化而异）。
- 要包容；邀请其他人加入你的行列。

- 展示真诚的欣赏；在不隐藏动机的情况下赞美他人。
- 伸出援助之手；在你没有义务这么做的时候，帮助某人。
- 向他人表示同情；在处境需要时，表达理解和同情。
- 诚信，并显示高度正直。

显然，这些都是良好的人际交往技巧，实际上，这就是交际能力的体现。拥有很强吸引力的人，以及许多外向型的人往往擅长运用这些技能。卡耐基有关赢得朋友和影响他人的秘诀中就包含许多这样的技能，而它们往往被列入高情商者的行为列表。交际技巧能起作用，是因为我们更倾向于赞同我们认识或喜欢的人。但是，重要的是交际要真诚。许多精神病患者也擅长交际，但是，这不是因为他们关心其他人（他们并不关心），而是因为他们足够聪明，可以模仿其他人为赢得某人的善意而做某些事。幸亏大多数人有"废话探测器"，暗示他们有伪装意图的人何时为了获取自己想要的东西而装可爱——此时，产生的效果就不是吸引而是反感。只有真诚而巧妙地运用交际，才能高度有效地在你努力影响的人身上建立相似点和喜好，培养讨人喜欢的性情。

有关交际的深刻见解

研究显示，经常成功使用交际技巧的人，也经常成功使用咨询和诉诸价值观技巧。在所有涉及吸引他人参与的活动中，这三种影响技巧是相似的。擅长吸引他人参与活动的人似乎都能轻松运用所有三种技巧，而且很有可能根据情况自如地交替使用三种技巧。他们不太可能采用更强劲的说明或合法化（诉诸权威）技巧。公平地说，如果能够轻松运用较柔和的方法，他们可能只在需要时才求助更强劲的影响技巧。

有效交际主要取决于喜爱程度。可是，有效交际方面得分低的人得到的品德评价也很低。这有可能因为他们的交际尝试被视为"溜须拍马"。不过，无论如何,这些研究结果支持这种观点:有效交际必须——或者必须**显得**——真诚而不是自私。

很自然,与有效交际最密切相关的技能是人际关系:聊天式讲话,建立融洽的关系和诚信基础,真诚展示对他人的兴趣,倾听,对他人的情感和需要表现敏感,友好而友善地对待陌生人,建立亲密的关系。还有两个交际的关键技能评级位列前十名:传递活力与热情和表现自信。擅长交际的人更乐于助人,更充满热情,也更乐观而自信。这些品性提升了他们的吸引力,也使其他人更乐于接受他们要求联系的尝试。

交际的局限性

交际是世界各地最常见也最有效的影响技巧之一。但是,它确实有一些局限性。首先,建立友好的人际关系,让以前不认识你的人对你热情起来往往需要时间。在几年前,我预订的航班取消之后,我在机场排队,等着和机场工作人员沟通。站在我前面的人对航班取消感到非常生气,和机场工作人员争吵起来。机场工作人员再三查看航班表,但是表示,她只能帮他重订第二天的机票。他发泄着心中的怒气,威胁说要让她下岗。我走上前,说:"看起来,你今天过得不愉快。"她点点头说:"总是有人拿我们撒气。"我说:"我知道,很遗憾。"接着,我把票递给她说,无论她能为我作什么安排,我都会非常感激,结果,她为我订好下一个航班。

有时,只是同情别人——只是友好、宽容而不是令人讨厌地对待别人——就足以影响别人,让他对你比对其他人更好,这是交际在起作用。但是,一般而言,如果你没有时间建立关系,交际就不是最好的影响技巧(你要考虑换用合法化或说明作为影响技巧)。尽管与你不认识的人建立关系一般需要时间,但是,交际始终是影响的有效促进剂。当你坦率、爽直,引起其他人的好感时,无论你使用其他哪种影响技巧，都可能更有效。

交际的另一个局限性是其效果并不总能预见到。你可能与别人相交甚好，却仍不足以通过特定方式影响他们。这或许因为无论他们感觉和你的关系多么好，他们没有表示同意的自主权；或许因为其他原因，他们不愿意这么做。众多销售人员学会与客户交往，而那种拍马屁的方法有可能使客户对特定推销员及其产品产生好感，但是并非总能如此。有经验的客户都知道，应邀和推销员吃饭或参加体育活动是怎么回事。他们也知道，在谈到购买产品或服务时，不允许这种交往扰乱他们的职业判断力。这是否意味着你不应该与客户交往？不。这恰恰表示，交际常常是影响客户和达成交易所必需但不充足的条件。有趣的是，正因为交际是如此强有力的影响技巧，有些公司竟然禁止他们的采购员和推销员交往或接受销售商的礼物。

此外，有些人天生不善交际，因此他们的交际尝试有可能显得不自然或令人尴尬。坦白地说，对他们而言，解决这个难题的方法是培养自己的交际能力，因为没有其他办法可以消除与他人的隔阂，建立友好关系。而且如前所述，如果你在交际时不真诚，或者**让人感觉**不真诚，这种技巧就有可能产生反作用，造成怀疑和反抗，将使你更缺乏影响力。

何时使用交际技巧

交际是一种强有力的影响技巧，因为当你与他人联系，开始与他们建筑共性和同感时，你提高了运用所有其他影响技巧影响他们的效力。因此，这是适合任何时间使用的技巧，甚至是潜在对抗性情况的时候，例如，工会与管理层之间的谈判和交战国之间的和平谈判。建立人与人的联系能够软化人们的立场，缓和彼此敌对的态度，也使人们找到达成妥协与共识的途径更容易。也就是说，交际技巧特别适用于这些情况：

- 当你刚刚遇到你需要影响或将来可能需要影响的人时。
- 当你新到一个团体,还不具备影响他人所需要的现成关系时。
- 当你处于一个不熟悉的环境,不知道其他人之间的现有关系,不确定党派关系,或不知道互动规则时。
- 当你缺乏角色权威,需要从侧面或由下而上施加影响时。
- 当受影响者能够接受交际技巧,而且先你一步表示热情和坦率时。此时,你应该回报他。
- 当受影响者以某种方式表示乐于交往时。设想你去拜访一名新客户。你要见的那个人在办公室里摆了许多家人和度假照片。实际上,有人在办公室展示私人物品,表示他们欢迎与人交往。
- 当你在处理业务之前,有时间进行交际会话时。

如何有效运用交际技巧

1. 留出时间参加社交活动,使交际不显得做作或者唐突。要敏感对待别人暗示社交活动已经适量的信号。会谈期间,当别人达到"交际限额"时,他们通常会发出准备讨论业务的信号。

2. 真诚表示有兴趣认识其他人,从人性的角度与他联系。如果你感觉不真诚,就不要这么做。

3. 如果你不认识那个人,可以通过自我介绍、寒暄,或谈论不构成威胁的社会问题打破沉默,例如,"你好吗?"如果是出差旅行,你可以问,"附近哪里有好吃的?"或者"你在这里多长时间了?"因为大多数人乐于谈论自己,所以发起交际的另一个好方法是询问和他们有关的问题:"你是哪里人?"或"你在哪里上学?"如果看到某人办公桌上有孩子照片,那是向你透露信息,表示你可以试着提出这样的问题,引导这个人说话,"你有孩子吗?"或"他们多大了？"等。如果那个人看上去姿态很放开，而且表现出兴趣，可以考虑问些更容易引出深刻见解的问题（运用第六章论述的咨询技巧）。

4. 愿意透露关于自己的信息，程度近似于另一个人透露有关她自己的信息。

5. 参与并认真倾听。

6. 倾听并评论你与另一个人之间的相似点。（"我也喜爱那部电影。我特别喜欢那个场景……"）

7. 微笑并表示友好。这类简单的行为大有帮助。

8. 要更多地关注其他人而不是你自己。如果那个人问有关你的问题，你回答后要问一个有关他自己的问题。不要只谈你自己。

9. 根据情况，尽可能表现出热情和赞同。当然，这不是说要你赞成你听到的一切。有效交际的重点是可靠性——并且同意不会与你遇见的每个人联系，尤其是那些行为、信念或价值观与你相反的人。

找到让你能与另一个人联系的共同点是关键。去年，我的孙子们来我家玩，我给他们买了一些火车模型和附件。最近，我出城乘出租车旅行时，出租车司机提到他是火车模型迷。我告诉他我买的火车模型，他兴奋起来，我们愉快地谈起这个共同的兴趣。他送给我一张他所在城市最好火车模型店的名片，让我回城时给他打电话，我们可以一起逛这家商店，谈火车。我也许永远不会请他帮忙，但是，如果我提出来，他肯定愿意提供帮助，因为我们建立了这种关系。常言道，多个朋友多条路。因此，当你遇到其他人，请运用交际技巧努力建立彼此友好的关系。你永远不知道什么时候需要请求帮助或提出要求，或者拜访你遇到的那个人。

诉诸人际关系

詹姆斯·泰勒在他的经典歌曲《你有一个朋友》中写道："当你遇到麻烦，

需要援助之手时，你只需呼唤他的名字，他就会飞奔而来。"这是历史权力在起作用。这是与他人之间现存关系的力量：他们可能感受到彼此关系密切（家庭、宗族或部落成员）；他们也许有很多真实的共同经历（朋友、同学、亲近的同事）；他们之间可能存在强烈的喜爱（最好的朋友，爱人，配偶，亲密的家庭成员）。当你需要直接帮助时，当你需要影响他人放下手里的事，过来帮助你时，最好求助现在与你存在亲密关系的人。无论他们是你生活中的什么人，他们几乎都会帮助你渡过难关，因此，诉诸人际关系是世界上使用最频繁、效果最好的影响技巧之一。

像交际一样，诉诸人际关系的基础是我们与其他人拥有的相似爱好和感觉——但是，它也调用报答的心理学原理。当你给朋友或亲近的同事帮忙时，当你允许那个人影响你时，你有理由期待他以后会还你这个人情，愿意接受你的影响。互相尊敬、信任和合作依靠的是为构建这种关系而作出的合理公平的妥协。如果没有报答，这种关系最终会失效。所以说，诉诸人际关系有两种方式。它可能是一种有意识的请求。在这种情况下，你要伸出援手，请求同事或朋友帮助，例如：

- "米歇尔，你能在星期四和我调个班吗？我和牙医约好了，很难重新安排时间。"（假设米歇尔和影响者有良好的同事关系，如果米歇尔有调班的自主权，他就有可能表示同意。同事关系往往涉及交换帮助和恩惠。这样的个人帮助是使合作顺利运行的润滑油。）

- "查理，我要请你帮个大忙。"（这是相当直接的诉诸人际关系。亲密的朋友有可能会表示同意，只要影响者不是请查理做他感觉不舒服的事，或是他有这么做的自主权。）

- "邦妮，我遇到麻烦了，我不知道该跟谁说。"（情感诉求以亲密关系为基础。如果不能提供帮助，朋友可能会感觉内疚。因为亲密的关系是情感关系，这样的求助很平常，但是如果经常这么做，就有可能使关系紧张。异常贫困的人也许会把友情当成拐杖，使之成为朋友的负担，最终会破坏友情。尽管如此，利用朋友的诱惑力很强大，**因为**如果你与受影响者之间存在良好的关系，诉诸人际关系就是最有可能成功的影响技巧。)

- "我爱你。"(配偶向对方说这句话,或家长对孩子说这句话时,加强了彼此的情感纽带。如果他们关系良好,对方会回报这种情感。)

但是,大部分时间,诉诸人际关系是无意识的。人们也许没有直接发出呼吁或请求,而是提出建议、问题或意见。人们只是通过正常的社交和职业互动活动直接影响关系密切的同事、朋友、合作人或家庭成员。例如:

- "你想周末去看电影吗?"(如果你有表示同意的自主权,而且喜欢对方的陪伴,你就会愿意表示同意。一起消磨时间是享受亲密关系的乐趣之一。)

- "你认为刚出台的政策如何?"(拥有良好关系的人经常以征询或分享意见作为交际和确认他们观点的方式。因为关系密切的朋友和同事往往会有类似的想法和行为,这种思想的交流是影响他们的常见方法,也是开放自己,接受别人思想影响的常见方式。)

- "我今天晚上真的不想出去。"(这也许是回答关系最密切之人建议的方式。在夫妻关系良好的情况下,双方会不断地互相影响。我曾经尝试分析我和妻子每天如何相互影响,但是无法持续追踪,尽管如此,数不胜数的互动影响很明显。下一次,当你和配偶谈话时,请尝试弄清楚谁在时时刻刻影响谁。)

我们知道诉诸人际关系如何起作用,因为我们大多数人有朋友、同事以及其他牢固的关系——你会为他做任何事,他也会为你做任何事的人。因为彼此关系亲密,这两个人之间的忠诚纽带有可能异常牢固。事实上,表示同意的倾向非常强烈,有时会压倒正理,打乱正确的判断。凯文·福斯特及其追随者——自称为"混沌之王"的青少年团伙——的情况就是这样。福斯特是具有超凡魅力的年轻人,他知道如何滥用友情权力满足他自己的变态需要。1996年,这个团伙在佛罗里达迈尔斯堡掀起犯罪狂潮,开始故意破坏他人财产,最后发展为纵火、武装抢劫、武力劫车和谋杀高中老师。其中一个男孩——德里克·希尔兹——是个好学生,也是高中乐队成员。其他孩子也许没有希尔兹那样的前途,但也不是坏孩子。然而,他们感觉与主流同学疏远,甚至当意识到自己在做错事,而且事情的发展已经开始失控时,也缺乏反抗福斯特(他自称上帝)的勇气。

现在，其他所有人都在服无期徒刑，福斯特被判死刑。

因为人类有接纳和归属的需要，我们很容易接受来自与我们有现存关系、特别亲近之人的强力影响（只是因为他们容易受到我们的重要影响）。这种力量源自我们的互相吸引、信任和喜爱。这就像体力，有巨大的力量，但是延伸有限度。诉诸人际关系是我们拥有的最强有力的影响形式，但是仅局限于与我们有最坚固关系的人。

有关诉诸人际关系的深刻见解

诉诸人际关系是使用频率位列世界第五位的影响技巧（在逻辑说服、交际、说明和咨询之后）。它的使用频率明显少于逻辑说服和交际，但是显著高于合法化、诉诸价值观、树立榜样、缔结联盟和交换技巧。最有效运用诉诸人际关系技巧的人并不常用这种技巧，因为（正如前面提到的）它仅适用于与影响者有亲近的现存关系之人。他们最常使用的影响技巧是咨询、树立榜样、交际和诉诸价值观——这说明，擅长建立亲密关系的人更喜欢运用社交和鼓舞人心的方法施加影响，只有在需要的时候才使用理性的方法。

正如我们所料，与有效运用诉诸人际关系最密切相关的权力之源是品德、吸引力、历史和声望。诉诸人际关系是历史权力的表现，因而权力来源应该很强大。基于喜爱和相似点的影响，其他权力之源也密切相关。与他人关系密切的人有可能感觉他人诚实、有魅力或者可爱，在社区有良好的声誉。这无疑是人们在某种程度上自我肯定品性的反映，他们相信这些品性证明了自己。

毫不奇怪，与有效运用诉诸人际关系技巧最密切相关的技能是真诚地表现对他人的兴趣，心甘情愿地帮助别人，建立密切的友情，展现对其他人的感情和需要的敏感，支持和鼓励别人，建立融洽的关系和信任，友好而友善地对待陌生人。这些之中特别值得注意的是心甘情愿帮助他人，它是唯一与诉诸人际关系技巧的高评级密切相关的影响技能，这证明，要想高效运用诉诸人际关系技巧，你必须证明你心甘情愿帮助他人。

诉诸人际关系的局限性

如前所述，这种影响技巧只对已经与你有亲密私人或职业关系的人起作用。这些人有可能期待在关系范围内可以接受的那种影响。举例来说，正常情况下，你不可能请朋友或亲近的同事帮你还债，花高出其价值的钱买你的旧车，或做他会认为你在利用友情的任何其他事情。在任何一种人们与别人的关系中，他们感觉得到什么可以接受，什么不能接受。如果你看似侵犯，甚至侵犯了与他人之间的界限，你就有可能失去对他们的权力和影响。因此，尽管因为你与别人有足够的共同经历，你可以使用这种强有力的影响技巧，但是如何运用它仍有一些重要的限制。

何时运用诉诸人际关系技巧

在这些情况下，诉诸人际关系是首选的影响技巧：

• 当你想影响的人是你的朋友、亲近的同事、亲近的家庭成员或与你有良好现存关系的其他人时。

• 当你与受影响者彼此拥有自然亲和力时，即使你们认识的时间不长，只要受影响者喜欢你或感觉你们有某种联系，诉诸人际关系的技巧就可能会生效。

• 当你提出的要求在关系的界限之内，受影响者不会感到被利用时。

• 当你希望那个人忠于你的思想或帮助你时。如果你们的关系有互相信任、忠诚和喜爱的稳固基础，诉诸人际关系可能导致承诺（而不只是服从）。

- 当受影响者得到过你的帮助时。
- 当你不会受到义务或报答的连累时。

如何有效运用诉诸人际关系

1. 确保你的请求在道德的关系界限内。不要利用关系。

2. 你自己要乐于助人。如果你帮助与你最亲近的人而不指望得到任何回报（换句话说，在不存在交换的情况下），你会使他们产生在你需要时回报你的强烈愿望。不过，要注意别使你的诉求太像交易。如果拥有最亲密的关系，人们会真诚地互相帮助，没有人会计较得失。

3. 如果有人帮助你，或赠予你恩惠，你要对此表示感激，并在可能的时候回报。送感恩卡的行动源自人们认识到感激与善意在维持互相信任、关心和合作关系过程中的价值。

4. 对与你发展良好关系的人表达体贴。据约翰·科特说，"因为认识到大多数人相信友谊，愿意承担一定的义务（如患难之交），成功的管理者往往努力与他们依靠的人发展真正的友谊"。[1]

通过诉诸现存的关系施加影响是非常有力的影响形式，因此，与其他人——尤其是那些你将来会需要他们批准、支持、合作或援助的人——建立密切的关系很有意义。例如，如果你是房屋油漆工，你就应该和承包商、房屋建筑商及以前的客户建立良好的关系。这些关系和做一手漂亮的活是保证你能长期接到活的关键。如果你是雕刻家，那么与画廊老板、艺术品老顾客及艺术品评论家搞好关系很有意义。如果你是公司的人事经理，那么与你服务的直线管理人员及其他职能管理人员搞好关系很有意义。

---

1 约翰·P.科特.约翰·科特论领导人真正要做的事.波士顿：《哈佛商业评论》出版社，1999：104 页.

顺便说一句，我对权力与影响力的研究显示，与不太善于建立亲密关系的人相比，善于建立亲密关系的人影响他人的效果更好些。后者运用所有影响技巧的有效率几乎都高于前者两至三倍，他们的技能评级在《影响效果调查》测评的所有 28 种技能中明显更高。毫无疑问，建立亲密关系的能力是你影响他人能力中的关键因素。

主要概念

1. 影响的两个重要社交方法是交际和诉诸人际关系。

2. 交际是通过与其他人确立联系施加影响。它包括要坦率、友好和真诚；通过谈话和分享经历，找到相似点；通过人际互动，建立融洽的关系和信任。

3. 交际是世界上使用最频繁也最有效的影响技巧之一。

4. 诉诸人际关系是通过请求已经与你有良好关系的人援助或支持，对其施加影响。这是历史权力在起作用，它的基础是喜爱、相似性和回报的心理原则。

挑战读者

1. 对天生外向、易于与陌生人联系的人来说，交际更容易。你在交际时，尤其是与你刚认识的人交往时感觉舒服吗？

2. 你对交际有多熟练？你对建立融洽关系和信任有多熟练？你对进行有趣的谈话有多熟练？你对与你不认识或不太熟悉的人建立联系有多熟练？请回顾本章"如何有效运用交际技巧"的板块内容。你熟练掌握的是哪些技能？哪些技能对你来说很难掌握？你能做什么来培养你的交际技能？

3. 设想将来你会需要影响他人的一个重要情境。假设你从来没有见过你需要影响的那个人，必须运用交际技巧。设想那次会面：你如何运用交际技巧建立联系，顺利地让那个人倾向于你和给你想要的？那次会面会如何发展？使之成功的因素是什么？

4.考虑与你关系最好的人。辨别你们互相影响的频率和程度也许很难，但是请试一试。你们影响彼此的思想、计划、看法、价值的程度如何？你会愿意为这些人做什么？他们会愿意为你做什么？

5.你帮助你认识的人——尤其是那些你熟识的人——有多舒服？你请求帮助有多舒服？如果你请别人帮忙感觉不舒服，为什么？

6.设想与第3个问题一样的情境，但是这次你需要影响的人你已经非常熟识，完全可以运用诉诸人际关系，你将如何努力影响这个人？这么做会多么容易或多么困难？

第六章　你看怎么样？咨询与缔结联盟

　　本质上，寻找与他人的共同点是运用社交施加影响的方法。我们努力与他人取得联系，缩小我们与他们之间的距离，找到或建立我们之间的相同点。或者，我们努力让他人更喜欢我们，克服冷漠，形成同情。因此，我们通过提出问题，通过让他们参与解决问题，通过征询他们的意见——向他们咨询——得到其他人的帮助。事实上，我们征求他们的意见或想法，说明我们对他们的想法很感兴趣。人们很喜欢这种感觉：受到关注、得到欣赏、接受聘用和有人倾听。他们喜欢自己的想法受到重视的感觉。我们的提问引起对话，使我们处于共同立场：我们一起讨论计划，解决问题，而且如果我们共同想出解决方案，我们试图影响的那个人更有可能支持那个方案，因为那里面也有他们的功劳。其实，他们现在对方案也有了某些所有权。研究显示，咨询是世界各地最广泛运用的影响技巧之一，也是最有效的影响技巧之一。

　　影响的最后一个社交方法是缔结联盟。运用这种技巧时，我们是在努力通过社会规范或同伴压力的力量施加影响。我们可以向我们试图影响的人指出，其他许多人已经在实施我们的建议了，或者在把想法提交老板之前，先在同事中寻求支持。当广告商表示，"五分之四的医生推荐我们的产品"时，他们就是在运用缔结联盟的技巧。他们还通过诉诸医学权威使之合法化，而且事实上，合法化和缔结联盟(可能被形容为诉诸社交权威)之间存在强有力的关联。当我们建立联盟时，我们是在努力使受影响者融入已经由联盟成员分享的共同点，或者由我们的公司、团队、宗族、部落或社团的社会规范规定的共同点。我们运用缔结联盟技巧并不像运用其他社交方法那么频繁，但是在合适的情境中运用于适合的人可能很有用。本章侧重论述咨询和缔结联盟——在适当环境中运用的两种强有力影响技巧。

咨询

有时候，你只需提出恰当的问题，就能深刻地影响某人，这听起来很简单。在以前的书中，我评述过，"提一个好问题可以打开一扇紧闭的门。它能引起人们的回忆；刺激他们以他们从未采用过的方式考虑问题；通过促使他们检查自己的愿望、动机、选择、假设、优先权和行为唤起他们的洞察力和改变。"[1] 当你提出引导人们探究和挑战自己的问题时，你就影响了他们。伟大领袖、教师、教练和治疗专家通过刺激他人的心智，用提问来指导（即影响）他们，帮助他们自己做转变工作。研究显示，人们通过在课堂教学上听课和熟记事实学习，只能记住其中的10%。但是，他们通过体验和自我探索学习，能记住其中的70%。因此，告诉他人你想让他们知道的事不如向他们提问，让他们能够自己找到答案。以下是有可能唤起洞察力的问题实例：

动机问题（探查决策过程、优先权和潜在动机）

- 你那么做的原因是什么？**或者**，你为什么料想他们那么做？
- 你决策中的因素是什么？哪种因素最重要？如果你有机会重新制订决策，你会考虑哪些？
- 对你来说，最重要的是什么？**或者**，你认为对他们最重要的是什么？

挑战性问题（使他人脱离自己的舒适圈，或挑战假设）

- 我知道一直是那么做的，可是，为什么？为什么不能换个方法？

---

[1] 特里·R.培根，凯伦·I.斯皮尔.适应性训练：以客户为中心提高绩效方法的艺术与实践.加利福尼亚帕洛阿尔托：戴维斯－布莱克出版社，2003：166页.

- 这里的根本假设是什么？人们假设真实，但可能不真实的是什么？
- 我不相信这件事像你想的那么难。真正妨碍你取得进展的是什么？
- 好吧，就算这么做会失败，那又怎么样？如果真的失败了，能发生的最坏情况是什么？
- 我听到的都是缺点。这个行动方案的优点是什么？

理想结果问题（探查目标、梦想和未来愿景）

- 你想努力实现的是什么？你有足够远大的志向吗？如果条件允许，还可能达到什么目的？
- 最好的结果是什么？在理想情况下，你愿意看到什么？
- 如果没有限制，可能实现什么？
- 实现目标需要做些什么？

假设问题（"如果……会怎么样"，挑战某人的思想或改变范例）

- 我知道，你认为董事会不愿意接受，但是如果他们接受了呢？你怎样才能使你的论据足以引起别人的兴趣，让他们支持你？
- 如果达到目的需要 4000 万美元怎么办？实现目标需要什么？
- 假如我们不去，我们还能做什么？
- 像你们大家一样，我对这个方法灰心了。如果我们停止把这些汇集在一起，会怎样？我们还能如何汇集大家正在作的努力，并富有成效地共同解决问题？

暗示问题（探查行动或事件的潜在后果）

- 如果这件事（或这个行动）发生了，可能怎么样？
- 如果你采取或没有采取（这个行动），可能发生什么？采取行动或没有采取行动的后果是什么？
- 做某件事或另一件事的影响会是什么？
- 后果可能有多糟糕？**或者**，后果可能有多好？

"科伦坡"问题（像电视剧中的神探科伦坡一样，装聋作哑，让某人透露信息）

- 那怎么又起作用了？我不明白。
- 我不明白的是为什么，请帮我弄清……

- 我真的很好奇，别人为什么让你失望了？你认为他们理解你吗？他们明白了吗？如果他们不明白，为什么？

"还有什么？"问题（反击自满，促使别人思考）

- 好吧，这算一个理由。还有什么？
- 就其本身而言，我明白你的意思。可是，还有别的什么？他们的决策中还有任何其他重要因素吗？
- 我不知道。你确定这就是一切吗？也许还有别的什么。

把说明转变为提问（以便你用提问取代告知）

- 杰克·韦尔奇认为"六西格玛"项目应该侧重于让你的客户更具竞争力，你认为怎么样？（你是在提问，而不是陈述韦尔奇的话。）
- 看来你只有两种选择，都不怎么吸引人。你还知道其他选择吗？（而不是说，"你只有两种选择"。）

这类问题鼓励人们比以往更深入地考虑一个主题。不过，只提一个刺激洞察力的问题往往不够，你可能不得不接着提一个又一个问题。如果你这么做时能让受影响者不觉得是在接受审问，往往能帮助他人获得重要启示，即使事先你也许并不知道那些启示是什么或受影响者会朝哪个方向思考——这是重点的一部分。作为影响技巧，咨询并不是提出问题，引导人们得出结论（你已经知道的结论），它更主要的是引导人们穿越发现的过程，而你可能并不知道那个过程会把他们带到哪里。尽管如此，擅长咨询的人知道如何提出一系列合适的问题，使他人获得只有被问及这些问题的情况下才会产生的洞察力。

在《人们想要什么》中，我写道，有效管理他人的秘密之一是对他们抱有更深度的好奇。[1] 你可以从表面上领导他人，从来不把他们作为一个人去了解。但是，如果你这样做，你对他们施加的影响就会局限于你通过自己的角色运用的权威。另一方面，你可以和其他人建立真正的人际关系，不仅开发你作为鼓舞人心的领导者的潜能，而且调用重要的社交影响技巧。当你拥有

---

1 特里·R.培根.人们想要什么：建立有效人际关系的经理指南.加利福尼亚山景城：戴维斯－布莱克出版社，2006：126页.

更深层次的好奇心时，你自然会明白别人对你说的任何潜台词，尤其是有关他们自己的内容。如果雇员表示："我真的很喜欢做这个项目。"你可以说："很好，我很高兴听你这么说。"对雇员来说，这毫无意义。你也可以说，"你最喜欢这个项目的哪个部分？"那位雇员的反应会告诉你她的想法，以及对她来说重要的是什么——这位雇员可能对自己也有所了解。当你表现出这种关于他人的好奇心时，你传递出你关心他们的信息，让他们作出选择。你感兴趣，你花时间深入调查了，你听了，别人会因此更喜欢你，你影响他们的能力也将提高。

再说一次，作为影响技巧的咨询艺术是在不操纵他们的情况下，提出问题引导他们。如果你已经知道答案，而你的提问只是促使他们接近那个答案的手段，那你就是在操纵。如果他们意识到你在做什么，他们会觉得受到控制，也许因此而轻视你，注定的结果是不信任你。提出富有洞察力问题的道德方式不是假设一个特定的结果，而是运用恰当的探讨性问题激励他人更深入地思考，自己找到正确答案——无论那些答案是什么。最优秀的问题是那些引导对方改变意识、态度或看法的问题。正如作家英格丽·本吉斯所说："有真实交际意义的问题是无论你是否情愿都会闯入你的意识的那些问题，是使你的心灵像手提钻一样震颤的问题，你'妥协'了，却发现它们依然存在。有真实交际意义的问题拒绝和解。在想要回避它们的最重要的时候，它们闯入你的生活。它们是被问得最频繁，却回答得最不充分的问题，是缓慢地、不情愿地揭示它们的真实本性，最常违背你的意愿的问题。"[1]

"作为顾问，我最大的长处是装无知，提出许多问题。"——彼得·德鲁克

苏格拉底方法

作为影响技巧，咨询的一个特别应用是苏格拉底方法。那是作为教学策略

---

[1] 普遍认为此引述来自本吉斯，见 http://www.worldofquotes.com/author/Ingrid-Bengis/1/index.html。

应用于教育的方法，教导学生更具批判性地思考正在讨论的问题。这个方法被广泛应用于法律和商业学校：老师提出一个问题，号召学生回答。根据学生的回答，老师通常进一步提出问题，阐明学生的思想，征求更多具体说明，或挑战这个学生的假设。老师还有可能提出一个假设的情境，然后运用苏格拉底方法要求学生从不同角度理解这个情境。在1973年的电影《平步青云》中，金斯菲尔德教授如此向学生解释这种方法：

在这里，我们使用苏格拉底方法。我叫到你，问你一个问题，你回答这个问题。我为什么不只是给你们讲课？因为通过我的问题，你们能学会教自己。通过提问、回答、提问、回答的方法，我们努力培养你们分析特定社会中大量庞杂成员关系的能力。提问和回答……你们教自己规律，而我训练你们的思维。你们来到这里，带着满脑袋杂念，你们离开这里，像律师一样缜密思考。[1]

苏格拉底方法受到过一些批评，部分原因是，在心术不正的人手中，它"类似于'藏球'游戏。这时，提问的教授知道答案，而他的学生不知道。这个游戏的目标是产生教授认为正确的答案。如果学生的答案不正确，随之而来的将是各种形式的个人羞辱。"[2] 当然，操纵提问的过程是其中问题所在。如果你提问的目的是引导某人领悟你的思想，那它就是一个游戏。但是，如果提出的问题是让学生在发现的过程中和关键测试时有所收获的问题，那它就是一种有效的影响方式。我曾经看到许多企业领导人以这种方式提出问题。在纽约通用电气克劳罗顿维尔学院讲课时，韦尔奇因向通用的管理者提出难题，强迫他们检查自己的假设和优先顺序而闻名。他教会几代通用的领导人如何考虑业务和管理。这是运用咨询技巧有效地施加影响。

---

1 电影《平步青云》，导演詹姆斯·布里奇斯（1973，加利福尼亚比弗利山庄，20世纪福克斯电影公司）。
2 迈克尔·维蒂耶罗的"金斯菲尔德教授：文学作品中最容易被误解的角色"论，出自《霍夫斯特拉法律评论》第33卷第3期的969页。

通过提问建立所有权

咨询的另一种应用,是在解决问题的过程中,吸引受影响者参加,共同制订解决方案,使之拥有部分所有权。人们更愿意支持他们帮助创建的解决方案。举例来说,你可以要求他们对你打算制订的提案提出建议,然后,在你修改提案时,加入他们的某些或全部建议。你给他们看包含他们想法的修订方案,然后请求他们支持。这时,他们会更愿意表示同意,一部分原因是他们感觉对最终产品拥有某些所有权,还有一部分原因是他们希望表现得始终一致(当然,他们先前已经赞扬过你的提案中他们没有意见的部分)。人们喜欢应邀提出意见。你改进方案时纳入他们的想法就是确认了这些意见。这种影响经常发生在开会的时候,某位出席者提出想法,征求意见,或某位领导说,"我们来集思广益,找到能让我们进入市场的创意方法。"当人们应邀参加解决问题或提出创意时,他们更可能支持其成果,原因很简单,参与容易增强承诺。如果人们看到解决方案中有自己的一些想法,如果他们同意最终结果,他们会更加坚定地以实施此解决方案为己任。

因此,影响他人的一个强有力方式是向你希望影响的人提出创意、假设、计划或建议,然后征求他们的建议、意见和反馈。事实上,你把他们变成了你的顾问。很显然,只要你愿意听从受影响者的建议,你就应该使用这种技巧。另外,如果在吸收他们的一些想法的同时对最终结果没有坏处,你就应该这么做。咨询的本质是通过合作施加影响。根据我们的研究,在人们频繁而有效运用的十项积极的影响技巧中,咨询排名第四位,而且美国人在运用咨询技巧方面特别突出,排名列居世界首位。

有关咨询的深刻见解

彼得·德鲁克是通过咨询方法施加影响的大师之一,也是通用汽车的小阿尔弗雷德·斯隆、通用电气的韦尔奇和英特尔公司的安迪·格鲁夫这些著名首

图解：管理学大师彼得·德鲁克仅仅依靠提问做了一些最好的顾问工作

席执行官的传奇老师、教练兼顾问。1909年，德鲁克出生于维也纳一个受人尊敬的家庭。他的母亲研究医学，父亲是律师兼奥匈帝国高级公务员。在他的童年时代，知识分子、科学家、艺术家和政府高官定期在他家聚会，谈话内容包罗万象。当西格蒙德·弗洛伊德（一名家族朋友）这样的杰出人物喝着杜松子酒，抽着烟，表达自己的观点，展开激烈的讨论时，年轻的德鲁克坐在那里出神地聆听。在那丰富的知识基础上，德鲁克培养了自己对商业、经济和法律的浓厚兴趣。1931年，他取得国际和公共法律博士学位，从法兰克福大学毕业。但是，他很快发现，自己对经济和法律实践的兴趣不及对组织行为学和管理实践的兴趣，于是，他为组织行为学和管理实践奉献了余生。

1933年，当希特勒和纳粹取得政权后，德鲁克离开德国前往英国，后来定居美国。1940年代，他在本宁顿学院，1950年代和1960年代在纽约大学，然后投身于克莱蒙特研究生大学教授商业及其相关科目，并开办了美国第一个高层管理人员工商管理硕士课程。在漫长的教学生涯中，他还担任许多高管和公司的顾问，出版了近40本书，这些书被翻译成30多种语言。德鲁克对管理和商业的影响源自他推出或促进的革命性思想，其中包括权力下放、对待员工犹如资产、视企业为社区和相信公司的存在是为了服务客户（而不是为了赚取利润）。德鲁克是最早的商业思想家之一。商业思想家们提高了市场营销和客户服务的重要性，而且认为，对组织而言，职业管理人员比魅力型领袖更重要。最后，因为确认作为商业策略，知识工人的崛起和培养与留住人才的重要性，他预言了劳动力模式的转移。

尽管德鲁克为商业和管理实践作出了卓越的贡献，但是他受到许多批评家的批评。有时，他在上课时犯下事实性错误，玷污了他的形象，导致一些人不接受他。在他的一生中，有些专业学者批评他，因为他们觉得他的工作和思想在研究中没有充分的根据。尽管有这些问题，但在 20 世纪期间，随着商业实践的逐步发展，德鲁克对它产生了极其显著的影响。2005 年，在他去世后，杰克·韦尔奇说："全世界都知道他是上个世纪最伟大的管理思想家。"[1] 像所有优秀顾问一样，德鲁克是提问题的专家。据《商业周刊》报道，"德鲁克的风格绝不是为首席执行官的问题提供清晰简洁的答案，而是设计提问，使他们能够发现阻碍执行的更大问题。有一次，他给一位咨询客户讲课时说，'我的工作是提出问题。你的任务是提供答案'。"[2] 德鲁克是通过提问施加影响的榜样。

这种影响技巧的使用频率在世界上排列第四位（仅次于逻辑说服、交际和说明）。它的有效性也排在全球第四位（仅次于逻辑说服、交际和诉诸人际关系）。因此，我也把咨询视为五个影响权力的工具之一。

这项研究中一个最有趣的发现是，咨询的有效运用与品德和吸引力的权力之源关系最密切。这表明，人们认为那些擅长通过提问与他人合作和吸引他人参与的人品德高尚，而且非常可爱，这或许是真的，因为受影响者接受征求意见的提问时，获得积极的情感体验，从而推断影响者具有这些品质。因此，如果你善于通过咨询施加影响，你就有可能被视为具有更高的品德和吸引力。为什么说这很重要？因为它具有增强其他权力之源，使你更具整体影响力的晕轮效应。

频繁使用咨询技巧的人通常也会频繁使用交际、诉诸价值观（鼓舞人心的影响方法）和交换技巧。交际和交换都涉及高度的社会互动，因此，这些关联是有道理的。然而，与诉诸价值观相关的是利益。这说明，擅长咨询并频繁运用咨询技巧的人被认为比更倾向于使用说明技巧（这是告知策略）的影响者更有感染力。有效运用咨询技巧与有效运用逻辑说服技巧之间有很强的相关性。似乎最有成效的影响者不可能单独使用一种或另一种技巧。他们或许会协调运用告知与提问、逻辑与咨询。此外，提出激发洞察力的那种问题是难以掌握的

---

[1] 杰克·韦尔奇在 2005 年 11 月 28 日《商业周刊》的"发明管理的人：为什么彼得·德鲁克的思想依然重要"中所说。详见 2010 年 7 月 24 日 www.businessweek.com/magazine/content/05_48/b396_1001.

[2] 《商业周刊》，"发明管理的人"。

技能。在恰当的时间，提出巧妙的问题，既需要认知智力，也需要情绪智力，而事实上，咨询的有效运用与逻辑推理的技能密切相关。

与有效运用咨询最紧密关联的技能是倾听、对他人表达真诚的兴趣、建立融洽的关系和信任、支持并鼓励他人、谈话式讲话、提出尖锐的问题，以及逻辑推理。这个研究结果支持我的论点：熟练运用咨询技巧的人不是在操纵。他们对别人有真诚的兴趣；他们是特别的倾听者；他们建立信任，被认为乐于助人，令人鼓舞。

咨询的局限性

作为影响技巧，咨询有两个显著的局限性：一是它比其他技巧需要的时间长，二是你无法控制或预言结果。很显然，通过提问吸引他人参与和邀请他们参加讨论，比运用说明或合法化更耗费时间。不过，如果你有时间，而且受影响者对行动方案的承诺对你来说很重要，那么几乎没有比咨询更好的影响技巧了。

对某些人来说，较大的问题是邀请别人贡献创意，开始讨论供选择的答案时，他们放弃对局面的控制。例如，如果你是数学教授，针对某个特定问题，只有一种正确答案，苏格拉底方法或许就不是可用的最佳教学技巧（在讲课之后进行一系列的应用或模仿也许更好）。在商界，如果你提出精心设计的提案，改变的余地不大，那么运用咨询也许不是赢得某人认同的最好技巧（你可以采用逻辑说服或合法化技巧）。咨询是一种合作的技巧。它的力量来自吸引他人介入主题。如果那么做你感觉舒畅，而且你有足够的时间，咨询就是一个有效的策略。

何时运用咨询技巧

在这些情况下，咨询是卓越的技巧：

- 当你努力缔结联盟时。我们的研究显示，最熟练运用缔结联盟技巧的人会运用咨询、树立榜样和逻辑说服作为他们缔结联盟的三种主要技巧。这时，他们利用联盟的社会权威尝试影响其他人。
- 当你在进行教学或辅导时。苏格拉底方法或其变体是在大多数科目中引导他人发现和学习的最佳方式。
- 当你想激励他人挑战自己的假设，开发新的洞察力或看法时。这种提问需要一些技能，但是，如果做得巧妙，这是相当有效的方法。
- 当你的目的是在深思熟虑的对话中吸引他人时，你可以利用刺激讨论的问题，并通过提出有深度的问题引导讨论。对需要提高其团队或组织绩效的团队领导和管理人员来说，咨询是非常有用的工具。
- 当你需要赢得受影响者对行动方案或计划的承诺时。咨询、树立榜样和诉诸价值观是最有可能产生承诺或领导力的三种影响技巧。当你试图鼓舞他人时，诉诸价值观和咨询的结合可能非常有力量。
- 当合并大量观点会提高解决方案的质量时。
- 当你的目的是快速影响一大批人时。向大批听众提出合适的问题可以同时影响许多人。
- 当你想影响的人可能与你对立时，提问会引起他们注意，并帮助他们明白你愿意接受他们的想法和感觉。试图运用逻辑说服或说明的技巧影响怀有敌意的听众几乎总会失败。而提出深思熟虑的问题这类较柔和的方法能够转变或改变他人对你的评价。如果你试图彻底说服他人，提问比告知更好。

如何有效运用咨询技巧

1. 倾听。与有效运用咨询技巧最密切相关的人际关系技能是倾听。
2. 不要提出诱导性问题或旨在把他人引向正确答案的问题。简单地说，就是不要操纵别人。当有很多正确答案时,当你的目的是征求和利用其他人的想法时,咨询的效果最好。

3. 提出发人深省的深度问题。请回顾积极性问题实例,"如果……会怎么样"问题,"还有什么"问题和本章前面列出的其他问题。在你与受影响者建立融洽关系之前,集思广益,列出一系列要问他们的深度问题通常很有用。开始对话时,脑子里要准备好各种问题,也要乐于接受基于他们告诉你的情况所产生的新问题(记住,你必须先听他们说)。最好的咨询对话听起来不像审问或采访,而像自然流畅的交谈——交谈时,提问者对受影响者说的话要特别感兴趣。

4. 比平常的探讨更深入。记住这个原理:要对与你谈话的人表现出更多的好奇。

5. 愿意接受受影响者告诉你的想法。如果你可以不影响计划或解决方案的质量或完整性,请把它们吸收到你的计划或解决方案中。

6. 你采用别人的创意时,要想办法在可能的时候赞扬他们的创意。即使是简单的一句"谢谢你的反馈"也能表示你对他们贡献的感激,并将有助于加强他们的"物主身份",使之默认结果。

缔结联盟

众多调查研究显示,我们不仅受喜爱和弄清与他人之间相似之处的心理力量影响,而且接受社会认同的影响。也就是说,人们有一种倾向,特别是在模糊或不确定的情况下,希望看到别人在做什么,然后再决定如何行动。正如一本有关说服的书的作者所说,"当人们对一个行动方案没有把握时,他们容易跳出自身,通过观察周围其他人的行动来指导自己的决策和行动。"[1] 设想你参加一

---

1 诺亚·J.戈尔茨坦,史蒂夫·J.马丁,罗伯特·B.西奥迪尼. 就是要说服你:提高说服力的50个科学方法. 纽约:自由出版社,2008:10页.

个室内音乐会。音乐家完成了他们的第一乐章。那是大师级的表演,你打算起立,长时间为他们鼓掌,但是其他人都没有站起来。于是,你继续坐着,认为如果别人都不站起来,你站起来看上去会很傻。音乐家们演奏了另一乐章,表现同样出色。你继续坐着,鼓掌,这时,你前面有两个人站了起来,其他人随之起立。于是,你也起立,加入现在站着鼓掌的人群。这是社会认同在起作用。

电视系列幽默剧中使用预先录制的笑声是另一种社会认同的表现。研究显示,尽管观众知道那笑声是假的,但是他们认为有预先录制笑声的节目比没有这种笑声的节目更滑稽。不管你喜欢不喜欢,我们的行为受到群体的影响,即使这个群体是电子的!我们希望适应。我们害怕受到排斥。我们关心其他人的想法。当我们不确定某事时,我们就征求他人的意见,或者观察他们的做法,然后再行动。当然,这是我概括出的一般规律。在许多情况下,我们并不在意别人的想法,我们想要独处,想要确信我们的信仰,不需要社会确认。尽管如此,拒绝考虑社会认同的权力或普遍性是愚蠢的,因为它对我们思想的影响比我们意识到的更多。

缔结联盟是通过唤起社会认同而影响他人的技巧。以下是缔结联盟的一些例子:

• 几个学生在讨论放学后干什么。汤米想去踢足球,但是其他人想打棒球。汤米始终主张踢足球。这时,一个男孩说:"汤米,来吧。其他人都想打棒球。"(同伴压力是影响者运用社会认同赢得赞同的一种方式。这个联盟由想打棒球的学生组成。)

• 在新任务小组第一次会议期间,领导团队的女士说:"我想,我们应该就如何一起工作制订一些基本规则。挑选你们参加这个任务小组,是因为你们都是高绩效团队的骨干成员。在你们看来,是什么使那些团队做得这么好?你们会提出什么基本规则?"(通过请他们制订基本规则,这位领导使每位团队成员成为她的联盟的组成部分。如果以后个别成员不合作,她可以利用相当于社会规范的这个基本规则,因为那时她可以说,"你应该记得,我们都同意……"这是缔结联盟的巧妙利用,因为是受影响者本人创建了这个社会认同的证据,让领导人以后可以用来影响他们的行为。）

- 一位讲师在主持有关人力规划的研讨会，正在演示情境预设技术的应用。一位与会者极力断言他们永远也用不上这个软件，应该换个话题，可是，讲师认为了解这些程序如何运行很重要。讲师没有把这个问题强加给直言不讳的与会者，而是转向大家，提出问题：他们是愿意继续看演示，还是换个话题。压倒多数的人表示，他们愿意看完演示的其余部分，于是，讲师继续下去。

- 一位实验室的研究科学家写了一篇技术论文，邀请许多同事审阅并评论。根据他们的反馈，他修改了论文，然后提交给出版委员会。注意：他在实验室内完成了同行评审。（实际上，通过在修改论文时纳入同行的反馈，他把他们变为用来努力说服出版委员会接受他论文的盟友。）

- 几名职员想按弹性时间表工作，但是目前他们的公司还不允许。职员们认为老板不会同意这个意见，而且知道那表示公司政策将发生重大变化。于是，他们决定调查弹性时间工作制的利弊，并调查其他公司的运行方式。收集好信息后，他们对其他职员进行调查，弄清楚有多少人关注弹性时间工作制，结果得知约1/3的职员对此感兴趣。于是，他们把汇编的信息提交给经理和人力资源总监。他们的经理表示怀疑，但是同意让人力资源总监考核改变这个政策的成本与收益。评审之后，人力资源总监推断这个政策变化会有好处，于是，交由经理批准，之后，推荐给执行委员会。

最后这个情境是以缔结联盟作为职场影响技巧的一个经典例子。职员们认为，如果直接去找老板，她不会支持这个政策变化，于是他们找到支持他们论点的证据，通过辨别和吸引愿意实行弹性时间工作制的其他职员参与，建立了庞大的联盟，然后提交给他们的老板和人力资源总监。评审他们的提案之后，人力资源总监表示支持，并在提案送交执行团队时，成为他们联盟的重要成员。当你没有权力以任何其他方式影响某人时，建立支持者联盟往往不仅是你拥有的**最有效的**影响技巧，可能也是你拥有的**唯一**影响技巧。在这个情境中，职员调查其他职员（咨询），也调查其他公司如何运用弹性时间工作制。然后，他们把提案递交（逻辑说服）给两名管理者。无论他们的论辩多么引人注目，他们建立联盟的附加重量就是提案价值的社会认同，有助于说服管理者接受它。

缔结联盟是政治活动和政府常用的影响技巧，也经常出现在商业和其他组织——每当有人把计划、提案或倡议送交负责审批的权威之前，都会构建支持者同盟。这也是很有用的技巧，适用于一组人达成一致的基本规则、经营方针、行为准则或规章制度之后，需要其他人加入他们的集体，遵守那些契约之时。后者是**社会规范**的例子。每个团体都会选择或出现确定哪些行为可以接受、哪些行为不可以接受（通过设定基本规则）的规范。要想成为保持良好声誉的成员，个人必须拥护集体规范。如果有人违反那些规范，集体的领导或其他成员可能会提醒犯错误的人注意他们同意的行为规范。在严重违反规则的情况下，罪大恶极的人可能会遭到惩罚和放逐。因此，我们可以认为，一个团体——尤其是完成了规范化过程的团体——是一种联盟。加入该团体的人必须通过学习团体规则融入进去；每当有人或事让他们想到自己同意遵守的规则时，现有成员会重新与团体规则保持一致。每当人们补充团体的社会规范时，他们会通过缔结联盟施加影响。这种影响技巧类似于合法化技巧，因为它相当于诉诸（社会）权威。

有关缔结联盟的深刻见解

作为影响技巧，缔结联盟的一个突出实例发生在 1990 年伊拉克入侵科威特之后。伊拉克入侵后不久，联合国安全理事会就通过了谴责入侵的决议。阿拉伯联盟也通过了类似决议，但是要求解决方案由阿拉伯联盟内部产生，并对外部力量卷入冲突提出警告。几天后，联合国安理会投票同意对伊拉克实施经济制裁，并批准实施海上封锁。随后，故作姿态和谈判在冲突各方之间展开，但是如果其他各方不作出可以接受的让步，伊拉克拒绝撤出军队。接着，1991 年 1 月中旬，联合国安理会通过决议要求伊拉克立刻撤军，但是萨达姆·侯赛因拒绝了。

美国政府越来越清楚地认识到对抗这场危机的外交解决方案不会成功，于是，开始创建反对伊拉克人和强迫伊拉克人从科威特撤出的联盟。最终，这个联盟包含阿根廷、澳大利亚、比利时、加拿大、洪都拉斯和巴基斯坦等37个国家。德国和日本贡献了资金，但是没有派遣军队。

加入联盟的阿拉伯和中东国家的数量引人注目，为美国政府的军事干涉增加了全球信誉和支持。同盟国解放科威特，进入伊拉克之后，萨达姆企图通过向以色列发射飞毛腿导弹来分裂这个联盟。如果以色列人以武力回应，同盟国的阿拉伯成员很可能撤回对同盟国的支持，但是美国政府明智地劝告以色列克制，以色列人听从了劝告。联盟成员参加的理由各不相同，有的反对伊拉克侵略；有的担心伊拉克继续推进，占领沙特阿拉伯油田；有的加入是因为可以得到经济援助或免除债务；有的可能为了与重要的同盟国或世界强国保持良好的外交关系。无论他们加入的理由是什么，美国政府及其亲密的同盟国促成了联盟，并利用各种影响技巧建立了反对伊拉克侵略的强大全球联盟。

这种级别的联盟很罕见，而在商界会不时出现较小规模的联盟：公司与供应商组成联盟，与重要客户建立伙伴关系，甚至偶尔与竞争对手联合，共同投标重大项目，因为仅凭他们自己的力量不可能成功。当个体影响者没有足够的力量独自实现他们的影响目标时，缔结联盟是最有用的影响技巧。

研究显示，作为审慎的影响技巧，缔结联盟不像其他影响技巧那么频繁出现。在全球，它的使用频率排名第九（仅在"交换"之前）。令人感兴趣的是，被评为最有效运用缔结联盟技巧的人使用它的频率不如使用任何其他影响技巧的频率，从而支持了这样的结论：缔结联盟是只在特殊情况下应用的影响技巧。

研究还显示，拥有很高角色权力的人被认为最少有效运用缔结联盟技巧，这说明，如果他们拥有相当大的角色权威，他们就不需要缔结联盟。对比最有效和最无效应用缔结联盟的人显示，与那些卓有成效的人最密切相关的权力之源是声望、表现力、吸引力、知识和关系网。很明显，拥有良好声望和良好社会关系可以帮助你建立一个联盟。有表现力、可爱和知识渊博也会吸引他人加入联盟，或者在你调用社会认同时，受影响者感觉更顺耳。最善于缔结联盟的人在这些方面有优越的技能：建立共识；解决矛盾和他人之间的分歧；建立融洽的关系和信任；

主动向他人示范做事的方式；说服他人帮助他们影响其他人；运用权威；对他人的价值有深刻的认识；他们还擅长讨价还价或谈判。

缔结联盟的局限性

缔结联盟与合法化有相似的局限性。如果做得不巧妙，缔结联盟有可能显得强硬。缔结联盟策略的目标者也许会感觉大家"联合起来"对付他，迫使他做不愿意做的事。此外，有些人抗拒遵守团体规范只是为了与其他人和睦相处。他们也许不愿意遵守或不愿"与那群人相处"。有人抵制缔结联盟可能只是因为他们好像感受到压力。

运用社会压力也可能导致"群体思维"。这是一种现象：群体中的人易于产生相同的想法，因为没有人愿意挑战似乎占优势的思路。因此，你应该谨慎使用缔结联盟去影响一个决策，除非你确定可以得到相关信息，已经请教了恰当的人，而且那些想法经过了仔细检验和质疑。

何时运用缔结联盟技巧

在这些情况下，缔结联盟可以作为有效的影响技巧加以运用：
- 当受影响者愿意遵守现有规范、习俗、传统或契约时。
- 当你能确定将分享并支持你的愿景、目标、看法或倡议的潜在盟友时。
- 当你没有足够强大的权力基础，不能运用其他技巧说服受影响者，因而需要其他人的支持、专业知识和鼓励时。
- 当受影响者需要或尊重更广泛支持一个想法或建议的证据，如果你们还没有达成共识，他不会被打动时。有些领导者、管理者会采取这种方式。他们天生具有参与性，期望你与其他人讨论那些想法，提出团队观点。

- 当你的组织文化支持参与式管理或合作时。
- 当你希望影响的人已经表露出他接受公众或群体意见的影响时。
- 运用社会压力并不是最合适、最明智的方法时。

如何有效运用缔结联盟技巧

1. 在与某人"联手"之前，请尝试其他更少胁迫感的影响技巧。为了影响某个更有权势的个人（例如你的老板）而建立联盟，有可能给人有意造反的印象。

2. 细想其他人是否有可能支持你，受影响者对一个联盟或集体的观点是否有可能作出良好的反应。

3. 识别可能的盟友，思索他们为什么会或不会支持你。然后，利用其他影响技巧接近他们，努力争取他们的支持。至少，他们应该赞同你的打算。理想情况下，通过帮助你达到目的，他们也能获得某种回报。

4. 先努力争取某些有权势的人参与。理想的是，他们应该有良好的社会关系网、卓越的声望、可靠，而且在组织中引人注目。如果与他们结成盟友，你会更容易征得其他人的支持。

5. 如果你的盟友是你们组织里的意见领袖，就与他们协商实现目标的最佳方式，并努力说服他们帮助你影响其他人。争取他们积极参与必将增加动力。如果他们有良好的社会关系，看看他们是否能通过他们的关系网络提供更多支持。

6. 考虑建立探索和推进那些想法的团队、特别工作组、特别委员会、顾问小组或技术专家小组。如果这种团体能起作用，有可能为你的工作增添可见性、可信性和声誉。

7. 积极维护这个联盟。不要以为一旦合作，就会永远合作。如果你的影响企图随着时间的推移渐渐显露，你可能需要对联盟成员及其承诺和积极支持进行维护。

主要概念

1. 影响的两个重要社交方法是咨询和缔结联盟。

2. 有时,仅仅提出适当的问题,就可以深深地影响某个人。咨询是以让他人对解决方案拥有某些所有权的方式,通过提出刺激或吸引他人参与的问题施加影响的技巧。

3. 可能引发洞察力的问题包括动机问题、挑战性问题、理想结果问题、假设(如果……会怎么样)问题、暗示问题、"科伦坡"问题和"还有什么"问题等。

4. 影响他人的一个有力方式是提出想法、假设、计划或建议,然后征求他们的建议、意见或反馈。事实上,你把他人变成了你的顾问。通过采用他们的某些意见,你把他们变成成果的共同拥有者,使他们更有可能支持它。

5. 缔结联盟是通过调用社会认同影响他人的尝试。最有效地运用缔结联盟的人并不经常使用这个技巧。不过,在合适的情况下运用缔结联盟可能非常有力。

挑战读者

1. 咨询是强有力的影响技巧,特别是当你能够通过提出合适的问题引发他人洞察力的时候。

你如何评价自己提出引发洞察力问题的能力?回到本章前面提供的模拟问题板块,确认那些你通常不用的问题。找到你可以提出这些问题的情境,练习使用它们。刚开始,你有可能感觉很难适应,但是慢慢地你会掌握它们。

2. 考虑你将来需要影响他人的一个重要情境。假设你必须运用咨询技巧,你如何吸引这个人?你会提出什么问题?收集各种你可能用到的最吸引人的问题,然后开始使用。

3. 咨询技巧发出的挑战是吸收别人给你的某些建议,让他们感觉拥有解决方案的部分所有权，因而更有可能支持它。你会怎么做？提示：你必须愿意接受不完全属于你自己的解决方案。

4.在需要运用社会认同来影响某人时，你运用缔结联盟技巧的效果如何？在缔结联盟过程中，你哪方面做得好？你可以改进的是什么？

5.想想你认识的能很好运用缔结联盟技巧的人，他们是做什么的？他们为什么能达到预期目的？

6.设想与第2个问题同样的情境。这一次，假设不建立联盟，你也许不会成功地影响那个人，那么你会争取哪些人的支持？你将如何说服他们支持你？演练整个情境，你会如何建立你的联盟？

第七章　寻求激励：诉诸价值观和树立榜样

在美国南北战争期间的第三个夏天，南部邦联总统杰弗逊·戴维斯和北弗吉尼亚军主将罗伯特·李策划了一个大胆的计划，希望迫使战争结束。几个月前，南方赢了钱塞勒斯维尔战役，约瑟夫·胡克指挥的联邦军队撤退。随着政治家们对一系列军事失败感到绝望，刚刚兴起的和平运动在北方取得进展，继续战斗的决心动摇了。李推断，如果他能穿过宾夕法尼亚进攻北方，再挥师向东威胁费城、巴尔的摩和华盛顿，联邦各州的士气将暴跌，那些呼吁和平的人会要求林肯总统通过谈判结束战争。

当李率领有 72 000 人的军队北上穿过谢南厄河谷，进入宾夕法尼亚时，重组的波多马克军团在乔治·米德将军率领下向北奔驰，与之对抗。1863 年 7 月 1 日，双方在葛底斯堡小镇相遇。在小镇西北部的山脊上进行的小规模战斗结束，联邦军逃回葛底斯堡，但是他们为联邦军主力抵达战场赢得了时间。到 7 月 2 日，两军在小镇以南沿着由北向南平行的山脊彼此对阵。李发现沿公墓岭排列的联邦军防御阵地南端最薄弱，受到大小圆顶山的限制，遂命令部队向联邦防御阵地发起大规模猛攻。

进攻墓园岭的战斗打响后，联邦军准将古文纽尔·沃伦爬上小圆顶，发现山上没有设防，而步枪反射的阳光显示南方联盟军已经占领了大圆顶，正在集结，准备向他站着的山顶进攻。联邦军处境极其危险，正如历史学家罗伯特·考利所说："当时，小圆顶是高约 200 英尺（约 60 米）的高地，光秃秃的，被巨石堵塞，使其侧面面对整个战场一览无余，控制了通往北方的公墓岭——联邦军防守的地方。如果南部邦联连续攻击占领山头，他们本可以纵向进攻联邦防御阵地，迫使对方撤退，把胜利果实交给李。"[1] 沃伦将军向联邦大部队发布占领小圆顶的紧急命令。参谋带着命令在附近麦田遇到 26 岁的斯壮·文森特上校，他自作主张调动自己的旅到达指定位置，把缅因州第 20 志愿兵团安排在小圆顶的最南端——就在延伸数英里的联邦防御阵地的末端。

缅因州第 20 志愿兵团由 34 岁的约书亚·劳伦斯·张伯伦上校指挥。张伯伦是鲍登学院修辞和现代语言学教授，没有接受过军事训练，但是他认为有为国家服务的爱国责任。在带领兵团向葛底斯堡进发之前，张伯伦面对一个最艰巨的领导力挑战。第 20 兵团建立时拥有 1000 多人，经过一年的战斗，只剩下不到 300 人。张伯伦接受命令，要接收最近解散的缅因州第 2 志愿兵团的 120 人加入他的部队。他需要兵力，但是这里有一个问题，那些人拒绝提供服务。他们已经参加了缅因州第 2 志愿兵团，不愿意为另一个部队服务。而且，他们签署了为期 3 年的服役期限——比他们的第 2 兵团战友多一年，而那些战友已经退役——他们厌战，士气低落。如果他们开小差，张伯伦有权枪毙他们，但是他不愿意这么做，也无法派人一直看着他们。他需要他们能够为他提供战斗力——如果他们选择战斗。

于是，张伯伦会见了这些人，倾听他们的抱怨，恳求他们加入第 20 兵团。那天他说了些什么没有记录，但是作家迈克尔·沙拉根据士兵们的信件和回忆，在他获普利策奖的小说《杀手天使》中重新组织了这次讲话。根据沙拉的叙述，张伯伦把他们视为战士而不是罪犯。他说，我们不会枪毙他们，因为他们是我们的缅因州老乡。他需要他们。即将开始的战斗至关重要，如果打败了这场战斗，他们就可能打败这场战争。他认为，他们的事业是高尚而正义的，他们的军队不像历史上任何其他军队，他们的目的是解放其他人。他们不是为国王，也不是为战利品或土地而战。"不是为了土地——总会有更多的土地。我们都珍视的

---

[1] 罗伯特·考利版本《面对敌人：有关内战的看法》中"小圆顶的对抗"（纽约：G.P. 普特南森出版公司，第 217 页）。

是这个观点，你和我，我们都比金钱更有价值。我从未见过我会为之而死的金钱，但是我并不是请你们加入我们为金钱而战。最终，我们是在为彼此而战。"[1] 无论张伯伦实际说了什么，他的恳求成功了。除了6位反抗者，其他所有人都同意加入第20兵团。

他们在小圆顶山上构建了防线。仅仅10分钟之后，700名亚拉巴马州第15兵团身经百战的老兵就冲上山来，朝缅因州第20兵团仓促形成的防线进攻。他们击退了第一次进攻，但是亚拉巴马人重新组织了第二次冲锋。双方的损失都很惊人，但是战斗开始时，邦联在人数上超过缅因州第20兵团，以二对一。亚拉巴马第15兵团的指挥官让部队不断向右推进，试图找到联邦防线的末端，从后面实施包围。张伯伦让他的兵向左转移，然后使防线左侧向后弯曲。经过2个小时残酷的战斗，邦联兵团向山顶发起5次冲锋，联邦防线被削弱，还能战斗的士兵弹药不足了。他们每人只发了60颗子弹。现在，有些人只剩下了几颗子弹，2/3的人已经没有子弹了。张伯伦看见亚拉巴马人在山下重新集结，准备再次冲锋。

文森特上校命令缅因州第20兵团进入这个位置后，提醒张伯伦，缅因州第20兵团是联邦防线的极左端。"任何情况下，你们都不能撤退。"文森特说，"如果你们走了，防线侧翼就会受到威胁。如果你们走了，他们会冲上山顶，从背后消灭我们。你们必须捍卫这个阵地直到最后。"看见敌人准备再次进攻，张伯伦作出孤注一掷的决定。他知道他的战士可能再也无法守住这个阵地了。他的一名副官想去防线下面的一个岩层，那里有些受伤的战士。张伯伦让他回到自己的位置，然后命令他的士兵上刺刀。亚拉巴马人吼叫着向山上冲来，张伯伦指挥他的士兵冲下山进行反击。亚拉巴马人被意料之外的刺刀拼杀惊呆了，他们犹豫了片刻，然后乱作一团，数百人狂奔出危险地带。他们的指挥官后来承认，"我们像一群野牛似的奔跑"。那些没跑掉的人被缅因州第20兵团筋疲力尽的士兵俘虏，而士兵中许多人的枪里已经没有子弹了。控制小圆顶山的战斗结束了。

---

[1] 迈克尔·沙拉. 杀手天使. 纽约：巴兰亭图书公司，1974：30页.

第二天，李命令在联邦防线中央发起破坏性正面进攻（被称为"皮克特冲锋"），南方邦联被彻底打败。7月4日，美国独立日，他们开始回撤弗吉尼亚州。

许多历史学家认为葛底斯堡战役是南北战争的转折点。后来，因为在防守小圆顶山时表现出的领导能力，张伯伦荣获国会荣誉勋章——授予美军人员的最高英勇奖。如果缅因州第20兵团被打垮，如果邦联的火炮能够打到公墓岭上的联邦军防线，我们不可能知道葛底斯堡战役会如何结束，但是很显然，如果张伯伦不能说服缅因州第20兵团大多数士兵和他们一起参加战斗，他将严重缺乏兵源，无法击退顽固敌人连续发起的正面攻击。所以，小圆顶山胜利的第一秘诀是张伯伦影响那些反抗者与缅因州第20兵团并肩作战的能力。这个具有领导力和影响力的行动有充足的理由可以决定战争的进程和此后的美国历史。

张伯伦深谙修辞艺术，他知道运用理性和社交方法说服会失败。在那种紧急的情况下，人们情绪激昂，他能做的只有通过诉诸他们的价值观，促使他们加入缅因州第20兵团。**诉诸价值观**是人们从情感上打动别人，从而启发他人的两种影响技巧之一。另一种技巧是**树立榜样**。像这样鼓舞人心的影响方法最有可能产生承诺或领导力，但是它们的成功取决于影响者和受影响者价值观是否一致。设想，如果张伯伦没有对反抗者发表鼓舞人心的演讲，而是说："我听到了你们的抱怨。嗯，克服困难吧。谁都有抱怨，没人在乎，我更不在乎。你们已经签了入伍文件，所以不管你们愿不愿意，必须加入缅因州第20兵团。20分钟后，我们开始行动，我希望你们所有人都扔掉懒怠，和我们一起前进。怎么样？谁跟我来？请举手让我看看。"如果张伯伦用这种方法，谁会心甘情愿地加入他的队伍，值得怀疑，而且他也不会成为人们追随的鼓舞人心的榜样。

就影响力而言，鼓舞人心的方法很特别，因为它们针对的对象可以是许多人，甚至数百万人，其中显然包括影响者不认识或从来没见过的许多人。因此，这是政治和宗教领袖最喜欢的影响技巧。那些力争影响大批人的人很可能诉诸他们的价值观或塑造他们希望其他人仿效的思维或行为方式。诉诸价值观和树立榜样都有可能是非常强有力的影响技巧。事实上，我的研究显示，与没有感召力的人相比，擅长诉诸价值观的人的影响力高三倍。同样，被视为优秀榜样的人的影响力也高近三倍。这两种技巧不如那五个影响权力工具（逻辑说服、交际、咨询、诉诸人际关系和说明）使用得那么频繁，但是运用得好，它们可能异常有力量，实质上，当你想同时影响许多人时，它们是仅有的影响技巧。

诉诸价值观

诉诸价值观与逻辑说服完全不同，前者是诉求人心，后者是诉求头脑。正如第三章的论述，我们是部分理性、部分感性的动物。但是，没有人怀疑感性的一面更有力量。你还能如何解释爱情，或宗教的献身精神，或爱国的热情？当我们从感情上完全相信一项事业、一个理想、一种哲学、一项运动或一位领袖时，我们有可能做出毫无意义可言的事情。我们一方面热爱或钦佩，另一方面不得不承认他们以非理性的方式影响我们。除了科学，曾经发生过的伟大运动都是由这样的人领导的：他们要么诉诸人们的价值观，要么是一个模范榜样。

诉诸价值观可以成功，是因为它与某种深植于人心的东西，那种他们可以感觉到却无法言表的东西联系起来。诉诸价值观能鼓舞他们，是因为它与他们所珍视的东西、赋予他们生活意义的东西、触动他们灵魂的东西联系起来。它连接了推动他们的东西，他们渴望得到的东西，让他们感觉值得、满足、合理和最需要的东西。这些价值不必具有普遍性，甚至不必是积极的。希特勒是诉诸价值观的大师——但是他的诉求成功只是因为在特定的时间和场合有特定的人群盼望接受那些诉求。他呼吁的是那些为第一次世界大战的结局感觉畏缩和屈辱的民众，是那些必须通过害怕共同的敌人重新建立自尊的人们，是那些需要感觉自己胜过他们认为伤害过自己的那些人的人们。当然，20世纪30年代，希特勒的呼吁并没有激发所有德国人的热情，有些人对他的报告不是漠不关心，就是感到惊恐。为了实现自己的目标，希特勒也不得不依靠胁迫、操纵、威胁和暴力。但是，毫无疑问，他的诉求确实激发了许多追随者的热情，因为他说了他们想听到的话。

诉诸价值观与树立榜样有关联，也有区别。当影响者诉诸价值观时，他们通过传递负载价值的信息达到目的。至于树立榜样，他们也许只是以其他人感觉受到鼓舞或认为值得效仿（或者值得反抗——如果他们痛恨那个人的所作所为或所代表的立场）的方式表现。以下是人们如何在商业活动中诉诸价值观的一些例子：

- 在有关公司宣传经营原则的员工大会上，公司CEO向员工讲话。她举例说明当员工应用这些原则时，客户对公司及其服务的体验如何改善。
- 在战略会议上，一名公司高管认为公司有确保海外供应商不使用童工的道德义务。
- 在业绩评估会上，经理鞭策一名员工作出更大贡献。他说："琳达，你工作很好，但是没有激情。我认为，你有更多潜能，如果接受更具挑战性的任务，你会对这个工作感觉更好。"她同意了。他提到几种可能，并请她考虑哪种最具挑战性，或最能实现个人抱负，哪种更能激励她。
- 一名退休的风险资本家对世界各地每年产生大量垃圾感到焦虑。他创办简报，引人注目地说明这个问题，只要有可能，就随时随地分发给民众团体和学校。

当信息符合受影响者的价值观或信仰，足以激励他们采取行动时，诉诸价值观是强有力的技巧。但是，即便最有效的影响者也不可能在所有时间成功地影响所有人。比利·葛培理牧师是20世纪最著名也最有成效的基督教福音传道者。他领导过许多组织有序、广为人知的改革运动，把不改宗的观念带进教堂，激励现在的信徒更虔诚，但是许多人（也许是大多数人）听到他鼓舞人心的宣传后，依然无动于衷，没有改变，或者当喧闹平息后，立刻失去热情。我在本书前面提到，贝拉克·奥巴马是一位鼓舞人心的演讲者。他的演讲通常包含"价值"信息，在2008年美国总统大选期间，他的演讲比对手约翰·麦凯恩的演讲效果好得多。然而，奥巴马诉诸价值观并没有影响每个人，因为不是每个人的价值观都与他相同。他只赢得53%的选民票。但重点是诉诸价值观不必影响每个人，它只需影响足够帮助影响者实现自己目标的人。

令人鼓舞的事情往往值得纪念，他们会录制、复制，将它传递给其他人。以下是一些诉诸其他人价值观的令人难忘的语录（包含重点强调）：

"成功人士与其他人之间的区别不是缺乏力量，不是缺乏知识，而是缺乏意志。"

——文斯·隆巴迪

"如果你尊重你自己的声誉，请与品德优秀的人交往。宁可孤独，不交恶友。"

——乔治·华盛顿

"谨慎而仔细的人总是想方设法维护自己的声誉和社会地位，永远不可能发起改革。那些真正认真的人一定愿意成为世人眼里的大人物或小人物，而且无论公开或私下，无论何时，坦率承认自己同情鄙视和迫害的想法及其拥护者，并且承担后果。"

——苏珊·B.安东尼

"掌握你自己的命运，否则会受人控制。"

——杰克·韦尔奇

"赞颂你已经取得的成就，但是每次成功都要更上一层楼。"

——米娅·哈姆（美国足球明星）

很多书籍、文章、宣传海报、日历和车尾贴上此类励志名言加以传播，证明它们受到大众的欢迎。究其原因是它们代表了许多人渴求的更高尚的生存或行为状态。渴望带给我们希望，为我们指明方向。这表示，我们不必继续做今天这个不完美的人，因为我们有成长的空间，而那种鼓舞人心的思想告诉我们如何成长。

它可能如此运转：比如说，我的工作一直干得挺好，但并不是非常出色。我感觉困惑，没有动力，一筹莫展。这时，在我们公司的销售会议上，我有机会听到米娅·哈姆的讲话。2004年奥运会，她所在的美国女子足球队赢得金牌。

图解：米娅·哈姆激励无数渴望成为像她一样的人的女孩。在公开场合，哈姆经常运用诉诸价值观的技巧影响他人

此后，我一直钦佩她。她谈到如何赞颂你已经取得的成就而不满足于此。每一次，你都要略有提高。好吧，当然，这显而易见。这里并没有什么新鲜的东西，却触动了我的内心，因为我认识到自己一直没有进取心。我放弃，是因为我作过太多太快的努力，结果都失败了，然后，我失去了勇气。"从今往后，"我告诉自己，"我要赞颂每次胜利，然后，下一次只争取稍微多一点的成就。"

当人们成功诉诸我们的价值观时，我相信会产生这样的内心独白。我们会与朋友或同事分享，但是常常不明说，或许甚至没有自觉地意识到这一点。无论如何它发生了，对我们价值观的诉求激起我们内心的意识或领悟，有可能导致我们改变承诺、信念或行为——这就是影响。

有关诉诸价值观的深刻见解

在十种积极的影响技巧中，诉诸价值观技巧在全球的使用频率排名第七位。幸好它的使用频率不太高，过于频繁诉诸情感会令人讨厌。运用这种技巧的次数不可以太多，而且要选择恰当的时间点。普遍认为，能将诉诸价值观技巧运用得很好的人，运用交际技巧、树立榜样、咨询和交换技巧也很出色。这里提到前三种很有道理——它们都是相互关联或鼓舞人心的影响技巧——但是它与交换有关系令人惊讶。也许，擅长诉诸价值观的人更善于恰到好处地谈判，因为他们能成功诉诸对方的价值观和情感。无疑，他们非常了解别人看重的东西，并能在交换时利用这个知识。

在比较人们最高和最低有效率评级时，我们发现，其最大的区别在于表现力，是表现力真正造成只善于诉诸价值观的那些人与那些杰出人物之间的区别。与有效运用诉诸价值观技巧最密切相关的技能是传递活力和热情，建立融洽的关系和信任，以交谈的方式讲话、倾听、支持和鼓励其他人，对别人表达真诚的兴趣，拥有迷人的声调，表现自信，对他人珍重的东西有深刻的洞察力。尽管如此，在比较擅长和不擅长运用诉诸价值观技巧的人时，你会发现，他们的最大技能差异在于他们对别人价值观的洞察力，他们传递活力和热情的能力以及他们倾听的技能。最有效运用这种技巧的人拥有的技能评级比不太有效运用这个技巧的同行拥有的技能评级高三倍。这个惊人的差异强调了真正掌握这个技巧所必需的条件。最重要的是要拥有对他人价值观的洞察力，这是情商的关键组成部分。人际洞察力达到这个程度的人能够精确表达情感共鸣，从而增加他们与其他人之间的情感联系。

传递活力和热情也至关重要，因为如果你的努力过程单调乏味，就不可能振奋人心。沉闷而冷漠的发言者提不起人们的兴致，也会令人怀疑。要点火，你就需要火花。很特别的是，倾听也会产生如此的差异。无疑，有效倾听是感召力大师们培养自己对他人价值观洞察力的方式，而了解别人珍重的是什么能让你进行恰当的诉求。我们从研究中学习到非常重要的经验：倾听对有效诉诸价值观非常重要。我们中间最具感召力的领袖不仅是伟大的演说家，而且是更伟大的倾听者。

诉诸价值观的局限性

最近，我接到一位朋友的电话。她以前是我的同事，现在为一家非营利机构筹资。她出色地运用了诉诸价值观的技巧，但是她的事业并不是我感兴趣的事业。我对它的关注不足以让我作出贡献，于是我拒绝了她。这是诉诸价值观的主要局限性。只有当受影响者与你支持的那种价值观和事业有情感联系，并作出响应时，它才能起作用。你要么必须了解受影响者的价值观，要么广泛撒网，作出尽可能引起许多人共鸣的诉求，但是不要期望引起所有人的共鸣。

诉诸价值观的另一种局限性是，如果滥用这个技巧，有可能产生事与愿违的结果。过于频繁或令人厌烦地作出情感诉求有可能引起对方厌倦或反抗，而不是承诺。此外，你的诉求必须真诚。如果受影响者感觉你太夸张或者不诚实，你有可能失去信誉，并随之失去影响他们的权力。

何时运用诉诸价值观技巧

在这些情况下，诉诸价值观是优秀的影响技巧：
- 当你自己对目标事业充满热情，当你表达的价值观真正从内心流出时。
- 当你的目标和价值观符合你希望影响的人的目标和价值观时。
- 当你想同时影响许多人，包括你也许不认识的人时。（马丁·路德·金的《我有一个梦想》的演讲就是一个实例。）
- 当你需要承诺乃至领导力，因为仅有服从还不够时。
- 当你需要他人做某种特别的事情，而且你必须激励他们超越正常的行动方针时。（在有关让一个人登月的演讲中，约翰·肯尼迪总统需要鼓动人们对结果表示信任和热情承诺时，就用到了此技巧。）
- 当你需要他人从事某种困难或令人不愉快的事情时。（这是张伯伦上校在葛底斯堡的小圆顶山上面对的处境。）
- 当你的组织面对困难或处于危险，而你需要团结其他人，集中他们的努力，给他们希望的时候。
- 当运用理性和社交方法不可能成功时。

•当其他人发现你令人鼓舞时；当你是卓有成效的领导者，被视为角色榜样，拥有基于成功诉诸他人价值观的能力和权力时。

如何有效运用诉诸价值观技巧

1.这种技巧的有效性与他人对你的诉求重视程度之间有直接的关联。如果向不可知论者进行宗教诉求，你就不可能成功；如果他们是不热心的信徒，成功的可能性就会大打折扣；如果他们是狂热的信徒，而你的诉求符合他们早就看重的价值观，那么，你可能不仅赢得他们的承诺，而且赢得他们的领导才能。因此，要想有效运用这种技巧，你需要了解他人重视的是什么，特别是他们最重视的是什么。一般来说，拥有高度同情心的影响者更具有对其他人价值观的洞察力，因为他们能感觉到他人的情绪，理解他们的情感。如果不具备高度同情的天赋，你就需要仔细研究他人，观察，倾听，了解对他们重要的是什么。

2.说出正确的话，却不相信它们，这是有可能的。精神病患者往往能够模拟他们看见别人做的事，并明确表达他们认为别人重视的想法，但是这是病态的假样子。擅长诉诸价值观的人以真实可信的声音讲话。正如凯文·凯许曼所说，"完整性远远超出讲真话。完整性意味着我们是谁和我们做什么之间的完全一致……真实地表达你自己就是以展示可能性的方式分享你真实的思想和感受。"[1] 大多数人拥有足够好的直觉和"废话探测器"，知道他人什么时候假装真诚，或者表达他们并不真正相信的价值观。如果你表现得不诚实并被察觉到，你将失去所有的信誉和信任。因此，要以真实可信的声音讲话。你诉诸的价值观应该是你也珍视的价值观。

3.要想有效运用这个技巧，你还必须言出必行。你说的和做的必须保持一致，否则，你将再次失去信誉。

---

1 凯文·凯许曼.由内而外的领导.第二版.旧金山：贝瑞特－科勒出版社，2008：98页.

4.你表达的价值观必须有"价值观念",也就是说,你表达的价值观不仅必须彼此一致,而且必须与大多数文化所赞同的普世价值观和信念一致。如果打算以"贪婪是好事"和"为了正当目的可以不择手段"的格言为基础诉诸价值观,你很可能失败,因为大多数人认为那些价值观令人痛恨。如果你的格言是"有责任心好"和"教育是民主的基础",人们有可能赞同你的看法,但是看不到其中的关联。无论如何,以下的价值观诉求可能会引起大多数人的共鸣,因为这些思想彼此一致,而且有良好的价值观念:

> 有责任心好。粗心大意不好／有害。
> 地球是我们的家园。它是我们所拥有的一切。
> 我们应该为地球负责,我们必须保护地球。
> 浪费不好／有害／不负责任。
> 浪费危害地球。
> 我们有责任清理或消除浪费。
> 绿色很好。

这看起来好像逻辑论证,但是其中的关键词表达了价值观:好、不好、家园、责任、有害、保护。要有效运用诉诸价值观,你必须保证你诉求的价值观彼此一致,并且反映人们普遍拥有的价值观。

5.最有效运用诉诸价值观的人拥有高度的表现力,擅长充满活力和热情地表达他们的想法。要想有效传达你对这些想法的保证和承诺,你需要运用你的整套工具——你的声音、你的肢体和你的面部表情。实际上,它们是与你说的话相关的具有表现力的元素。在不传递大量活力和热情的情况下,你能有效影响他人吗?也许能。但是运用富有表现力的非动词和拥有富有吸引力的语调是使你传达的信息更有分量、更具说服力的力量倍增器。但是不要表现得太过分。你不需要通过大喊大叫、敲击讲台来表达热情。一个坚定的手势——举起手,微微向前移动——就是强调一个重点的良好方式,一个毫不犹豫的语调表达了自信和承诺。发表过引人注目演讲的优秀榜样有丘吉尔、罗斯福、肯尼迪、马丁·路德·金和奥巴马。

树立榜样

这是一个有趣的实验：问问别人，在他们的成长过程中，对他们影响最大的是谁？谁是他们的角色榜样？他们最希望像谁？他们的回答可能会让你深入了解他们是哪种人，他们的梦想和愿望是什么，也许还能说明十种积极的影响技巧中最迷人的那一个——树立榜样。运用这种技巧时，你要么通过充当他们努力效仿的角色榜样，要么通过积极教导、指导或劝告来影响其他人。树立榜样，就是展示其他人日后会模仿的一种行为、一种思维方式或一种存在方式。显然，树立榜样可以成为极有力量的影响形式。它反映了老式师徒的学习和培养方法，也深深植根于人类的灵魂深处。小时候，我们主要通过效仿角色榜样，在父母的教导下生活和成长。在以后的生活中，我们有各种老师，他们的目的是把我们改造成为真正完善的成年人。

作为影响技巧，树立榜样最迷人的地方是你无法回避。无论你喜不喜欢，无论你愿不愿意，如果你处于担负责任的职位，如果你有知名度，你就成为角色榜样。父母是他们的孩子们的角色榜样；领导和管理者是他们的追随者和下属的角色榜样；公务人员是所有公民的角色榜样。这里提到了树立榜样的重点：并非所有角色榜样都值得效仿。查尔斯·曼森（1934—，是美国著名类公社组织"曼森家族"的领导人，因莎朗·塔特和拉比安卡谋杀案而被判入狱，其实曼森的罪行远不止这些。在美国，曼森被称为"最危险的杀手"）、伯纳德·麦道夫和安德鲁·法斯托（1961—，原美国安然公司财务总监，因暗地里建立私人合作机构非法转移公司财产，被判入狱服刑6年）这样的人就是其他大多数人不想模仿的榜样。他们是反面榜样，是不该做什么事、不该当什么人的教训实例。跟着酗酒的家长长大的孩子体验到那种烦恼，会下决心自己不当酒鬼。为不诚实老板打工的年轻女子为自己创办的公司制订诚实的价值观。有时，人们利用反面榜样定义他们不想做的事，而不是他们做的事。总之，人们经常以他们是谁或他们怎么做为基础，影响我们，从而改变我们的思想、信念或行为。

树立角色榜样

我的祖父乔治·艾伦·培根是我的一个角色榜样。他是一位单纯的人——南密苏里的农民，后来是一家磨坊的工人（在那里，他失去了一根手指）。按照今天的标准，他并非久经世故，也没有雄心壮志。他惹人喜爱，但是没有多少旅行经验。他没什么财产，也没读过多少书，对他自己的小圈子之外的活动没有什么特别兴趣。但是，他是我所认识的最善良、最温和的人之一。关于人性的所有美好都闪烁在他的目光里，通过他的爱抚传递给我们。我对如何做个好人的认识大都是向他学习的。

我的另一位主要角色榜样是我从未见过的一个人：美国物理学家以及诺贝尔奖获得者理查德·费恩曼。我感觉费恩曼的动人之处是他的好奇心和对生活的绝对热爱。他让我知道内驱力与才能一样重要，如果你不允许他们那么做，人们不可能把你留在记忆里。他教导我，勇气与尊重是一种强大的组合。我猜想，许多人都会把他列入给他们最重要影响的人的列表。角色榜样也是如此。有时，他们是你最亲近的人，有时是你只读到过或看见过，但从未遇见的人。他们代表的是一个理想，一个方向，一个可能是愿望的象征——但是，他们对你的影响可能很特别。

角色榜样时常通过他们的工作或生活方式或通过他们的教学给其他人施加深厚的影响。约翰·克里斯蒂安·巴赫就是这样一位角色榜样。他是古典音乐作曲家约翰·塞巴斯蒂安·巴赫11个儿子中最小的儿子。巴赫小时候和父亲一起学习音乐。父亲去世后，他和一个哥哥学习音乐。他出生在德国莱比锡城，在米兰生活多年，后来移居伦敦，并在那里成为夏洛特王后的音乐教师。1764年，巴赫在伦敦作曲并演出期间，8 岁的音乐奇才莫扎特拜访了他。音乐史学家曾经提到，"巴赫对这个男孩有重要而持久的影响。巴赫吸收意大利歌剧的特点，丰富了他的键盘和交响乐作品：旋律美妙的主题、趣味高雅的花音和三连音。这些特征以及巴赫坚持在协奏曲中运用对比鲜明的主题和奏鸣曲式节奏，深深吸引了莫扎特，并成为他的作品的永久性标志。1772 年，莫扎特将巴赫的 3 部奏鸣曲改编为钢琴协奏曲。"[1]

毕加索同样对 20 世纪艺术界具有决定性的影响力。在毕加索之前，绘画主要表现三维自然界（文艺复兴以来的艺术传统）。毕加索的开创性改革是脱离三维深度错觉，在平面创作。他对西班牙艺术家胡安·格里斯有重要影响。格里斯将毕加索视为老师，主要生活和工作在巴黎。他是那个时代重要的立体主义画家之一，不过，他采用的是他朋友亨利·马蒂斯的明亮色彩，而不是毕加索的单色色调。深受毕加索影响的还有荷兰画家彼埃·蒙德里安，他的早期作品属于印象派和写实画派。在成长为艺术家的过程中，他先是拥护毕加索和立体主义，接着，他为更彻底地脱离文艺复兴传统而追求抽象派艺术。后来，蒙德里安成为给欧美抽象派艺术家带来灵感和影响的画家。就是这样——音乐与艺术学校或传统影响着一代又一代人，最初教会他们可能的技巧，然后提供分离出不同新形式的平台。

商界也是如此。亨利·福特、安德鲁·卡内基、山姆·沃尔顿、沃特·迪斯尼、J.P. 摩根、阿尔弗雷德·斯隆、杰克·韦尔奇、雷·克罗克、约翰·D. 洛克菲勒、托马斯·沃森、雅诗·兰黛、史蒂夫·乔布斯、比尔·盖茨、迈克尔·戴尔、乔治·伊斯曼、J. 威拉德·巴里奥特、沃伦·巴菲特和可可·香奈儿这样的人开创了贸易的新思路，成为许多追随他们的企业家和商界领袖的角色榜样。在体育界，迈克尔·乔丹、杰基·罗宾森、比利·简·金、蓓比·迪德里克森和韦恩·格雷茨基等，激励我们许多人比以往更努力地争取更大的进步，同时，重新定义了他们的比赛。艾萨克·牛顿、阿尔伯特·爱因斯坦、尼尔斯·玻尔、沃纳·海

---

[1] J. 彼得·博克霍德，唐纳德·杰伊·格鲁特，克劳德·U. 帕里斯卡. 西方音乐史. 第八版. 纽约：诺顿出版公司，2010：550 页.

森堡、达尔文、路易斯·巴斯德等彻底改变了我们对世界的看法，成为进步的科学思想家典范。在人类活动的每个领域，角色榜样塑造了行为，提高了无数渴望像他们一样的人的愿望。他们是强大而意义深远的影响实例。

通过教导、指导和劝告树立榜样

领导者可以通过他们的自我牺牲、远大抱负、面对逆境的坚持不懈，或者通过他们的学识和对问题的透彻分析影响他人。他们能够通过他们的创造性天赋、他们对市场行为的洞察力、对团队动力的掌控能力，以及团结无数人追求一个崇高目标的能力影响他人。苏珊·B.安东尼真诚地为争取女性选举权作奉献，并以此为基础，领导了一场革命。罗斯福总统夫人埃莉诺·罗斯福通过她对人权无私的承诺鼓舞了联合国。凯瑟琳·格雷厄姆领导《华盛顿邮报》，坚持捍卫新闻的自由与正义，改变了一个行业。毫无例外，这类角色榜样也是教师和教练。他们通过行动，也通过教育实施领导。

文斯·隆巴迪是有史以来最出色的体育教练之一。他认为，要指导一个伟大的球队，你必须做个好老师。他说："他们称为教练，其实是教学。你不仅要告诉他们怎么做，还要向他们证明这么做的原因，你一遍又一遍地重复，直到说服他们，直到他们掌握。"[1] 隆巴迪从 1959 年至 1967 年指导绿湾包装工队，把一个失败团队转变为常胜团队。在他的领导下，绿湾包装工队在 1961 年、1962 年和 1965 年赢得美国橄榄球联赛冠军，并在 1966 年和 1967 年赢得第一届和第二届超级杯赛冠军。隆巴迪不仅通过强烈声明意见去影响他人，而且认为伟大的教练必须身体力行（换句话说，他们必须成为他们希望看到的态度和行为的榜样）。他说："教练是销售，销售是教学。与其说我的客户是球迷，不如说是

---

[1] 小文斯·隆巴迪.怎样才能成为第一名:文斯·隆巴迪论领导力.纽约:麦格劳－希尔,2001.157 页.

运动员。我不得不先把他们卖给他们自己，然后卖给小伤痛，因为小伤痛不只是足球的一部分，也是生活的一部分。接着，我必须把他们卖给这个球队，卖给这个赛季，卖给这场比赛，让每个人都把比赛当作他们生活中最重要的事情。"当教练之前，隆巴迪是老师，因此教学是他的第二天性。但是，许多高管缺乏教学基因，没有把教学或教练视为自己角色的组成部分。这很令人遗憾，因为教学是领导者能够以积极而富有成效的方式影响大批人的最强有力方法之一。密歇根大学商学院教授诺埃尔·迪奇在他的《领导力引擎》一书中论证："教学是领导的核心。事实上，领导者是通过教学来领导他人……教学是理念和价值观传播的方式。因此，为了成为任何等级组织的领导，你必须是导师。简言之，如果你不教，你就不是领导。"[1] 此外，迪奇认为，领导者必须拥有可以传授的观点，其中包括条理分明的理念和价值观，还要拥有把它们教给别人的能力："要实施影响和领导，你需要可以传授的观点，它不仅本身具有可传授的理念与价值观形式，而且与如何在他人身上培养和发展良好思想和强大价值观有关。"

曾经，领导能力可能与指挥和控制别人有关，而现实已不再如此。领导者不依赖指导他人完成任务来实现他们的目标，不依靠使用权力的重锤来激发他人参与和承诺的热情，而是明确有力地表达价值观和未来愿景，在他们的交流中诉求那些价值观，树立他们希望别人效仿的行为榜样，教会其他人如何实现这些目标。作为影响技巧，树立榜样要么表现为角色榜样，要么表现为导师、教练或顾问，这种技巧不仅适用于家庭，而且适用于职场。以下是运用这种技巧的一些例子：

- 两位家长带领孩子们去当地的施粥站去帮忙，为可怜的人准备并分发午餐。事后，家长们在家里组织孩子讨论志愿活动和帮助他人的重要性。
- 专业服务公司的总经理详述公司的历史、经营原则和对模范客户的服务承诺，向每批新同事表示欢迎。
- 制造公司的CEO经常在公司自助餐厅和一线员工一起吃午餐。她征求员

---

[1] 诺埃尔·M.迪奇，伊莱·科恩.领导力引擎：成功企业如何打造领导团队.纽约：哈珀商业出版公司，1997：57页.

工有关业务的想法和建议,并与他们分享自己深思熟虑的想法,简单明了地交流思想。开放沟通是该公司的价值观之一,而她努力利用每个机会塑造这个价值观。

- 医疗设备公司首席科学家临近退休,他写了一份冗长的报告,论述他在实验室 30 年期间遇到的挑战、取得的成就和吸取的重要经验教训。他持有大量专利,参加或领导过各种团队,负责开发公司的一些主导产品。(也许,他无意使自己的报告成为教学工具,但是这类回忆录往往能够启发和鼓舞年轻同事。)

- 某大公司名誉主席志愿担当导师,辅导几名成为更高职位候选人的高潜力领导。

- 某大型多元化公司的 CEO 定期前往企业大学校园,与参加领导力课程学习的经理们举行问答研讨会。

- 在社交活动中,一位在自己的领域里很有名的女士遇到一位更年轻的女士,建议年轻女士做自己最好的朋友。那个建议深深影响了那位年轻女士。

图解:阿什莉·奥尔森和影响过她的角色榜样之一,美国著名时装设计师汤米·希尔费格

美国著名电视明星阿什莉·奥尔森(奥尔森双胞胎之一,以时尚闻名)身上就发生过类似于最后那个例子的事情。阿什莉和妹妹玛丽·凯特合著了《影响力》。书中提到对她影响最大的是著名设计师黛安·冯·芙丝汀宝。这本书描述的是一系列著名人士访谈,他们在阿什莉年轻时期影响过她。虽然有些读者可能会认为那是富人与名人自我放纵的形象描绘,但是实际上这本书是富有洞察力的探索,论述了角色榜样如何塑造我们,如何帮助我们明确自己的身份,确定我们相信和渴望的是什么。在引言中,阿什莉写道:"无论是我的家人、

我的朋友和我读过 100 遍的小说，还是我最喜爱的油画，我实际上只是许多不同部分的组合。从根本上说，这是本书的全部内容。我曾经受到书中谈到的每个人的激励、震动、支持和影响。对我而言，他们的故事、他们作品的内容和他们的生活好像敞开的创造力金库。"[1]

我们是许多不同部分的组合，这个观念并不牵强附会。无论你是谁，都会受到成百上千人的影响。我们每个人都会受到其他人的生活、功勋、信仰、看法、教导、建议、支持、鼓励、指导以及对待我们和他人态度的影响。它们自始至终启发你，挑战你，或迷惑你，它们影响你的身份，影响你成为什么人。反过来，你也影响无数其他人，通过你的生活、功勋、信仰等。树立榜样是普遍而强大的影响形式。

有关树立榜样的深刻见解

最有效运用树立榜样技巧的人被其他人视为最频繁运用这种技巧的人。我们把某人当作角色榜样之后，会始终把他们当做榜样。把杰克·韦尔奇当作角色榜样的通用电气高管们把他当首席执行官本人看待。如果在通用电气的领导与学习中心克罗顿维尔学院遇到他，他们还会把他当做教师和导师。韦尔奇永远不必做任何不同的事情去塑造他那种领导者榜样，这是重点。他只是做自己，塑造着通用电气更年轻的领导们渴望成为的那种经理。

有关权力和影响力的研究显示，与不太擅长树立榜样的人相比，擅长树立榜样的人明显能更有效地运用其他每种影响技巧。他们运用缔结联盟、交际、咨询、交换和诉诸价值观技巧的有效率比之其他要高两倍以上。他们在许多方面的能力都非常强，这使他们成为优秀的角色榜样。

与高效运用树立榜样技巧最密切相关的权力之源是品德、历史、吸引力、声望、学识和表现力。给人深刻印象的角色榜样和教师、教练会以品德和声望

---

[1] 玛丽·凯特·奥尔森，阿什莉·奥尔森.影响力.纽约：企鹅图书出版社，2008：13 页.

为强大的权力之源——他们会有巨大的吸引力。尽管如此,学识的高评级值得注意。它暗示,某人知识渊博是使那个人成为具有魅力的角色榜样或教师、教练的部分原因。尽管如此,最吸引人的是有效树立榜样与历史权力之间的密切关系。这表明,大多数角色榜样是我们已经认识和与之有关系的人。我反思自己的经历时发现,对我来说,祖父成为对我影响大的角色榜样毫不奇怪。我对他的了解和与他频繁的交往,足以让我对他产生钦佩和尊敬之情。我曾经读过一条消息:大多数死于车祸的人死在距他们家30英里(约48千米)以内。乍听之下,这有点令人吃惊。但是,当意识到绝大多数人开车行驶在距他们家30英里之内,你就会释然。树立榜样也是如此。我们发现,我们的大多数角色榜样接近我们生活、学习或工作的地方,但是偶尔,我们的角色榜样也会是我们不认识的人、仅仅从书上读到过或在纪录片里看到过的人。

强化教导和指导的重要性,且与有效运用树立榜样技巧最密切相关的技能有:支持和鼓励他人,积极主动地指导别人如何做事,建立融洽的关系和信任,用聊天方式讲话,真诚地表达对他人的兴趣,逻辑推理,表现自信和倾听。要想有效运用树立榜样技巧,你必须重视培养和鼓励他人,你需要掌握教导、指导或劝告他们的主动权。

树立榜样的阴暗面

如前所述,并非所有的角色榜样都是积极的榜样。经常不树立好榜样的人:骂人的家长教会孩子骂自己信任的人没关系;专横的老板表达出这种观念:专横没错,掌权者可以实施专横而不受惩罚;销售经理向客户作出高出他所知公司能够提供的承诺,教会下属突破道德界限没有关系。在第五章,我讲了号称"混沌之王"的少年团伙领导人凯文·福斯特的故事。福斯特比他领导的那帮男孩年长,对他们而言,他证明了他们自以为是地认为家庭或社会遗弃了自己的愤怒感觉。他教他们如何通过蔑视社会及其规则建立自尊。福斯特是那些男孩的错误榜样，但是当时，在他们的生活中，他是他们以为自己拥有的全部。我们从中吸取的教训是，你必须谨慎选择你钦佩的人。当你感受到某人的吸引力时，明智的做法是退后一步，努力体会你认为这个人值得钦佩的原因，还应弄清楚，从长远来看，那个领域是否最适合你。

树立榜样的局限性

树立榜样有可能成为具有高度感染力的影响技巧。有效运用树立榜样可以影响别人充满热情地投身于一项事业或领域，甚至在其中担当领导。但是，树立榜样需要时间。无论你是教学、训练、劝告，或只是充当角色榜样，都需要花时间建立信任、尊敬和钦佩——这是建立榜样关系的基础。另一个局限是，你的表现必须始终一致。角色榜样和拥有任何知名度的人始终"在台上"，他们不断受到观察。这就像父母对子女的养育。当你当上家长时，你就成为每年365天，每天24小时的角色榜样。每当孩子和你在一起时，他们都在观察、倾听和学习你。工作中也是如此。如果你管理或领导其他人，或者无论出于什么原因让别人敬佩你，在与他们的每次互动中，你都充当了角色榜样。如果你的表现不一致，别人可能不会再敬佩你，或者认为你的信誉或品德有问题。

何时运用树立榜样技巧

树立榜样的关键问题不是**何时**运用它，而是何时**刻意地**运用它。如果别人把你看作角色榜样，无论何时，也不管你喜欢不喜欢，你都在使用树立榜样技巧。
- 每当你对其他人负有责任或领导其他人时，请运用树立榜样技巧。你不可能逃避成为榜样这件事，那就好好利用它吧。如果知道你希望他人如何思考和行动，就做那些行为的榜样吧。如果你希望你的员工在客户服务方面表现突出，就应该告诉他们那是什么意思。如果你希望自己团队的人们互相尊重，你就要对他们表现出尊重的样子。如果你希望你的员工认真对待并履行你的经营原则，你就必须带头实践那些原则。尽管这是常识，但是要想做到可比大多数人想象的困难得多。

●当你需要培养他人时，请运用树立榜样技巧。有机会时要教导。要与你想培养的人确立指导或辅导的关系。或者，找到合适的机会向他们提出忠告。

●当你处于公众注意的中心时，请运用树立榜样技巧，因为那个时刻，大多数人会把你视为角色榜样，审视你的言语和行为。此时你要努力塑造你希望他人效仿的榜样。

如何有效运用树立榜样技巧

1. 言出必行，始终如一。

2. 要意识到别人在观察你，在从你的实例中学习经验，因此要努力以反映积极的态度、信念和行为的方式表现自己。

3. 读一本有关指导的好书。当然，我特别喜欢《适应性训练》（2003年，戴维斯－布莱克出版社），因为我是作者之一。但是，还有许多有关如何做个好教练的资源。如果你在一家公司工作，公司的人力资源部可能有些有关指导的咨询服务，或者享有训练计划的机会。

4. 要了解人们是否尊敬你和尊敬你的程度。要了解作为那个领域的典范意味着什么，并努力效仿那些品质。

5. 如果你的组织有一个辅导计划，请报名参加。担当导师是通过树立榜样影响他人的良好方式。

6. 同样，如果你有机会教别人，就抓住机会。有些最优秀的高管曾经在他们的企业大学或领导培训项目方面教学（如通用电气的杰克·韦尔奇、百事可乐公司的罗杰·恩里科和英特尔公司的安迪·葛洛夫）。无论你是否真的当老师，都要开发可传授的观点，并选择合适的时机与他人分享。

主要概念

1.影响的两个情感方法是诉诸价值观和树立榜样。这些鼓舞人心的影响方法是最有可能产生承诺或领导力的方法，但是它们的成功取决于影响者与受影响者价值观之间的一致性。

2.诉诸价值观和树立榜样可以同时影响许多人，因此，它们是政治家和宗教领袖最偏爱的影响技巧。

3.诉诸价值观与逻辑说服完全不同。前者的诉求点是人心，后者的诉求点是头脑。

4.与深植于他人内心的某种东西——他们感觉到却无法言表的某种东西——联系起来时，诉诸价值观就会获得成功。它能鼓舞他们，因为它与他们珍视的东西——那些赋予他们生活意义、触动他们灵魂的东西——联系起来。

5.树立榜样是通过充当他人努力效仿的角色榜样或通过积极教导、指导或劝告他人施加影响。你塑造榜样就是在体现他人日后会模仿的一种行为、一种思维方式或一种存在方式。

6.作为影响技巧，树立榜样最吸引人的是你无法回避它。不管你是否喜欢和情愿，只要你处于负责任和有知名度的地位，你就是角色榜样。

7.领导者可以通过他们的自我牺牲、远大抱负和面对逆境的坚持不懈，或通过自己的学识以及对问题的透彻分析影响他人。他们能够通过他们的创造性天赋、他们对市场的洞察力，或者他们对团队动力的掌控能力，以及团结无数人追求一个崇高目标的能力影响他人。

挑战读者

1. 激励你的人是谁？想想最鼓舞你的人，你认为他们鼓舞人心的地方是什么？

2. 你激励的人是谁？谁尊敬你或认为你值得钦佩？他们认为你鼓舞人心的地方是什么？

3. 对你来说最重要的价值观是什么？如果有人试图通过诉诸你的价值观影响你，最有影响力的诉求是什么？你最愿意回应的价值观是什么？你不会回应的价值观是什么？什么会引起你的负面反应？

4. 想想和你一起工作或为你工作的某个人。那个人的重要价值观是什么？那个人最愿意回应的价值观是什么？

5. 设想你将来需要影响某人的一个重要情境。假设你必须运用诉诸价值观技巧，你会诉求哪种价值观？你将如何做到这一点？什么会使你的影响企图获得成功？

6. 在你的成长过程中，谁对你的影响最大？谁是你的角色榜样？你最希望像谁？你认为那些人令人敬佩或令人信服的地方是什么？

7. 谁认为你是角色榜样？为什么？别人愿意效仿你的哪方面？

8. 你是一个优秀的角色榜样吗？为什么是或不是？你始终言行一致吗？要成为给人更深刻印象的角色榜样，你需要有什么不同表现？

9. 你是一位有成就的教师、教练和/或顾问吗？你有多少时间通过这些方法培养其他人？

10. 你有可传授的观点吗？如果有，是什么？你能用简单概括的措辞明确有力地表达出来吗？其核心内容是什么？你如何能够把这个信息最清晰地传达给其他人？

11. 设想与第5个问题相同的情境。这一次，你必须通过树立榜样影响那个人，你会怎么做？要想成功地树立榜样，你需要做什么？

12. 现在，考虑你在假设影响情境中练习的两个情节。这两种鼓舞人心的方法哪种最适合你？为什么？

第二部分 正面技巧——积极的影响技巧

第八章 增强你的影响效果：如何变得更有影响力

　　如果你正在看这本书，可以推测你想让自己变得更有影响力。更具体地说，你可能希望对你的老板更有说服力；更有效地管理你的下属（在没有诉诸权威的情况下）；或者对你的同行或客户更有影响力；或许你在为非营利组织工作，你希望更好地说服捐赠者捐钱；或许你刚被分配到你们公司的海外分公司，你想学习如何在那种文化中有效地施加影响；或许你只想让孩子听你的话。无论如何，本章是为你服务的，此前所述都是基础。现在，我想作个总结，说明你可以采取哪些行动，可以培养哪些技能，提高你影响身边或世界上其他人的能力。

　　请牢记我在本书开篇说过的话：你不可能影响所有人在所有时间做你希望他们做的事。即便是世界上最有势力的人也不能取得所有影响企图的成功。尽管如此，你可以提高你在组织内外影响他人的能力，也可以学会更有效地运用我在本书第二部分描述的积极影响技巧。这是本书第二部分的最后一章，论述你能用来提高你的影响效力，获得更多影响效果的八个手段：（1）构建权力基础；（2）改善人际关系，摆正位置；（3）选择合适的影响技巧；（4）发展影响技能；（5）利用其他人的决策偏见；（6）选择方法适应他人的行事风格；（7）适应文化差异；（8）精心准备迎接重要的影响挑战。

　　本章结尾是影响效果的自我评估，旨在帮你确定你运用本书描述的十种积极影响技巧的有效程度。

构建你的权力基础

在第二章中,我介绍了 TOPS 公式,说明你影响他人的有效性取决于你拥有的组织和个人权力之源的力量,以及你运用自己选择的影响技巧所使用的技能。因此,你拥有的提高影响力的最有效手段是构建你的权力基础(附录 A 叙述了权力之源)。表 8–1 概述了研究所揭示的构建这些权力之源的难度和每种权力之源可能对影响效果造成影响的程度。

权力之源	类型	难度	潜在影响
关系网	组织	高	非常高
知识	个人	中等	非常高
声望	组织	中等	非常高
品德	个人	低	非常高
表现力	个人	低	非常高
角色	组织	高	高
信息	组织	高	高
吸引力	个人	中等	中等
资源	组织	非常高	低
历史	个人	低	低

表 8–1. 权力之源的难度和潜在影响

在上表中,标示"难度"的栏目显示构建每种权力之源的难度。我的数据建立在对 64 000 名研究对象和 30 多万受访者调查的基础上,其结果反映了数据库的平均值。因而,尽管研究显示资源权力是最难构建的权力之源,但是有人也许会认为开发大量的资源权力很容易。"潜在影响"栏目显示每种权力之源对你影响他人的能力有多大帮助，这些结果显示的依然是平均结果。不管怎样，这个表中有一些值得学习的重要经验。

首先，影响能力的最大收获来自潜在影响非常高的五个权力之源：关系网、知识、声望、品德和表现力。因而，你应该首先侧重于构建这些权力之源。品德和表现力是相对容易构建的权力之源，它们拥有非常高的潜在影响，因此是构筑影响力的强力手段。你要学会讲话得体，确保展现良好的品德。为了获取知识，你需要投入更多，而回报也会更多。只要你踏实工作，以建立声望的方式表现自己，声望就会自然形成。

我想起一家大型企业管理咨询公司的管理合伙人。我有幸在一次会议上遇到他。当时，他正在对一群年轻同事讲话。一位同事问他："要在公司发展必须做什么？"这位管理合伙人的回答很有启发性。"你必须为自己创造需要。"他说，"你要通过好好工作创造需要。"这正是建立声望的方式。你始终好好工作，别人早晚会注意到，而这个信息也会传开，那些只希望最优秀人才加入他们团队的高层人士就会需要你。在你职业生涯的某个阶段，你的某位同事或你认识的某人也许渴望被提升为经理，却只是在现在的职位上做着平庸的工作。把这样的人提升到负有更重大责任的职位合理吗？不合理。在组织里，声望建立在始终如一的品德、贡献、团队合作、忠诚和承诺的基础上。

历史权力相对容易建立，但是表8-1显示，它的潜在影响低。这是因为，历史权力运行于你和你熟悉的人之间，有可能是少数的个人。不过，你对那些个人的影响效果很可能是巨大的。因此，不要忽视历史权力。充分了解合适的听众是建立影响力的重要方法。角色、社会关系网和信息权力是相对难以构建的权力之源，但是，就影响能力来说，其回报非常大。

结论：要想更具影响力，你需要构建自己的权力之源，其中有一些比另一些更容易构建。如果你有一个选择，请侧重那些拥有较大潜在影响的权力之源，虽然构建它们更难。表8-1中没有显示的权力之源是**意志力**。这是最强大的权力之源。它的基础是你希望更强大的愿望、实践愿望的勇气和为此采取的行动。只要你**选择**更有影响力，你就可以变得更有影响力。是否能梦想成真取决于你自己。

改善你的人际关系，摆正你的位置

本来可能拥有影响力的人们往往缺乏影响力，因为他们没有与他们试图影响的人处好关系，或者没有在受影响者面前恰当地摆正自己的位置。有关影响力的经验法则是，如果受影响者认识你，喜欢你，尊敬你，信任你，你可能会更成功。

让别人认识你

与影响你不认识的人相比，影响你认识的人更容易。所以，请多付出一些努力让别人认识你。如果你在一个商业或专业组织里工作，就努力提高你在整个组织的知名度。向他人介绍自己。你认识他们之后，要让他们知道你是谁。我的研究显示，在对人友善、善于和陌生人交往、建立亲密人际关系方面技艺精湛的人拥有比缺乏这种技能的人高两倍多的影响力。世界各地的人们本能地懂得这种技能，因此交际是全球使用最频繁的影响技巧之一。如果你不是天生就擅长交际，这就是需要培养的重要技能。

让别人喜欢你

有时，你认识那位受影响者，但是因为感情不深，你对他的影响就会不尽如人意。许多年以前，我还是年轻的单身汉时，一位朋友给我介绍了一位年轻姑娘。我们约会了一段时间。她可爱而有魅力，我们尝试成为一对，但就是没有成功。不知为什么，我们总是弄得彼此心烦意乱，不管我们说什么或做什么，总是莫名其妙地感到不对。我们之间没有产生感情，这不是她的错，也不是我的错，我们只是彼此不合适，仅此而已。在商界的 30 年里，我与一些同事和客户之间也出现过类似的情形。尽管每个人都有良好的愿望，但是事实很清楚，你们彼此都存在对方不喜欢的东西。

吸引力可能是重要的权力之源，它的部分基础是喜爱的心理原则。我们更倾向于向我们喜欢的人而不是不喜欢的人表示赞同。因此，要想更有影响力，你应该尽可能做让你希望影响的人喜欢的事。当然了，我们每个人都拥有与生俱来的身体天赋（或挑战），无论是什么，你应该尽可能利用你所拥有的做到最好。良好的形象、姿势、服饰和举止对你大有影响，可以促使你更有魅力。在商界以及其他各行各业，这些都很重要。激怒别人的人际行为对你也大有影响：太爱出风头、傲慢、自负、以自我为中心、粗鲁、无礼等，会令人厌恶。品德是喜爱度的关键组件。

让别人尊敬和信任你

在很大程度上，信任和尊敬与品德、信誉和信心有关。你通过勇气、诚实、可靠和其他品格特质建立品德；通过你的知识、信息渠道、角色和声望（其中职业道德、业绩和贡献是重要因素）建立信誉；通过表现自信、取得一贯优秀的业绩、作出正确决策和运用良好的判断力建立信心。如果你是一个商业或专业组织成员，只要你积极参与、从事和致力于这项事业，别人也会更信任和尊敬你。尽可能成为必不可少的、深受喜爱的或深受好评的人会对你成为具有高度影响力的人大有帮助。

选择合适的影响技巧

有些人倾向于过度使用一些影响技巧。长此以往，反而降低了他们的影响力，因为他们没有使用完整的工具箱。比如，工程师、科学家和技术员往往过多依赖逻辑说服技巧。尽管逻辑说服是一种有用的影响技巧，但是它在许多影响情境里不起作用。要想最大化你影响他人的能力，在适当的环境中运用正确的影响技巧很重要。在有关权力和影响力的研究中，我了解到，大多数人倾向于依赖三或四种积极的影响技巧。因为经常使用，他们运用那些技巧也更加熟练。相反，他们运用不常用影响技巧的熟练程度也较低，这成了自我强化的循环。你不擅长一种技巧，所以你不经常使用它；因为你不经常使用它，所以不能发展这种技能，如此等等。因此，要提高你的影响能力，你需要提高运用不太熟悉和不太熟练的影响技巧的能力。表8-2显示了该研究揭示的有关卓有成效地运用每种影响技巧的难度以及这种技巧的潜在影响。

影响技巧	类型	难度	潜在影响
缔结联盟	社交	高	非常高
交换	理性	非常高	非常高
合法化	理性	非常高	非常高
诉诸价值观	情感	高	非常高
树立榜样	情感	中等	高
咨询	社交	中等	高
诉诸人际关系	社交	非常高	高
交际	社交	低	中等
逻辑说服	理性	低	低
说明	理性	低	低

表8-2. 影响技巧的难度和潜在影响

这个表显示的内容引人注意。五个影响权力工具——世界各地最频繁、最有效运用的影响技巧——列在表的底部（咨询、诉诸人际关系、交际、逻辑说服和说明）。拥有非常高的潜在影响的四种影响技巧用的次数非常少，通常没有五种权力工具那么有效。为什么？因为不经常使用，普通人就不擅长运用它们。然而，研究显示，与不经常使用这些技巧或不熟练运用这些技巧的人相比，在有效运用缔结联盟、交换、合法化和诉诸价值观中评级最高的人也拥有更高的整体影响力。简言之，如果你能学会充分利用这些技巧，你影响他人的能力将显著提高。

这是重要的经验：最佳影响者拥有整套工具箱。他们能够熟练运用十种影响技巧的每一种，而且知道何时运用它们。此外，如果一种技巧不起作用，他们会改用另一种技巧，而不是继续作没有效果的努力。阿尔伯特·爱因斯坦说，精神病一遍又一遍地做同样的事，却期望得到不同的结果。当人们拥有的影响技巧有限时，他们经常也会这么做。在前面的章节，我指出运用每种积极影响技巧的最佳时机。如果你在合适的时间运用合适的技巧，并且熟练运用每种技巧，你将更具影响力。

发展你的影响技能

在有关权力与影响力的研究中，我测评了有成效的受试者运用 28 种技能的熟练程度与影响效果的关系。我把相关技能分为 4 个集群组：**互动、自信、人际关系和交流与推理**，如附录 A 的"影响技能"板块所示。

有关影响力技能的研究得出有趣的结果：化解矛盾和谈判之类的互动技能拥有最大的潜在影响，也是最难发展的技能。对普通人来说，化解矛盾是不容易完善的技能，而真正成为化解矛盾专家的人实质上更有能力获得影响力。为什么？因为许多人厌恶冲突，所以不去开发有效化解矛盾所必需的技能和策略。不过，最重要的原因可能是，解决冲突是复杂的技能集合，涉及同时影响不止一个人的情况。大多数互动技能都是如此，因此它们体现了高技能难度，也体现了高潜在影响。

通过附录 A 鉴别一下你最擅长和不擅长的技能有哪些，这很有必要。构建你影响他人能力的显著方式是发展你不太熟练的技能，尤其是拥有最高潜在影响的那些技能。尽管如此，不忽视那些潜在影响最低的技能也非常重要。在合适的环境中，它们有可能产生成功与失败的差别。如前所述，尽管这种技能的潜在影响低，但是在友好而友善地对待陌生人方面受到高度评价的人，其总体影响力比缺乏这种技能的人高两倍。对于所有影响技能来说，*低*是一个相对的词语。

利用他人的决策偏见

我注意到，我们人类并不是我们自以为是的理性动物。我们非理性地接受第一印象的影响；我们受安慰剂效果的愚弄；我们假设漂亮的人比其他人更聪明、更善良，仅仅因为他们的外貌迷人；我们指望人群里的其他人决定如何思考和行动；我们一旦作出承诺，就不愿意改变自己的想法。过去几年出版的许多书，探讨了说服心理学和常常左右人类决策的非理性因素。[1] 如果知道这些偏见，你有时可以利用它们影响他人，坦率地说，最关心这些偏见的人是市场营销人员。虽然如此，你也可以在某些情境提高你的影响效果，只要你意识到：

- **喜爱与相似性**。我们更有可能对我们认识或喜欢的人表示赞同。这是历史权力的心理基础，也是诉诸人际关系成为如此有力的影响技巧的原因。
- **承诺与一致性**。人们有表现一致的深层次需要，因此，一旦作出承诺，他们就会发自内心地信守承诺。如果你能让受影响者作出哪怕是小小的承诺，这种心理偏见也会起到有利于你的作用，因为那个人会努力表现得始终一致。如

---

[1] 罗伯特·B.西奥迪尼.影响力：说服的心理学.修订版.纽约：威廉·莫罗出版社，1993；丹·艾瑞里.怪诞行为学.纽约：哈珀－柯斯林出版社，2008；乔纳·雷勒.我们如何做决定.波士顿：霍顿·米夫林·哈考特出版社，2009；诺亚·J.戈尔茨坦，史蒂夫·J.马丁，罗伯特·B.西奥迪尼.就是要说服你：提高说服力的50个科学方法.纽约：自由出版社，2008；布莱夫曼，罗姆·布莱夫曼.摇摆：难以抗拒的非理性诱惑.纽约：双日出版社，2008.

果是书面承诺,或者当众承诺,那最好。

- **社会认同**。人们需要感觉到他们的思想与行动符合其他人和社会的思想与行动,为此,他们寻找有关如何思考和行动的社会认同。你可以称其为**同伴压力**,其他有关这种倾向的流行俚语包括**随大流**、**跟风**、**具有优秀团队精神的人**、**要酷或赶时髦**,或者表示知道或做你认同的组织从社交上可以接受的事情的任何流行俚语。你可以通过指出别人都在做什么或建立一个联盟来利用这种偏见。在组织里,由于社会认同的力量,人们一旦倾向于一个特定趋势,就很难反对那个趋势。[1]

- **权威**。从1960年至1963年,耶鲁大学心理学家斯坦利·米尔格伦进行了一系列著名实验。实验要求参加实验的人在受试者(实际上是研究员同事)答错题时给他们施加越来越强烈的电击。即使在受试者似乎感到痛苦时(他们假装的),大多数人仍继续给予电击。[2] 当有些人表示反对时,实验者(充当权威角色的人)告诉他们,有必要继续下去,于是,大多数人会照做。米尔格伦实验证明,即使违背了他们的道德观和更好的判断力,大多数人也倾向于尊敬和服从权威。这种合法化影响技巧建立在这种心理偏见的基础上。如果你调用权威,你可能更有影响力,然而,有效使用权威可能具有挑战性。在不显得强硬的情况下运用权威是很难掌握的技能。

- **沉没成本偏见**。大多数人厌恶亏损,因此,由于有沉没成本,尽管未来成功的概率很低,他们仍然继续实施一个行动方案(如一个投资方案)。有时,赌徒会受这个谬论的欺骗。即使他们赢的概率微乎其微,一旦投入大笔赌资,他们就想通过继续增加赌资来"保护他们的赌注"。人们一旦走上一条路,他们就不愿意改变路线或承认失败。有时,你可以通过指出他们已经投资了什么,或者最终他们收获的股本是多少来影响他人。如果他们停下来,他们就丧失了收回损失的机会。

---

1 有关社会认同心理偏见及其后果的引人注目的讨论,参阅杰瑞·B.哈维的《管理中的阿比林悖论和其他思考》(旧金山:乔西-巴斯出版社,1988年出版)。
2 见斯坦利·米尔格伦的《服从权威》(纽约:Harper Perennial Modern Classics,2009年出版)。

- **报答**。人们习惯于互换礼物、帮助和关心。如果他们不作出回报，就可能受到其他人的排斥，因此报答与社会认同相关。所以，你可以通过帮个小忙或给予某种特殊关心影响他人。然后，他们会感觉有义务报答。有趣的是，如果你请别人帮助，也能起同样的作用。如果他们接受了，他们会感觉你很友好，将来会更有可能对你表示赞同。

- **稀缺性**。人们更看重稀缺的东西，即使他们不需要它们。市场营销人员在宣传某种产品为"有限"提供时，就运用了这个原理，而零售商每次销售都在运用这个原理。当人们认为某种产品只能在有限时间里有用或者只存在有限数量时，他们会更加珍视它。例如，艺术家利用这个原理创作一幅原画，然后提供有限数量的原画复制品。给复制品编号（如99/150表示只有150张的版本中的第99张）则增加了它们的感知价值。因此，在适当的环境里，你可以使你提供的产品更稀少，从而产生更大的影响。

- **锚定**。人们受对某物的第一印象和与之相关的第一价值的高度影响。锚定是一种心理偏见，当谈判者表示"这个商品的正常价格是1000美元"时，你就会产生这种偏见。那个数字成为随后价格谈判的固定值，以后的每个数字都会与之对照。研究显示，提供固定值是影响人们考虑价值的有力方式，因此首先设定固定值，你就可以更有影响力。同样地，研究显示，人们受到他们对别人第一印象的显著影响。因此，要想更有影响力，你需要创造非常好的第一印象——或者保证与受影响者第一次接触时使其能够领会你的希望。

这些只是影响他人如何做决定的一些心理因素。了解这些因素能帮助你变得更有影响力，而我没有在本书中详细描述这些因素，基于两个原因。第一，大多数人可以构建他们的权力基础，了解十个积极的影响技巧，构建他们的影响技能——在不精通人类决策中心理偏见的情况下，也能更有影响力。第二，过于肤浅地运用这些对你有利的心理因素有可能危险地近于操纵（第十章中有所论述）。欺诈投资者数百亿美元的伯纳德·麦道夫就是擅长运用对他有利的权威、稀缺性、社会认同和喜爱的专家。这并不是说，利用人类的决策偏见是不道德的——但是，当影响者的目的是操纵和欺骗时，这么做就有可能是不道德的。

让你的方法适应他人的行事风格

设想行事风格不同的人回应影响技巧的方式也会不同是公平合理的，我的研究也证实了这一点。我采用众所周知的迈尔斯－布里格斯个性类型指标鉴定行事风格。这个工具是世界上最有名、最常用的行事风格偏好指标，你可以从咨询心理学家出版社买到。我假设读者都熟悉这个框架。[1] 迈尔斯－布里格斯个性类型指标将行事风格分为16种类型，我研究其中的每一种响应10种积极影响技巧的程度，结果显示在图 8-3a 和 8-3b 中。

举例来说，图显示为专家型（MBTI 指定的内向直觉思维判断型）的人喜欢接受提问，不喜欢被告知。他们通常对咨询、逻辑说服和诉诸价值观技巧反应强烈，但是对运用缔结联盟、合法化或（教学、教练意义上的）树立榜样的反应不是很好。专家型属于最独立的类型，他们高度自信，很少考虑权威。记者型（ENFP）（外向直觉情感知觉型）的人对咨询技巧的反应最好，也接受诉诸人际关系、交际、诉诸价值观、交换和缔结联盟技巧的影响。他们很少考虑逻辑说服，通常反对说明。

如果你了解迈尔斯－布里格斯个性类型指标，且善于解读他人的行事风格偏好，这些图显然最有用。如果你不具备这种能力，就运用常识：运用逻辑说服技巧影响有逻辑头脑或受过专业教育的人；运用诉诸价值观技巧影响更感性或受价值观驱动的人；运用交际技巧影响所有人，尤其是生性更外向和喜欢交际的人；运用说明技巧影响倾向于积极回应自信者的人；运用交换技巧影响倾向于洽谈合作或期望通过合作获得某种回报的人，诸如此类。最有成效的影响者是让自己适应他们努力影响的人的偏好、个性和反应。

---

1 如果你不熟悉迈尔斯－布里格斯个性类型指标，美国心理学家出版社有许多解释这个框架及其应用的图书。另一个优秀资源是大卫·凯尔西和玛丽莲·贝茨的《请理解我：性格与气质类型》（加利福尼亚德尔马：Prometheus Nemesis，1984 年出版）。

	ISTJ	ISTP	ESTP	ESTJ	INTJ	INTP	ENTP	ENTJ
合法化	◕	◕	◕	◕	○	○	○	◐
逻辑说服	◕	●	◕	●	●	●	◕	●
诉诸人际关系	◐	◐	◕	◐	◐	◐	◐	◐
交际	◐	◐	◐	◐	◐	◐	◐	◐
咨询	◐	◕	◕	◕	●	●	●	●
说明	●	◐	◐	◐	●	●	●	●
诉诸价值观	○	○	○	○	◕	●	●	●
树立榜样	◐	●	●	●	○	○	●	◐
交换	◕	◕	●	●	◐	◐	◐	◐
缔结联盟	○	◐	◕	◕	○	◐	◐	◐

图例：

○ 正常情况下，不可能有效

◐ 是个好方法，但是可能不是你的最好选择

◕ 对这类人来说，是个较好的方法

● 正常情况下，最好的影响方法

图 8-3a. 八种 MBTI 行事风格及其对十种积极影响技巧的响应能力

	LSFJ	ISFP	ESFP	ESFJ	INFJ	INFP	ENFP	ENFJ
合法化	●	◕	◕	●	◐	◐	◐	◐
逻辑说服	◐	○	○	◐	○	○	○	○
诉诸人际关系	◐	●	●	●	◕	●	●	●
交际	●	●	●	●	◕	●	●	●
咨询	◐	◐	◐	◐	◕	●	●	●
说明	◐	○	○	◐	○	○	○	○
诉诸价值观	●	●	●	●	●	●	●	●
树立榜样	◐	◐	◐	◐	◐	◐	◐	◐
交换	◕	◕	◕	◕	◕	◕	◕	◕
缔结联盟	◕	◕	●	◕	◐	◐	◕	◕

图例：

○ 正常情况下，不可能有效

◐ 是个好方法，但是可能不是你的最好选择

◕ 对这类人来说，是个较好的方法

● 正常情况下，最好的影响方法

图 8-3b. 其余八种 MBTI 行事风格及其对十种积极影响技巧的响应能力

图 8-3a. 八种 MBTI 行事风格及其对十种积极影响技巧的响应能力表头英文对应的中文自左而右：

公务员型（ISTJ，内向感觉思维判断）；冒险家型（ISTP，内向感觉思维知觉）；挑战者型（ESTP，外向感觉思维知觉）；将军型（ESTJ，外向感觉思维判断）；专家型（INTJ，内向直觉思维判断）；学者型（INTP，内向直觉思维知觉）；发明家型（ENTP，外向直觉思维知觉）；领袖型（ENTJ，外向直觉思维判断）。

图 8-3b. 其余八种 MBTI 行事风格及其对十种积极影响技巧的响应能力表头英文对应的中文自左而右：

照顾型（ISFJ，内向感觉情感判断）；艺术家型（ISFP，内向感觉情感知觉）；表演型（ESFP，外向感觉情感知觉）；主人型（ESFJ，外向感觉情感判断）；作家型（INFJ，内向直觉情感判断）；哲学家型（INFP，内向直觉情感知觉）；记者型（ENFP，外向直觉情感知觉）；教师型（ENFJ，外向直觉情感判断）。

适应文化差异

你应该让自己适应你试图影响之人的行事风格偏好，同样，如果让自己适应你的文化与你试图影响之人的文化之间的差异，你将更有影响力。我的研究主要侧重于国家文化，但是在人们相互影响和回应影响企图的时候，公司或组织文化也扮演着重要的角色。文化指组织中的人或团队共享的价值观、规范、看法、信仰——这些因素影响他们对待彼此和对待该文化之外其他人的方式。文化往往影响如何作出决策，谁来作决策，决策中的重要事项，以及谁来影响决策者。

论述组织文化的最著名思想家有：文化大师吉尔特·霍夫斯塔德、企业文化与组织心理学领域的开创者和奠基人艾德加·施恩、领导力研究专家特雷斯·迪尔和前微软董事长艾伦·肯尼迪。[1]这些作家具有代表性地根据这些因素描述组织文化：权力与权威的集中程度、沟通的流畅程度、文化中正式或非正式程度、竞争力水平、对风险的耐受程度、在这个环境中的反馈数量，以及成员之间的信任程度。要详细说明企业文化模式以及它们如何感染影响力会超出本书的论述范围。在这里，我只想说，要想在组织里最有影响力，你必须了解和让自己适应组织的运转方式，组织成员中的权力和权威分配方式，别人扮演什么角色，谁作出或有助于各种决策，以及对组织成员来说最重要的是什么。（换句话说，这种文化的价值观是什么，那些价值观如何得以加强。）

从以上简短的论述中，我们可以清楚地看到，组织文化是个复杂的话题，但是我们不必在努力影响一个组织里的人时，让自己适应组织文化的方式复杂化。这可以归结为第一章讨论的十个影响法则中的两个。还记得吗？法则7说，人们对他们自己应用的影响技巧反应最好；法则8说，如果你善于观察，别人会透露他们认为最有影响力的是什么。要适应不同的文化，你需要尊重文化间的差异，领会那些差异的原因。当你进入或在那种文化中工作时，你还需要善于观察，注意人们如何彼此互动；如何获取和使用信息；在评估备选方案、解决问题和做决定时重视什么；最重要的是，他们如何互相影响。他们彼此或对你应用的影响技巧很可能就是他们会作出最好反应的技巧。你不需要成为组织文化的专家，你只需要对其差异敏感，然后观察、倾听和适应。

认真准备，迎接重要影响的挑战

最后，我们要为实施影响做好扎实的准备工作，那就是提高你的影响效果和冲击力的手段。毫无疑问，在陈述重要提案，和老板进行关键性讨论，与客

---

[1] 特雷斯·E.迪尔，艾伦·A.肯尼迪.企业文化.纽约：基本书局，2000；义德加·H.施恩.组织文化与领导力.第三版.旧金山：乔西－巴斯出版社，2004；吉尔特·霍夫斯塔德.文化与组织：心理软件的力量.第二版.纽约：麦格劳－希尔，2004.

户或捐赠人参加鉴定会议，或者参加其他风险很高、需要你尽可能具备影响力和说服力的活动之前，你要做准备工作。在这样的情境下，以下问题将有助于你分析形势，找到最有可能成功的方法：

1. 在这个影响企图中，我努力达到的目的是什么？理想的结果是什么？

2. 我试图影响谁？我对他们的了解有多充分？他们对我的了解有多充分？我对他们有历史权力吗？他们感觉对我有互惠义务吗？他们欠我人情吗？我欠他们人情吗？

3. 我和他们是什么关系？我们的关系有多近或多远？他们怎么看待我或我接近他们的动机是什么？他们喜欢我吗？尊重我吗？相信我吗？如果不，我现在能为此做些什么？我怎么能把自己摆在他们眼里最恰当的位置？

4. 他们有表示赞同的自主权吗？如果没有，谁有？我是否能确定在和有决定权的人谈话？

5. 表示赞同符合他们的最大利益吗？符合他们的价值观吗？如果不，我怎么能翻越这个障碍？

6. 他们**为什么**会表示赞同或拒绝？这个简单测试的答案是什么？如果他们表示赞同，对他们来说意味着什么？如果拒绝，他们会失去或得到什么？（成功施加影响的关键是顺水推舟，不是逆流而上。但是，如果你不得不逆流而上——换句话说，如果表示赞同不利于受影响者——最好事先了解，并为此作好准备。）

7. 我以前和他们合作过，并在过去影响过他们吗？起作用的是什么？没起作用的是什么？现在有什么不同？

8. 他们如何尝试影响其他人？他们一般使用什么技巧？他们对什么有反应？他们的工作环境向我们透露了他们的什么信息？他们的行事风格表明什么最能影响他们？

9. 他们的国家或组织文化表明怎么做最容易接近他们？最好用哪种技巧？要避免什么？

10. 根据我所了解的一切，哪些影响技巧像最佳选择？如果这些都不起作用，我的备选方案是什么？

11. 根据我选择的影响技巧，我是否知道整理出有力论据所需的一切？以下提出的是进一步的问题：

逻辑说服。对我希望影响的人最具说服力的论据是什么？我是否拥有我需要的事实或信息？哪些证明或证据最能支持我的看法？我需要辅助性图形、图表、表格或其他视觉工具吗？

合法化。他们最尊重哪种权威？我如何在不显得强硬的情况下调用那些权威？

交换。如果他们愿意接受交换，我必须提供哪种货币交换？他们有可能报什么价？从他们的角度看，公平交换可能是什么？

说明。他们会响应肯定和说明吗？就说明而言，什么是最合适的理念？

咨询。我能提出的最深刻或最发人深省的问题是什么？我如何能利用这些问题，让他们为解决方案作出贡献，然后支持这个方案？我如何能帮助他们感到对解决方案拥有所有权？

诉诸人际关系。我是否对他们有充分的了解，足以依靠我们的共同历史？根据我们现存的关系，提出什么请求最合适？

交际。他们愿意接受交际吗？这是他们文化的组成部分吗？在这种情况下，哪种交际最合适？我们拥有的使交往令人满意的共同之处是什么？

缔结联盟。他们是否有共事或作为联盟成员的历史？在这种情况下，哪种联盟最起作用？那是和谁的联盟？我如何能够把合适的人团结在一起？我将如何利用这个联盟？

诉诸价值观。他们拥有价值观文化吗？什么样的价值观对他们来说最重要？他们如何在行动中体现他们的价值观？我将诉求什么价值观？

树立榜样。在他们的文化中，受尊敬的角色榜样是什么？他们尊敬谁？需要效仿的行为或思维方式是什么？谁做得最好？

12. 对我的请求或建议他们有可能提出什么反对意见？我怎样才能回应那些假设的异议？

13. 我要求得太多吗？太少吗？这个请求对他们而言是多大的交易？我能争

取让他们先接受一些较小或较少的部分吗？

14. 我为提出最好的论据作好准备了吗？如果没有，我能如何改进？

15. 如果遇到阻力，我准备好解释为什么好处大于坏处了吗？

所有这些问题都将有助于你在自己心里明确你想影响谁和你想达到什么目的。

正如本章所述，提高你对他人的影响力以及你在组织里形成的影响，你可以利用的手段有很多。影响效果是权力、技巧、技能的职能，是对你想影响的人及努力行使权力的环境的适应。你不一定每次都成功，但是运用这些手段将大大提高你的成功率。

影响效果自我评估

你影响他人的有效程度如何？这个自我评估旨在帮助你衡量运用 10 种积极影响技巧的有效程度。与所有自我评估一样，你对自己越诚实，评估的结果越精确。在应对这 40 个陈述句时，请尽可能实事求是。

理性影响技巧

逻辑说服

1. 我是很有逻辑头脑的人。我合乎逻辑地思考，擅长为我的结论或请求提供充分的理由。

（根本不符合我）1 2 3 4 5 6 7 8 9 10（非常符合我）

2. 通过解释我想要什么和为什么想要，我总能说服他人附和我。

（根本不符合我）1 2 3 4 5 6 7 8 9 10（非常符合我）

3. 我在整理证实自己的想法、结论和建议所需证据或证明方面非常优秀。

（根本不符合我）1 2 3 4 5 6 7 8 9 10（非常符合我）

4. 我非常擅长制作引人注目的图表、图形和其他类型的视觉教具，支持我的论点和所展示内容。

（根本不符合我）1 2 3 4 5 6 7 8 9 10（非常符合我）

逻辑说服总分＿＿＿＿＿＿＿

合法化

5. 我认识和共事的人大都非常尊重权威。

（根本不符合我）1 2 3 4 5 6 7 8 9 10（非常符合我）

6. 我能非常熟练地引用权威使我想要的合法化，而且能在不让别人感觉到压力或侮辱的情况下做到这一点。

（根本不符合我）1 2 3 4 5 6 7 8 9 10（非常符合我）

7. 我发现如果他们知道我的决定或要求得到管理部门的支持，大多数人会积极响应。

（根本不符合我）1 2 3 4 5 6 7 8 9 10（非常符合我）

8. 我是拥有权威光环的那些人之一，当我说我想要的得到了授权或批准时，大多数人会附和。

（根本不符合我）1 2 3 4 5 6 7 8 9 10（非常符合我）

合法化总分＿＿＿＿＿＿＿

交换

9. 我是经验丰富而且有技能的谈判专家。

（根本不符合我）1 2 3 4 5 6 7 8 9 10（非常符合我）

10. 我为朋友和同事帮了很多忙，他们也帮了我很多忙。

（根本不符合我）1 2 3 4 5 6 7 8 9 10（非常符合我）

11. 我很善于讨价还价和交易，我总能成功地促成适合每个人的协议。

（根本不符合我）1 2 3 4 5 6 7 8 9 10（非常符合我）

12. 我相信，你得到的实际上和你给予的一样，因此我努力帮助别人并与人合作。我发现，当我想要或需要什么时，人们总能帮我达到目的。

（根本不符合我）1 2 3 4 5 6 7 8 9 10（非常符合我）

交换总分＿＿＿＿＿＿

说明

13. 我非常善于在不压制别人或使别人感觉他们不得不同意我的情况下，声明自己的观点。

（根本不符合我）1 2 3 4 5 6 7 8 9 10（非常符合我）

14. 人们认为我是非常自信的人，他们一般不加置疑地接受我不得不说的话。

（根本不符合我）1 2 3 4 5 6 7 8 9 10（非常符合我）

15. 我喜欢分享自己的看法，喜欢告诉别人我的想法，他们不同意也没关系。

（根本不符合我）1 2 3 4 5 6 7 8 9 10（非常符合我）

16. 我在组织里处于一个有权威的职位，如果我只是告诉别人按我的要求去做，他们也会做。

（根本不符合我）1 2 3 4 5 6 7 8 9 10（非常符合我）

说明总分＿＿＿＿＿＿

社交影响技巧

交际

17. 我非常外向，对我来说，和刚认识的人随意聊天非常容易。

（根本不符合我）1 2 3 4 5 6 7 8 9 10（非常符合我）

18. 我是非常优秀的倾听者。当别人跟我谈话时，我会全心投入，不仅记住他们告诉我的重要信息，而且记住有关他们自己的细节。

（根本不符合我）1 2 3 4 5 6 7 8 9 10（非常符合我）

19.交朋友对我来说很容易。我喜欢别人，愿意和他们交谈，喜欢发现我们的共同点。

（根本不符合我）1 2 3 4 5 6 7 8 9 10（非常符合我）

20.我感觉最愉快的是，在正式开会讨论生意之前，花点时间交际。我喜欢了解和我做交易的人，也愿意让他们了解我。

（根本不符合我）1 2 3 4 5 6 7 8 9 10（非常符合我）

交际总分_____

诉诸人际关系

21.我最好的朋友或家人需要从我这里得到任何东西时,他们只要提出来就行。

（根本不符合我）1 2 3 4 5 6 7 8 9 10（非常符合我）

22.我感觉与我所在俱乐部或组织的成员，或与我有共同兴趣的人有一种特殊的关系。

（根本不符合我）1 2 3 4 5 6 7 8 9 10（非常符合我）

23.我知道，如果我需要什么或遇到了严重问题，我最好的朋友会陪伴我。

（根本不符合我）1 2 3 4 5 6 7 8 9 10（非常符合我）

24.我和我感觉最亲近的人很容易想到一起，并且有共同的兴趣。我们赞成对方的次数远比反对对方的次数多。

（根本不符合我）1 2 3 4 5 6 7 8 9 10（非常符合我）

诉诸人际关系总分_____

咨询

25.我非常善于向别人提出探讨性问题，促使他们考虑各种问题或情况。

（根本不符合我）1 2 3 4 5 6 7 8 9 10（非常符合我）

26.我经常利用提问引导人们在解决问题过程中自己找到答案，而不是给他们提供答案。

（根本不符合我）1 2 3 4 5 6 7 8 9 10（非常符合我）

27. 我经常吸引别人加入解决问题的过程，并让他们感到对解决方案有一些所有权，由此卓有成效地构建支持。

（根本不符合我）1 2 3 4 5 6 7 8 9 10（非常符合我）

28. 当有人请我辅导时，我非常喜欢向他们提问，让他们找到最适合自己的答案，而不是告诉他们我认为他们应该怎么做。

（根本不符合我）1 2 3 4 5 6 7 8 9 10（非常符合我）

咨询总分_____

缔结联盟

29. 我是经验丰富的团队建设者，也是优秀的团队领导。

（根本不符合我）1 2 3 4 5 6 7 8 9 10（非常符合我）

30. 当我不确信靠自己能影响他人时，总能找到帮助我实现目标的支持者。

（根本不符合我）1 2 3 4 5 6 7 8 9 10（非常符合我）

31. 我非常擅长解决人们之间的矛盾，建立共识。

（根本不符合我）1 2 3 4 5 6 7 8 9 10（非常符合我）

32. 我一直非常成功地团结他人达到我认为重要的目标。

（根本不符合我）1 2 3 4 5 6 7 8 9 10（非常符合我）

缔结联盟总分_____

情感影响技巧

诉诸价值观

33. 人们认为我是充满激情而且信守承诺的人，能使任何有关我抱强硬态度对待的问题讨论气氛活跃。

（根本不符合我）1 2 3 4 5 6 7 8 9 10（非常符合我）

34.对他人的价值观我有直觉的理解，我知道如何以他们认为真实而引人注意的方式和他们谈论那些价值观。

（根本不符合我）1 2 3 4 5 6 7 8 9 10（非常符合我）

35.我是善于雄辩且鼓舞人心的演讲者。

（根本不符合我）1 2 3 4 5 6 7 8 9 10（非常符合我）

36.许多人认为我是具有超凡魅力的人。

（根本不符合我）1 2 3 4 5 6 7 8 9 10（非常符合我）

诉诸价值观总分＿＿＿＿＿＿

树立榜样

37.在我的团体或组织里，有许多人认为我是积极的角色榜样。

（根本不符合我）1 2 3 4 5 6 7 8 9 10（非常符合我）

38.我是富有经验而且成功的教练、导师或教师。

（根本不符合我）1 2 3 4 5 6 7 8 9 10（非常符合我）

39.人们普遍认为，我是我所在领域的专家，经常征求我的意见或建议。

（根本不符合我）1 2 3 4 5 6 7 8 9 10（非常符合我）

40.我因为自己发表的作品、演讲、表现或公开露面而出名。

（根本不符合我）1 2 3 4 5 6 7 8 9 10（非常符合我）

树立榜样总分＿＿＿＿＿＿

得分

在下面的空白线上记录你的影响技巧分数，然后用每个分数乘以标示的权数，计算出结果。这些因素反映了以研究为基础的每种权力之源的相对强度。

你可能获得的最高分数是880。

理性影响技巧

逻辑说服（×4）= _____

合法化（×1）= _____

交换（×1）= _____

说明（×2）= _____

理性影响技巧小计_____

社交影响技巧

交际（×4）= _____

诉诸人际关系（×2）= _____

咨询（×3）= _____

缔结联盟（×1）= _____

社交影响技巧小计_____

情感影响技巧

诉诸价值观（×3）= _____

树立榜样（×1）= _____

情感影响技巧小计_____

总计_____

解读你的自我评估分数

显然，总分越高，你在公司或组织里的影响力可能越大。你的总分重要，你的分数比例也很重要。与运用各种技巧能力相当高的人相比，擅长运用一或两种影响技巧，并倾向于过度频繁使用它们的许多人的整体有效率不高。设想这些影响技巧是你的工具箱里的工具。

如果你善于运用其中六至七种技巧，而不止擅长使用一或两种技巧，你将会更有效地影响更多的人。

五种全球影响权力工具是逻辑说服、交际、说明、诉诸人际关系和咨询。如果你运用这五种影响技巧的能力甚至达不到中等水平，你应该努力发展那些你能力最弱的技巧。通常，这些将是你最常使用的技巧，也将是赋予你最大成功机遇的技巧。

其他五种影响技巧是否重要取决于你的位置。如果你是政治家、高级主管、宗教领袖或其他类型的公众人物，就应该培养为诉诸价值观准备的技能。这种情感诉求将成为你最重要的影响技巧之一。如果你不具备很多角色或职位权力，你可能需要具备交换的能力（这是同事之间互相影响，争取他们所需合作伙伴的方式）。如果你经常需要影响比你更有权势的人，缔结联盟将成为你需要掌握的关键技巧。

基于研究分配给这些影响技巧的权数反映了它们在整体影响效率中的相对重要性。在现实生活中，这些权数可能取决于你努力领导或影响其他人所面对的状况。如果你经常需要通过谈判争取别人的合作，交换的权数可能就比这里设定的高；如果你从来不需要诉诸他人的价值观，那么诉诸价值观的权数就可能比这个基线评估设定的低，以此类推。在你考虑自己的分数时，请问自己这些问题：

1. 就你在公司或团体中的角色或你通常需要或想要影响他人的各类情况而言，哪种影响技巧最重要？你有可能想运用你自己的加权方式，以便更好地反映你的领导力和影响力需求。

2.在运用你认定的任何较重要的影响技巧时,你运用的效果是否达不到应有的效果?那这些就是你应该在发展计划中侧重培养的技巧。

3.如果你渴望获得组织中责任更重大的职位,就要计划未来。在你被提升到那些职位时,哪些影响技巧最重要?在你的长期发展计划中,应该包含运用这些影响技巧的技能的培养。

第三部分
负面技巧——消极的影响技巧

1823年3月,肯纳斯利城堡号轮船靠近南美洲的加勒比海岸,船上搭载了200名准备到圣约瑟夫去的苏格兰移民。圣约瑟夫是位于莫斯基托海岸沿线繁荣小国波亚斯的首都城市。许多移民随身携带一本由托马斯·斯特兰威斯船长撰写发行的长达350页的指南手册——《莫斯基托海岸略图,包括波亚斯版图及该国描述》。他们追随的是四个月前乘坐洪都拉斯班轮离开伦敦的另一群移民。据说,那些勇敢的精英中有些已经在波亚斯行政部门获得职位,其他人则在波亚斯的军队获得官职。他们中大多数人把自己的英镑兑换成波亚斯货币,兴奋地抵达热带天堂。据斯特兰威斯说,18世纪30年代,那里就有英国海员定居——那是一片肥沃的土地,有丰富的金银矿藏、繁茂的森林、热闹的港口,还有足以让冒险家把新大陆变成自己家园的无限机会。

然而,当肯纳斯利城堡号接近海岸时,船长却无法确定港口的位置。他以为地图肯定不精确,于是,继续沿着南美海岸线航行,直到他和船员非常意外地遇到洪都拉斯班轮的幸存者。那艘班轮把乘客留在海滩上，离开了，不料在风暴中沉没在海上。肯纳斯利城堡号卸下船上的货物，接这批幸存者上船，这时，移民们惊愕地发现，地图是精确的，他们来的地点没错——只不过那里没有热闹的港口，没有圣约瑟夫市，没有金矿，也没有叫波亚斯的国家。那里只有废弃的栅栏，数英里的沼泽和丛林，湿气，灼热的太阳；还有不断地折磨他们，使他们患上热带疾病的邪恶的蚊子。他们的波亚斯货币一文不值（它实际上是在苏格兰印刷的），那里也没有托马斯·斯特兰威斯船长（他那有关波亚斯的长篇大作是精心虚构的作品）。

策划这个代价昂贵巨大的诈骗案的是格雷戈尔·麦克格雷格尔。他是苏格兰军人、流浪者，声称在南美争取从西班牙独立的战争中，参加过许多战斗。他出生于1786年，17岁参加皇家海军。1811年，他作为陆军上校抵达委内瑞拉。几年后，他从西班牙人手里夺取佛罗里达阿米莉亚岛上的圣费南迪纳。他是否参加了其他实质性的军事活动并不确定，但是，1820年，他带着波亚斯王子的头衔返回英国，肆意炫耀，耀武扬威。由于西班牙失去南美洲的掌控权，英国人开发那个市场的时机已经成熟，不列颠群岛的人们在这个机会的鼓舞下兴奋起来。麦克格雷格尔成了街谈巷议的人物。投资者和潜在移民被大量虚构的故事迷住了。

1822年，他推出斯特兰威斯船长的书（当然是麦克格雷格尔写的），然后卖出价值20万英镑、据说由波亚斯政府发行的无记名债券。那年晚些时候，移民们的不幸航行开始了。近300名移民中只有不到50人返回英国，其他人死于热带疾病、营养不良、自杀或其他灾难。

麦克格雷格尔欺诈的新闻传开，他匆匆溜到法国，又开始尝试实施波亚斯欺诈。这次，他的合作人被送进监狱，麦克格雷格尔虽然接受了审讯，但是被宣布无罪释放。后来，他返回伦敦，试图再次推销他虚构的天堂股权，但是，那时候，投资者已经提防他了。然而，尽管警方调查了他的计划，却从未起诉他。最终，麦克格雷格尔回到南美洲，申请并接受委内瑞拉政府的军人养老金。1845年，他平静地死去。麦克格雷格尔是通过不道德手段发挥超乎寻常影响力的最好例证。他是骗子、伪善者、说谎者，也是舞弊者。他欺骗别人自己有满足他们贪得无厌需要的能力，使他们相信他讲述的新大陆伊甸园的故事。人们相信21世纪的人比19世纪的人更有经验，像波亚斯这样不可思议的欺骗不可能发生在今天，令人感到安慰。然而，现在出了个伯纳德·麦道夫，他让麦克格雷格尔看上去像个小丑王子。

显然，还有许多不择手段影响他人的方式。你可以对他们撒谎，压迫他们，欺负他们，威胁他们，蒙蔽他们；你可以利用你优越的体格、等级、文凭、权威、财富和魅力胁迫他们；你可以描绘一幅毁灭的图画，让他们知道，如果他们不向你让步会发生什么。如果他们不顺从，你可以调动众人反对他们，或者雇用暴徒调查他们，侵犯他们，伤害他们。所有这些战术都能或多或少地起作用。他们将影响他人，尽管在这里用**影响**这个词不恰当。不管他们喜不喜欢，这些战术都将**迫使**他人答应你的愿望。或者，他们**蒙蔽**人们，让人们以为是在为自己的最大利益行动，而实际上，人们是在为你的最大利益行动。既然我们记得：影响就是让他人相信他们希望他们相信的事，以你希望他们采用的方式思考，或者做你想让他们做的事——麦克格雷格尔都做到了——那么很明显，影响有非常阴暗的一面。

我把所有不道德的影响战术——剥夺他人拒绝的合法权利，迫使他们遵守违背他们意愿或最大利益的东西，或者在他们本该选择拒绝时，误导他们，让他们采取行动——都纳入阴影面。有四种常见的消极或不道德的影响技巧：回避、操纵、恐吓和威胁。

回避 通过回避责任或矛盾，或者消极攻击性表现，强迫他人行动，有时违背他们的最大利益。这是最常见的阴暗面技巧。在有些文化中，努力维持和谐局面有可能被误解为回避。

操纵 通过谎言、欺骗、恶作剧、骗局和欺诈施加影响，掩盖某人的真实意图，或故意隐瞒他人作出正确决定所需的信息。

胁迫 把自己的意愿强加于其他人，通过粗声大气、盛气凌人、生硬粗暴、妄自尊大、冷漠无情或麻木不仁的样子，强迫他人服从。这是恃强凌弱者偏爱的技巧。

威胁 如果别人不顺从，就伤害他们或威胁要伤害他们，用一些人做例子，让其他人明白威胁不是假的。这是独裁者和专制君主偏爱的技巧。

我在本书这部分更全面地描述了这些影响技巧，举出误用它们的实例，提出建议，帮你避免误用它们，同时讨论在发现自己求助于这些负面影响技巧时，你能有什么别的选择。

第九章 我不愿意：回避

在发明复写纸和复印机之前，我们的重要文件都不得不手工抄写。在19世纪，做这种费力而细致工作的人被称为缮写员。在美国著名小说家赫尔曼·梅尔维尔的一篇经典短篇小说中，我们遇到一个古怪而执拗的人物——缮写员巴托比。雇用巴托比的老律师叙述了这个故事：

> 起初，巴托比做着数量可观的抄写工作。他仿佛早就渴望抄写什么，看上去好像在狼吞虎咽地吞食我的文件，没有时间停下来消化。他日夜不停地借助日光和烛光抄写着。要是他的勤奋伴着快乐，我或许应该为他的卖力而感到高兴。可是，他只是默默地、灰溜溜地、机械地写呀写。
>
> 我想，那是他为我工作的第三天，我手头有件小事急需完成，而巴托比还没必要非得检查他抄写的东西，我贸然地叫了他一声。一方面着急，另一方面也希望他立刻答应我的要求。我坐在那里，低头看着桌上的原文，右手放在一侧，有点紧张地举着抄本，以便巴托比从他的休息室一出来，就能立刻拿走，并毫不迟疑地开始工作。
>
> 我怀着这种非常的心态坐着，呼唤巴托比，快速说明我想让他做什么——也就是和我一起校对一篇小文章。巴托比根本没有走出他的休息室，他只是异常温和而坚定地答道："我不愿意。"你想想我当时

是多么吃惊,不,应该是多么惊愕。

　　我静静地坐了一会儿,努力镇定下来。一时间我以为自己的耳朵欺骗了我,或者巴托比完全误解了我的意思,于是,我尽可能用最清晰的语调重复了我的要求。可是,巴托比的答复同样清清楚楚:"我不愿意。"

　　"不愿意。"我重复着他的话,异常激动地站起来,大踏步穿过房间。"你是什么意思?你疯了吗?我要你帮我校对这张纸——拿去。"我把那张纸塞给他。

　　"我不愿意。"他说。[1]

　　这位律师对巴托比的行为感到惊讶,又不确定该如何解决,于是,不断尝试让巴托比顺从,但是毫无效果。出于人道的默许,他容忍他的雇员不做任何他不愿意做的事。后来有一天,巴托比宣布他不会再做抄写工作。最终,因为不愿意强行把巴托比赶出他的办公室,这位律师被迫把业务移到新的办公地点,解决了这个麻烦事——而巴托比仍留在老办公室,甚至在新业主入住时也不愿意搬出去。他们报了警,警方把巴托比送进监狱,他在监狱中渐渐憔悴,后来死去——让律师惊愕不已。

　　缮写员巴托比是一个有意思的故事,阐明了影响的一个阴影面——通过回避施加影响。巴托比通过拒绝雇主想让他做的事,能影响老律师容忍他的古怪愿望,把工作重新分配给其他缮写员,还表示如果巴托比离开会给他钱,并把业务移到新办公室。在现实生活中,没有雇主会接受雇员如此程度的反抗和不服从,但是在这个故事中虚构的世界,巴托比的古怪行为是采用回避技巧达到极端令人发笑、令人困惑的例子。尽管在今天的商界,我们不太可能遇到真正的巴托比,但是我们能够在叛逆的青少年、社会失学儿童和那些拒绝纳税或附和其他社会规则与传统的顽抗者中看到他们。尽管如此,不太极端的回避形式

---

[1] 赫尔曼·梅尔维尔. 缮写员巴托比. 肯塔基列克星敦:ReadaClassic.com,2010.

是最常出现的影响阴暗面形式——我们大多数人都曾利用回避作为影响他人的方式。

在儿童游戏"烫手山芋"中，游戏者站成一个圈，随着音乐来回投掷豆子袋。音乐停止时，拿着袋子的游戏者被淘汰离开。像其他淘汰游戏一样，"抢椅子游戏"也是这种聚会游戏的变种。在组织中博弈，"烫手山芋"就是没有人想要的责任或任务：解雇颇受同事喜爱的违约雇员；处理愤怒的客户；在经济衰退期间，确定下岗雇员名单；以及其他令人讨厌的类似任务。为了避开作不受欢迎决定的责任或情绪对抗的不愉快，有些管理者就会通过回避来施加影响——推卸责任、拖延，直到别人来处理这件事，或在幕后活动，迫使别人接过这块"烫手的山芋"。

回避的三种类型

回避是间接施加影响，有三种典型方式：第一，责任回避者。这些人不愿意因作不受欢迎的决定而受责备，因此他们努力把决定的责任转移给其他人。第二，冲突回避者。他们不介意承担作不受欢迎决定的责任，只是不愿意与不喜欢该决定的人正面交锋。这些人痛恨争执，因此会竭尽所能回避冲突。第三，消极攻击回避者。他们不会当面表达自己的真实想法，而是绕到那个人背后，试图通过政治活动和操纵别人来间接施加影响。最后一种回避形式也许最阴险，但这三种都是间接影响他人的方式。

责任回避者

责任回避者通常不是希望被别人喜欢，就是不愿意受到责备。他们的目标是永远不被"烫手山芋"缠住。以下是三个例子：

1. 一位配偶或朋友对另一位说，**你想去哪里吃晚饭？**回避的配偶说，**噢，我不知道，你想去哪里？**（强迫另一个人作出决定，如果晚餐不太好，回避者不用再负责任。）

2. 经理和单位的主管约翰讨论经理打算解雇的一位职员：

经理：约翰，我不喜欢汉瑞特主持销售会议的方式，趁早开掉他。我不介意你用什么借口，照做吧。

约翰：我听你的，可是汉瑞特是个好人，他是可靠的执行者。

经理：我相信你会找到同样优秀的人取代他。（汉瑞特整理办公桌时，那位回避责任的经理会过来看看，表示同情，并表示他不同意这个决定，但是必须给他的主管管理自己团队的自主权。这位老板希望受到喜欢，不想受到责备，这往往是一个硬币的两面。）

3. 一位职员和她的老板正在讨论如何解决一个问题：

凯莉对老板说：照你的吩咐，我考虑了我们的三个选项。我认为B选项可能是最佳解决方案。不过，我想知道你怎么看。

老板：你决定吧，凯莉。

凯莉：我知道，可你是老板。我不想不经过你的批准擅自决定。（如果她的老板也倾向于B，凯莉就可以漂亮地把责任转移给上级了。如果B选项的效果不好，凯莉则可以说那是老板的意思，她也能成功地转移过失。）

冲突回避者

如果你问别人他们是否喜欢冲突，大多数人会表示不喜欢。但是当冲突发生时，大多数人会直接面对，尽其所能处理冲突。然而，有些人宁愿含垢忍辱，也不愿与某人直接发生冲突。对一些人来说，冲突的情感代价高于他们愿意容忍的代价。对另一些人来说，回避冲突是争取时间的方式。他们希望冲突会自行停息，或者另一个人会平静下来并默许。还有一些人回避冲突是为了预防损失。他们需要在当时的状况下获胜，如果他们被迫处理这个问题，他们就有可能不得不向对方承认错误或默许，而他们不愿意这么做，于是就把回避冲突作为挽回面子的方式。回避冲突往往是人们用来掩饰自己真实情感的一种策略，由此与他人保持和谐（这是一种假和谐，但是只要能保持友好的形象，对他们来说就无所谓真假）。以下是三种通过回避冲突施加影响的例子：

1. 业务部门总经理和副经理进行如下交流：

总经理：亨利，你知道，我下个星期要和家人去策马特。

副经理（焦虑）：我们下个星期要发布季度盈利公告，我们的成绩远低于分析师的预期。

总经理：是的，我知道。我希望你来发布这个公告，并主持分析师会议。对你来说，这是一个好机会，可以让你在投资者关系中起更大的作用。

实际上，这是总经理回避冲突的一个良好方式。这样的管理者常常在他们自己和可能生气或心烦的人之间制造缓冲区。在《好警察，坏警察》（译者注：《好警察，坏警察》是欧美很流行的电子游戏，玩家可以选择当好警察或坏警察，好警察奉公守法，坏警察则把缴获的金钱和毒品据为己有）游戏中，这些管理者总是好警察，他们的缓冲区一般是坏警察。当最初的冲突减弱时，这位总经理就会回来接管。

2. 一位推销员对同事说："莫妮卡，我遇到一位让人非常生气的顾客。你能和她谈谈吗？我今天真的应付不了。"（至少这位冲突回避者是坦诚的。）

3. 两名在上班的家长接到警察的电话，说他们的学龄儿子逃学被抓。回避冲突的家长声称要开一个重要的会议，迫使另一位家长（真的不想成为家庭唯一严厉的人）去接他们的儿子，并面对因他的行为而引起的冲突。回避冲突的家长可能会找借口离开家，直到"风暴"过去。

消极攻击回避者

美国精神病学会把消极攻击归类为人格障碍,根据他们的说法,"这些人习惯性地怨恨、反对和抵制其他人期望在一定程度上起作用的需求"。这种行为最常见于工作中。"反抗表现在拖延、忽略、执拗和故意低效,尤其是在响应由权威人物分配的任务时。"[1] 显示消极攻击行为的人在当面交往时表示赞同和支持,但是在那个人背后显示出对抗的行为。消极攻击者往往感觉力不从心,或者不愿意挑战或面对他们不赞同的人,或者当他们处于那个人出现的地方时,会感到厌恶。稍后,他们开始影响这个处境,通过拖延、忘掉让他们做的事、不完成一项工作或破坏成果来表达自己的真实感受——一般以他们不会受到责备的方式。以下是消极攻击回避的两个例子:

1.雇员山姆对经理说,我绝对同意,我会立刻行动。(然而,回到自己办公桌旁,他优先忙活其他上百件工作,根本不抽时间考虑经理让他做的事。后来,当被问及为什么没做那件事时,他说有位重要客户的问题必须迅速解决,占用了他的所有时间,他忙晕了。)

2.两名同事,马丁和萨拉,正在讨论向老板提出一个想法:

马丁:你认为我的想法怎么样?

萨拉:我想这是个好主意,真不知道我们以前怎么没想到。

马丁:你认为我们老板会喜欢吗?

萨拉:不好说。不过,我认为你应该交给她。

马丁:你会支持我吗?

萨拉:我不知道为什么有人会不支持,这真是一个令人感兴趣的想法。(当然,萨拉并不支持这个想法。你能看出来,因为她不愿意直接回答他的问题。她也许因为自己没有想到这个主意而羡慕,也许因为怨恨任何人在老板眼里都比自己强而忌妒。无论如何,她不会表达自己的真实感受。此后,她会向另一位她

---

[1] 精神疾病诊断与统计手册.第四版.华盛顿特区:美国精神病学会,1994:733页.

认为是自己盟友的同事提起马丁的想法，并且贬低它。她会在马丁向老板提出这个想法之前，尽可能在幕后击垮它。）

如前所述，消极攻击回避是三种类型中最阴险的一种，这是准确的，因为你往往认为某人支持你或你的想法——后来却发现那个人不支持你，要不然就是已经"太忙"（通常是个借口）。

这三种回避形式都是间接影响他人的战术。他们强迫别人承担责任，处理危机或正面交锋，或者因为影响者不愿意采取行动或坦露自己的真实情感而更改他们正在做的事。这些是不道德的影响技巧，因为影响者不会公开承认他们的真实动机或目的，因为他们强迫其他人做有可能不是最符合自己利益的事。此外，这些是懦弱的行为方式。即便如此，承认我们所有人都不时利用回避的影响技巧很重要。偶尔回避冲突或责任是我们应对压力和困难的一种方式。但是，如果它成为行为模式和你影响他人的主要方式，就成问题了。

有关回避的深刻见解

在我的有关权力与影响力的研究中，我测评了人们运用这四种负面影响技巧的频率，并把它们的使用频率与十种积极影响技巧的整体影响效果、权力之源、技能、使用频率和效果互相对照。以下是有关回避的重要发现：

- 使用回避技巧需要付出高昂的代价。获得使用回避技巧最低频率评级的人（这些人是"不回避者"）的整体影响效果评级是 4.07 分（满分 5 分）。那些使用回避技巧频率最高的人的整体影响效果评级是 2.59 分。这两个分数之间的差距超过 4 个标准差。换句话说，这是非常显著的差别。高度回避者的整体影响力实质上低于不回避者。
- 令人感兴趣的是，高度回避者倾向于依靠说明、合法化和诉诸人际关系作为他们的积极影响技巧，而不回避者依靠逻辑说服、咨询、树立榜样和诉诸价值观。

- 不回避者在品德、历史、吸引力和声望方面获得的评价非常高。相比之下，高度回避者以资源、角色和信息作为他们的最高评级权力之源。换句话说，高度回避者不得不依赖结构势力（角色和资源），而不回避者依靠的是个人能力和别人的尊重（声望）。

- 不经常运用回避技巧的人拥有的最强技能是建立融洽的关系和信任、逻辑推理、支持并鼓励其他人、谈话式讲话、聆听、表现自信、真诚表达对他人的兴趣，而且人们认为他们在这些方面明显更熟练。那些高度回避者拥有的最高评级技能是坚持、表现自信、表示愿意请他人帮忙。他们的最低评级技能是解决其他人之间的矛盾和分歧（这并不令人吃惊）。令人感兴趣的是，对不回避者和高度回避者来说，表现自信都是评级最高的技能。这表明，回避不是因为当事人缺乏信心，而是因为他不愿意坦诚地直接面对他人，不愿意为他的思想和行为负责。

保护自己免遭回避

你一定要认识这一点：人们有时会用回避技巧来影响你。他们运用这种技巧让你帮助他们解决问题，强迫你作出应该由他们作的决定，让你为一个结果负责，或承担实际上属于他们的责任。保护自己免遭回避的第一步是确认这种情况何时发生，这并不总是很容易。我们大多数人不会在与他人交往的同时还仔细察看互动的过程。我们过于忙着处理手头的事情，忙着与他人接洽。回避有可能很微妙，我们也许不会立刻意识到他人正在回避责任或冲突。当然，有时非常明显，但是经常不那么明显。因为每个人都在某种程度上使用回避技巧，也许只有当一个人习惯性地试图这样影响你，或当有人当面表示支持和鼓励，背后却有另一套说辞（你从其他人那里听到的），你才能明显意识到。

一旦意识到发生了什么，你就要决定是否接受挑战。例如，如果承担责任或解决矛盾，确实对你或组织有利。也许，你为此作好了充分的准备。也许它会导致更好的结果。尽管如此，如果你不能或不愿意接住影响者的"烫手山芋"，那么最好的办法是不接它。你迈出恰当的第一步是帮助这种影响者明白他们在做什么。有时，人们意识不到自己有回避责任或冲突的行为。当你以温和的方式向他们指出时，他们也许会停止那么做。接着，你需要表示拒绝，以温和的非对抗性方式说出来，但是要明确说明，这种情况需要对方亲自处理。必要的话，你应强硬地表示拒绝，而且要坚持。当那个人发现你不会接住这个"烫手山芋"时，他要么收回，要么亲自处理，要么尝试找其他比你更顺从的人帮忙。以下方法也许有助于你应对我前面引用的八个回避例子：

责任回避者

1. 告诉不愿意选择餐馆的配偶或朋友："谢谢。可是，上次是我选的餐馆，这次轮到你了。"如果这样没用，就交叉双臂（在大多数文化中，这种姿势表达倔强）说："不，一直是我在作这些决定，这对你不公平。这次我不选择，你决定吧。"

2. 在让他解雇一名职员时，单位主管约翰可以如此回答回避责任的经理："这么做我感觉不舒服，部分原因是我认为这是个错误决定。如果你愿意，我可以叫汉瑞特和我们俩面谈，不过，我认为他需要听你指出你不喜欢他主持这次销售会议的哪个方面。"

3. 要阻止回避责任的职员把责任向上转移，这位老板可以说："我会支持你作出的任何决定，我把责任委托给你，你需要作出这个决定。"

冲突回避者

1. 业务部门副经理可以告诉回避冲突的总经理，我非常感激你的信任，可是只听我讲话，分析师们会不高兴。更重要的是，我想公司要看我们如何处理这件事。恕我直言，我认为你应该从策马特坐飞机回来开这个会。

2. 接到回避冲突同事的请求，让她处理一个难缠电话时，她可以回答，对不起。今天我已经完成应对发怒客户的定额。她也可以转换为指导模式：嘿，我知道你的感受，只要保持冷静，你会没事的。做个优秀的聆听者，然后为他们做点力所能及的事。真倒霉，应付烦躁的客户是这个工作的一部分，我们都不得不做。我听说，你以前做得很好。别着急，你会没事的。

3. 对那位被指望成为家里唯一严厉家长的人来说，也许是时候固执而坚定地对另一位家长说："我认为我们都不该自己去警察局，我们应该向我们的儿子表明，这是我们两人都不接受的行为。如果你必须先开业务会议，就请在开完会时给我打电话，我会在警察局等你。"

消极攻击回避者

1. 对待消极攻击的员工，最重要的是建立问责制。管理者可以告诉他的员工，山姆，你说你会立刻去做，我认为这是你承诺尽快完成这项工作。（山姆会找借口，因此，不接受那些借口也很重要。）你提到的其他事情可能很重要，但是这件事也很重要。如果你知道哪件事更重要，或者你需要别人帮助完成所有工作，你应该来找我，我会帮你解决。我希望你以后永远这么做。（重要的是打好这个基础，以便消除山姆将来采取回避的更多借口。管理者需要让山姆完成这项工作，而且非常明确地说明这些需要和期望。）我想让你把别的事情都放下，先完成这个工作。你能做到吗？（答案必须是"能"。如果不是，就解决问题。）你什么时候能完成？……非常好。那我希望你明天早上九点回到这里。请不要再为任何其他事情分心。这是一项重要的任务。（管理者也有可能采用其他对策，试图揭露山姆不全力投入这项工作的原因。但是，在这个对话中，我采取了强硬但恭敬的态度，因为对待消极攻击回避者你必须如此。如果你让一寸，他们会进一尺，因此肯定、直接和明确说明很重要。）

2. 萨拉不直接回答马丁的问题，他当时就应该澄清说："我希望其他人会支持我的想法，不过我现在问的是你是否会支持我。"（如果她有点犹豫，他应该进一步探察。）"你好像因为什么在犹豫。是否有什么你不喜欢的地方？你完全可以对我直言相告，我再寻找可靠的意见。"（最后的声明给了萨拉说出真实想法的许可。）

如果你习惯性使用回避战术

每个人都会偶尔使用阴影面的影响策略。回避某些冲突,偶尔摆脱某些责任,有时不太真诚,都是人类本性的组成部分。但是,我们很少有人像麦克格雷格尔或他的现代同行麦道夫那样达到投资骗子的操纵极端。因此,如果你偶尔使用回避技巧,你就和大多数其他人一样。有问题的是频繁或习惯性地使用回避技巧。

最重要的是,你要认识到长期回避责任和冲突是职业的障碍。如果你在一个组织里工作,而且有雄心壮志,那么采用回避技巧就是灾难性策略。一旦人们意识到你经常回避冲突和/或责任,他们就会对你失去信任和信心,也会对你失去尊敬。如果出现这种情况,最好的办法可能就是离开那个组织,换个地方重新开始。你也许永远不能改变人们对他们视为基本性格缺陷的看法。它的重要性正在于此。

那么,你该怎么做?简短的回答就是承担责任,学会面对冲突,不管对你来说那是多么大的挑战。首先,确认你何时回避了冲突或责任。努力弄清为什么会发生那样的事。回避与恐惧有关,因此要努力了解你怕什么。有了责任,最好小步前进。寻求或接受越来越具有挑战性的工作和任务的责任。这么做也许很困难,你也许会讨厌,但是克服恐惧的唯一办法就是正面相对,学会对付它。大多数人发现,真正可怕的东西很少。一旦他们了解到这一点,事情就简单多了。学会面对冲突也许更困难,因为冲突发生在人与人之间,杂乱无章。其结果可能很严重,可能伤感情,也可能导致相当长时间的憎恶。有关冲突管理有一些很好的教育规划,也许其中之一非常适合你。

如果你表现出消极攻击,最好先确认你在做什么和为什么这么做。消极攻击往往因为人们感觉无能为力而发生。做小动作是他们试图获取权力的方式。其内心推理是这样的:"我不敢直接面对老板,因为他太强势,可能会伤害我。所以,我在他背后取消他让我做的事情。他不会知道我这么做,因此我是安全的,这将使我感觉更强大。"当然,这种误导最终会失败,但是在此期间,它缓和了你无能为力的感觉。如果你发现自己正在实施消极攻击,要弄清楚那是为什么,然后努力鼓起勇气,诚实而坦率地面对你消极攻击的人。揭露实质问题,努力直率而诚恳地直接解决问题,才是最勇敢和心理最健康的前进道路。

如果你是领导者或管理者,正在回避责任或冲突,或者正在实施消极攻击,我坦率建议你别那么做了。无论你愿不愿意,你的员工都会在无意之中学习你塑造的行为(见第七章)。最终,你的下属会从老板那里得到暗示,表现得像你一样,而你将拥有一个功能失调的组织。

主要概念

1.有四种常见的负面或不道德影响战术:回避、操纵、胁迫和威胁。这些战术夺走了受影响者拒绝的权利,强迫他们服从违背自己愿望或最大利益的东西,在他们本来不会选择时,误导他们或让他们采取行动。

2.回避是间接施加影响,这么做有三种方式:责任回避、冲突回避和消极攻击回避。

3.典型回避责任的人要么希望受到别人喜爱,要么不愿受到责备。

4.人们回避冲突是为了争取时间,预防损失,回避令人不安的情感,挽回面子,或隐藏他们的真实情感。

5.消极攻击回避行为发生在人们怨恨、反对或抵抗通常来自权威人物的要求时,但是通过拖延、忽略、执拗和故意低效间接进行。典型的消极攻击回避是人们当面欣然同意,背着你却进行破坏活动。

6.人们为回避付出高昂代价。与很少以回避作为影响策略的人相比,频繁使用回避技巧的那些人实质上缺乏整体影响力。

挑战读者

1. 遗憾的是，生活中充满人们试图通过不道德的手段影响他人的例子。在你自己的经历中，你看到哪里发生过这样的事？你在哪里看到某人试图通过回避、操纵、胁迫和威胁来影响他人？

2. 你认为人们为什么用这些阴暗面战术影响别人？这些消极战术成功吗？对受影响者来说代价是什么？对影响者来说代价是什么？

3. 你认识习惯性回避的人吗？他们从中得到了什么？他们从中失去了什么？你同意我断言这是职业的障碍吗？

4. 回避责任或回避冲突，哪种更恶劣？为什么？

5. 消极攻击回避是人们感觉无能为力时的一种应对方式。你经历过一些人向你施加消极攻击回避吗？你遇到过当面愉快地支持你，背着你却贬损你的人吗？当你发现他们在做什么时，你如何应付？

第十章　每分钟都有一个傻瓜出生：操纵

1869年10月16日是个星期六，威廉·纽厄尔雇用两个人在他家位于纽约加的夫的农场挖一口新井。大约上午11点，两个人挖着挖着碰到某个坚硬的东西，以为是块大石头。然而，清除周围的泥土后，他们发现，那个东西形状像人的脚，长达两英尺（约60厘米），由非常硬的石头组成。他们惊讶地告诉农场主他们的发现，然后继续挖，直到挖出几乎完好无损的裸体男人身体，其身高达10英尺（约合3米）。两人被说服相信他们发现了美洲巨人的石化遗骸。到星期天早上，消息已经传开，前往纽厄尔家农场的探索者、围观者和记者络绎不绝。不久，纽厄尔开始向希望看一眼"加的夫巨人"的那些人收入场费。

虽然有些科学家宣布那是假的，但是对巨人的兴趣升到如此高的程度，以致由戴维·汉努姆领导的大财团竟然提出购买这个石化遗骸，纽厄尔以超过3.7万美元的价格卖给汉努姆——这在当时是一大笔钱。汉努姆发起巨人巡展，吸引了那么多人前来观看，著名的马戏团经理巴纳姆甚至想买下它。然而，汉努姆拒绝出售，于是，巴纳姆请人复制了一个巨人，并开始把它作为"真正的巨人"展出。注意到人们排队买票看巴纳姆的巨人，汉努姆嘲笑道，"每分钟都有一个傻瓜出生"，这是一个普通的表达方式，却错误地归因于巴纳姆本人。当然，两个巨人都是假的。"加的夫"版本实际上是纽约商人乔治·赫尔制造的，他想证明巨人确实曾经走在地球上。加的夫农场主纽厄尔是他的表亲。在"加的夫巨人"

骗局被揭露之前，成千上万的人为了看一眼这个巨人和巴纳姆的赝品而付钱。[1]

各种骗子和操纵者努力通过创造真实的幻觉影响他人。虽然欺骗有令人讨厌的一面，但是它仍在人类历史中扮演一个重要角色，而且往往是很有名望的角色。亚历山大大帝是有史以来最伟大的战场指挥官。他会率领部队接近敌人阵地，在战斗开始前夜搭建帐篷。为了让敌人相信他的部队人数比实际人数多，亚历山大命令他的将军在军营之外搭起数百顶帐篷。敌军深信他们面对的是一支更强大的军队，会改变他们的战斗计划，有时防御亚历山大没打算进攻的区域，有时保留了过多的预备队。战斗打响时，甚至在他们能够派遣增援部队之前，敌军就濒临失败、溃退、丧失士气的边缘。通过这种欺骗敌人的方法，亚历山大赢得无数场战斗。正如孙子在《孙子兵法》中的评论："兵不厌诈。"

在第二次世界大战期间，盟军施行了战争史上最宏大也最成功的骗术之一。1944年年初，盟军计划进攻欧洲。英国和法国之间的最近地点是加来海峡，这是从海上进攻法国符合逻辑的选择。盟军登陆的真正地点诺曼底路途遥远，将造成较大困难。挪威也是可以进攻的地点，因为那里的纳粹防守力量最薄弱，盟军可以从北部穿越斯堪的纳维亚半岛，攻入欧洲。艾森豪威尔将军和他的策划师们知道，如果在盟军建成安全的滩头阵地之前，纳粹把兵力集中到诺曼底或者把预备队调到该地区，进攻就可能会失败。于是，他们制订了周密的计划，让希特勒相信盟军将从加来海峡发起进攻。

这个计划被称为"坚毅行动"。其主要骗术是创建虚构的军队——第一美国军团，军团司令是巴顿将军。为了让在英国的德国间谍相信这支部队是真的，盟军建造了一个军团所需的建筑和其他基础设施，还布置了充气橡胶坦克、木制登陆艇复制品和重炮群。他们还模拟出德国人认为一个军团应该具备的大量无线电通信，让一些双面间谍向德国人提供错误的消息，并通过外交途径透露错误的信息。这个精心制作的骗局使盟军不仅在欧洲大陆建立了落脚点，而且建立了运送援军、装备和给养所需的港口。

---

[1] 有关"加的夫巨人"的全面描述参见：斯科特·特里布尔. 巨大的骗局：愚弄美国的加的夫巨人. 马里兰拉纳姆：Rowman & Littlefield, 2009.

在战争中，欺骗行动往往规模宏大，而在日常生活中，社会可容忍的欺骗以各种形式出现。例如，纸牌术，它包含各种方式的声明和虚张声势，目的是蒙蔽其他玩家，影响他们作出不理想的决定。在美式橄榄球比赛中，进攻队员找空位的目的是欺骗防守队员（反之亦然）。最好的四分卫能够掩饰自己的意图，直到他们把球传给接球员的那一刻；最佳防守队员能够掩饰一次突袭，直到球被快速传出去。公司每年投入数十亿美元做广告，让消费者对他们的产品形成印象；时装和化妆品行业主要是帮助人们控制他人对自己的印象。电影、戏剧和文学作品则是我们允许自己接受欺骗的另一种方式。19世纪的诗人柯勒律治认为，观众可以接受和欣赏拥有幻想元素的文学作品，只是因为他们愿意暂停怀疑——这是适用于舞台和荧屏的概念。当我们为一部悲情电影哭泣或被惊险小说吓得要命时，我们在某种程度上已经知道自己被操纵了，但是我们默许，因为我们感觉愉快（这是我们与艺术家之间的默示协议，柯勒律治称其为"诗意的信仰"）。

操纵的目的是创造一种真实的幻觉，魔术表演是我们心甘情愿受骗的完美例子。当魔术师把某人锯成两半，或者从一个空帽子里拉出一只兔子时，我们对他怎么做到的感到迷惑，但是我们愉快地受骗，因为我们知道那是把戏。因为我们允许这么做，使之成为道德的欺骗。这时，我们没有被人利用。魔术师没有从我们这里偷走什么，也没有欺骗我们做有害或违背我们意愿的事情。如果谎言对我们造成伤害，或者欺骗我们，让我们做那些我们知道真相的情况下不会做的事情，操纵就是不道德的。伯纳德·麦道夫也是一个魔术师，但是他变的戏法是说服投资者相信他是值得依赖的，是有市场经验的，能够不断地帮助他们赚钱，而且比其他任何人帮他们赚的都多，像现代的胡迪尼（译者注：1874—1926。匈牙利布达佩斯人，犹太人。本名艾瑞其·怀兹。是世界上最伟大的魔术师、脱逃术大师和特技表演者）一样，他也耍弄了受害者暂停怀疑的意愿，但是他这么做完全出于自私自利和不光彩的原因。

伯纳德·麦道夫的魔法表演

要了解麦道夫如何成为投资顾问中的"胡迪尼",重要的是知道他出生在纽约皇后区,是一个普通家庭的普通孩子。他熟知当地民情,却是个平凡的学生。他毕业于霍夫斯特拉大学,获得政治学学位。后来,他后悔没有进入有名望的一流商业学校,如沃顿商学院或斯坦福大学,但是那些学院是否会录取他值得怀疑。他靠当救生员和草坪洒水器安装工赚钱。他缺钱,缺熟人,也缺特权——在那个时期,那些东西至关重要。他不缺的是野心,是成为大人物的强烈欲望驱使的野心。在这方面,他就像电影《火烈鸟少年》中由马特·狄龙扮演的小屋男孩,只是缺少那个人物的道德指南针。对麦道夫来说,成为大人物就意味着拥有权力、财富和尊敬,对他来说,目标证明手段的合理。1960年,他在岳父的会计事务所工作,在此期间,他开办了低价股票交易公司和一家投资咨询公司。多亏他的岳父——他把自己的朋友和他们的家人介绍给麦道夫,使麦道夫刚起步的企业发展起来。他无法与纽约证券交易所的股票交易商竞争,因为他的公司规模太小,不能在那里注册,于是,他尝试进行电脑股票交易。1971年,这项创新引导创立了纳斯达克证券交易所。纳斯达克无疑是他职业生涯的最高成就(也是他的唯一合法成就)。

1990年,他被任命为交易所非执行董事长,在位三年。那个时候,他每年挣数千万美元,赢得了他作为年轻人所渴求的认可与

图解:操纵大帅伯纳德·麦道夫从包括好朋友和家人在内的数千名投资者手里诈骗了数百亿美元

尊敬——然而，到了那个时候，他还不满足，就像奇境中的爱丽丝一样，他已经沿着兔子洞走得太远，无法回头了。我们不知道麦道夫何时开始欺骗投资者，但是政府调查员认为应该早在20世纪70年代。无论从何时开始，他创造了历史上最煞费苦心、运行时间最长的庞氏骗局。在这个连胡迪尼都无法摆脱的魔法壮举中，了不起的麦道夫挥舞他的魔杖，把500亿美元变没了。他如何做到这一点成了有关权力和影响力的案例研究。

麦道夫的权力之源

要了解麦道夫影响他人的超凡能力，我们需要首先调查他的权力之源。在麦道夫的职业生涯早期，他的权力来源比较低——但是有三个重要的例外。尽管他的知识、表现力、品德、角色、资源、信息和声望的评级从低到中等，但是因为他的妻子露丝——他高中时的恋人，他获得与岳父索尔·阿尔彭相处的重要历史权力。像大多数岳父一样，阿尔彭尽可能帮助他的女儿和女婿。在20世纪60年代初期，作为会计师，阿尔彭有足够的人际关系把客户引向麦道夫。阿尔彭的人际关系赋予麦道夫重要的社会关系网络权力之源，他在足够建立股票交易和投资咨询公司的业务中充分加以利用。此外，麦道夫有魅力，说话温和。人们喜欢他，他的表现也让人信任。因此，他让吸引力为自己效力。

如果快进到20世纪80年代，我们会看到一幅非常不同的画面。麦道夫的公司稳步发展，主要依靠来自朋友和家人的关系网下线和支线基金（把投资者的资金传送给他的其他互助基金）。此时，他的做市商部门成为纽约证券交易所最活跃的部门之一，而他也能够通过有问题但是合法的办法——付钱给通过他的经纪公司执行客户订单的经纪人——抬高他的交易数量。支线基金和合法回扣是他用来使资金加速流入他公司的两个主要策略。实际上，他通过盗用别人的关系网增强了他自己的关系网权力。到1990年，他已经活跃在全美证券交易商协会（NASD）——监督纳斯达克和场外交易市场运营的一个自治组织。麦道夫一度成为全美证券交易商协会主席，成为其理事会成员。现在，他的权力之源相当可观。

知识——麦道夫拥有关于市场的渊博知识，这点得到公认。他清楚这一点，并暗示他不仅知道很多有关交易的知识，而且比任何人知道的都多，以此作为自己的优势。他表示，无论市场情况如何，他始终能够提供10%~18%的回报——这是其他人做不到的事情。那些以为自己正在获得始终如一丰厚回报的人们不想怀疑他，而对那些质疑他的人，麦道夫会回答说，他能做到是他的"秘密武器"在起作用。那些怀疑麦道夫交易的人，如财务分析师哈里·马科波洛斯，无法让别人听进自己的怀疑。因此，在麦道夫的这套把戏中，他最初采用的花招是让人们相信他知道的比别人多，而且他知道的是个秘密。简言之，他让人们相信他有优越的知识权力。

表现力——麦道夫说话温和、低调。口才从来就不是他的主要权力之源——也不需要是。

他的朋友模特卡门·戴尔·奥利菲斯说："伯尼（伯纳德·麦道夫的昵称）是安静的人，不是讲故事的人，也不是健谈的人。我经常以为他可能很无聊。他就是伯尼，令人愉快，有礼貌。"[1]

吸引力——在需要的时候，尤其是当麦道夫面对朋友或投资者，需要戴上他的公共面具时，他总是很有魅力。据说，在幕后，除去面具，他就变成另一个人，傲慢而威严，是一个以敬畏统治家人的人。他有许多自恋型人格障碍的特征，其中包括：夸张的自负；过度崇拜的需要；成功、权力和才华的幻想；自大或傲慢的行为；特权意识；他是独一无二的人，值得特别对待或拥有特权的信念。据美国精神病学会说，有这种人格障碍的人经常利用其他人，缺乏同情心。[2] 尽管这是一种行为，但是反社会的人往往很聪明，也很有魅力。他们知道如何在别人面前表现，增加他们的人际吸引力。麦道夫看上去就好像是能让

---

1 马克·希尔描述"麦道夫的世界"，出自《名利场》（2009年4月）第129页。
2 精神疾病诊断与统计手册.第四版.华盛顿特区：美国精神病学会，1994：661页.

人信任的博学而慈祥的人物。因此,他的吸引力权力非常高,当然,表面轻松地为朋友、家人和客户赚钱更加强了这种权力。

品德——具有讽刺意味的是,麦道夫呈现出令人信服的品质。他公开提倡更透明的交易,称赞美国证券交易监督委员会对市场的有效监督——与此同时,他愚弄了他们的调查员。不管怎样,大多数情况下,他凭借其他人——尤其是两位长者密友——纽约房地产大亨诺曼·F.利维和凯温莎女性服装制造公司创始人卡尔·夏皮罗——的品德权力取得自己的品德权力。这两个人都把他当儿子看待,向他们的朋友,特别是那些生活在纽约和棕榈滩富有犹太人社区的人替他担保。麦道夫的部分天赋是逢迎那些自身品德似乎无可指摘的有权势且受人尊敬的人。这样,他不仅从他们那里获得关系网权力,而且赢得品德权力。他并非专门把目标对准富有的犹太人社区,他的许多受害者来自那些社区是因为他与他们有密切的关系,反之亦然。人们更倾向于接受类似自己的人的影响,而麦道夫正好利用了这个事实。

历史——麦道夫拥有像利维和夏皮罗这类人,以及和他共同在董事会效力的许多其他人或乡间俱乐部的亲密朋友在一起的巨大历史权力。他还与无数支线基金董事培养了亲密关系,如:经营费尔菲尔德格林威治集团,为麦道夫传送了数十亿美元投资的沃尔特·诺尔,科赫马证券公司的罗伯特·杰斐和卡尔·夏皮罗的女婿。在这个紧密的朋友和家人关系网中还有许多其他人。事发之后,他们都表示,他们没有意识到麦道夫根本不是他表面让人看到的样子。事实上,一个魔术师拥有的最好的托儿是社区里受人尊敬的人们,他们拥有自己广泛的关系网,是骗子的有声拥护者。

角色——到20世纪90年代,作为伯纳德·L.麦道夫证券公司负责人,麦道夫拥有了非凡的角色权力。他的角色不仅赋予他指挥公司员工和经营(实施和隐藏大规模欺骗)的权力与权威,还赋予他合法性和一个平台:把自己描绘成有史以来最有知识、最成功的投资顾问。伴随他的成功和角色而来的是非凡的**资源**权力。他有大量的私人财产,也控制着其他人的数百亿美元资金。

信息——毫无疑问,作为投资咨询公司的负责人和有好亲戚的金融服务业领导人，麦道夫可以利用庞大的信息资源。更重要的是，许多人因他以往的非凡成就而推定他一定有权获得其他人无权获得的特权信息。不然，他还有什么办法能够实现月复一月、年复一年持续的高回报？

关系网——这曾经是麦道夫的早期权力之源，因为他吸引了更多支线基金经理人、银行和将他推荐给自己朋友的富有投资者，这个权力之源得到大幅度发展。麦道夫不必亲自做任何营销工作。他让富有的信徒为他传话。

声望——在整个20世纪90年代和之后，麦道夫作为金融怪杰的声望不断发展，主要通过投资者和支线基金经纪人口口相传进行病毒式营销：尽管出现互联网崩溃和2002年的经济衰退，他们仍然欣喜地获得丰厚的回报（或者说，他们每月的报表看似如此）。麦道夫通过机敏地运用稀缺性原则（我在第八章描述的决策偏见）提高了自己的声誉。他并不接受每个希望跟随他投资的人。他成功创办了专属俱乐部，增加了人们成为获选者之一的欲望。对麦道夫的投资者来说，他就是下金蛋的鹅。即使在可怕的市场条件下，他的收益也如此稳定，以致许多投资者不仅拿出自己拥有的一切资产与他联合投资，他们竟然还抵押自己无负债的房产，再拿出那笔钱与麦道夫联合投资。这种形势好得令人难以置信，但是，他们对此没有表示怀疑，因为他创造的华丽外观以及他们自己享有好财运特权的权利感蒙蔽了他们。他们自愿搁置了自己的怀疑。

麦道夫的影响策略

2008年被捕时，麦道夫拥有3000多名客户，其中包括许多银行（据报道，桑坦德银行损失31亿美元）和慈善机构（埃利·威瑟尔人类基金会损失3700万美元）。麦道夫如何能够影响那么多人（包括定期进行审慎调查的机构）与他联合投资？他如何能够蒙蔽美国证监会，使之多次宣布他清白无辜？最简洁的答案是：他操纵了他们。他撒谎，隐瞒真相，实施精心设计的骗局，让人们相信他们看到根本不存在的东西。这种操纵显然是不道德的，但是他还使用了一些积极的影响技巧。

逻辑说服——如果他不隐藏他拿别人的钱做了什么的真相，他采用的逻辑说服技巧就经受不住详细审查。因此，他拒绝公开自己取得显著收益的方式，大多数人接受他的沉默，是因为他们不想被他拒之门外。美国证监会的调查员即便在询问麦道夫时面对矛盾，也没有要求他作出有可能暴露这场骗局的说明，因为麦道夫蒙着权威的面纱。自1960年以来，他一直是华尔街的传奇人物。他成为纳斯达克交易所主席。因为受到他的声望威胁，他们接受他的保证，随他去了。

合法化——麦道夫频繁地运用这种影响技巧。他依赖作为华尔街资深人物、纳斯达克交易所前主席及其假定的金融天才权威。他利用位于纽约口红大厦顶层办公室的排场，利用利维和夏皮罗这类朋友的权威使自己的运作合法化。具有讽刺意味的是，他还利用美国证监会已经调查并宣布他的公司清白的事实使他的公司及其经营合法化。这种影响对一些投资者非常有说服力。在2008年12月他被捕之前，美国证监会调查过他许多次，却从来没有发现他有问题。投资者还能指望哪个更大的权威？

说明——这是麦道夫运用的核心影响技巧之一。在他自己培养的外观和其他人授予他的权威支持下，他简单地告诉人们事情如何如何——他们就会相信他。

交换——我们不清楚麦道夫是否作了许多有效的交换，但是他创建了一种诱人的虚拟交换，对给他送客户的经纪人和支线基金很有影响力。他支付给他们相当于佣金的费用，让他们给他介绍客户，而且不收取资金管理服务费，这很不寻常。"的确，"艾琳·阿维德兰在《巴伦周刊》上写道，"尽管像费尔菲尔德格林威治集团这样的基金营销商从投资者那里收取1.5%的费用，但是这些钱丝毫没有返回给麦道夫。他也不收取私人账户资金的管理费。"[1] 这种安排为那些

---

[1] 艾琳·E.阿维德兰的"What We Wrote About Madoff"一文发表在《巴伦周刊》(2008年12月22日)。

把投资者资金转投给麦道夫的基金管理人创造了高额利润。因此，这里的交换是隐性的："把你的客户资金转给我，你就可以变得腰缠万贯。"许多基金管理人确实富了，有些人还把自己的所有资金都拿出来和麦道夫联合投资。

交际——所有的报道都表明，在需要的时候，麦道夫会表现得很迷人，令人愉快，但是他并非以出色的交际者身份闻名。可是，别忘了，影响的交际技巧与创造共同点有关。麦道夫做到这一点是通过把目标对准富有的犹太投资者、喜欢他自己的人，包括亲密朋友和家庭成员，其中许多人成为这个诡计的受害者，包括他的妹妹和一个儿子。这被称为"亲缘欺诈"——欺骗与你有许多共同点的人。等到麦道夫的庞氏骗局达到前所未有的规模时，他经常拒绝会见个人投资者，这更加强了他作为经营排他性俱乐部权威奇才的形象。

诉诸人际关系——因为对欺骗那些最亲近的人没有感到良心的谴责，他经常使用这种影响技巧。

缔结联盟——如前所述，麦道夫精明地与经纪人和支线基金管理人缔结联盟。他还有效利用了社会认同。如果没有新的资金源源不断地流入，这个庞氏骗局就会失败，因此，他需要不断吸引新的投资者。为了让别人相信和他联合投资既安全，又有利可图，他引用了这个事实：其他显要人物——像卡尔·夏皮罗和诺曼·利维那样的人——都把钱拿出来和他联合投资。他的投资者包括汇丰银行、阿克塞斯国际咨询公司、富通银行、特里蒙特资本管理公司、瑞士联合私立银行、苏格兰皇家银行、叶史瓦大学和许多基金会。[1] 尽管麦道夫一口咬定，这些基金会和投资者并没有把他作为他们的金融顾问，但是口口相传，成为强有力的社会证明。

最终，麦道夫的空中楼阁紧随2008年的经济衰退倒塌。几十年来最严重的金融危机促使周转不灵的投资者撤回投资账户的资金，弥补亏损。随着住房市场的崩溃和经济衰退的加深，麦道夫最初感到的轻微恐慌转变为惊慌失措。2008年12月10日，他向儿子坦白，这一切是一个弥天大谎。他们通知了律师，

---

1 "伯纳德·麦道夫的受害者：名单"发表在《Clusterstock》(2008年12月23日)。

第二天，伯尼的魔术表演以他被联邦调查局（FBI）逮捕告终。

像麦道夫这样的操纵者通过欺骗他人影响他们。他们的弥天大谎通常描绘出一幅引人注目的图画——此案中是始终不变的两位数经济回报。麦道夫通过调用稀缺性原理和创造所谓的独享收益来加固他的海市蜃楼。那种排外性不仅膨胀了他自己的自我价值感，而且助长了一些投资者的自恋心理，他们感到伯尼能允许他们成为他少数享有特权的客户是一种荣耀。这种好事实在令人难以置信，但是这位魔术师向他们展示了光芒闪烁的图画，使他们不辨是非。这也凸显出操纵作为影响战术的一个重要事实：影响者说的谎言往往是受影响者非常愿意相信的话，因此，他们心甘情愿地搁置自己的怀疑。正如数百年前马基雅维利指出的那样："人类如此简单，如此容易服从紧急需要，以致骗子永远不缺其骗术的牺牲品。"

做假账

当高管的奖金和薪酬与公司业绩挂钩时——本应如此——篡改收益使公司业绩显得比实际上好，就可能成为吸引不择手段高管的可怕诱惑。做假账是抬高每股收益的一种方式，这样，公司的业绩才能一直让华尔街和董事会高兴，诱惑新的投资者，生成奖金和增加工资，保护高层领导的工作。高管们通过把经营费用记作资本费用、夸大收益或为一次性开支作超支预算等报账途径，影响公司的各种利益相关者。

当人们发现高管伪造销售数据，以商誉费用之名隐藏与收购相关的损耗之后，百瑞勤系统公司被迫宣布破产。百瑞勤的十名高层领导人，包括首席执行官和首席财务官，因那次欺诈被送进监狱。在安然公司、美国泰科电子、世界通讯公司、冠群电脑、阿德菲亚传播公司以及其他许多公司发生的类似丑闻导致投资者损失、破产和对公司高管进行起诉。做假账通常是共谋操纵的结果，因为一个高管靠自己的力量无法做到。所以，我们经常看到首席执行官和首席财务官同时受到犯罪指控（如安然公司和美国泰科电子）。当企业做下列事情时，他们也犯了通过操纵施加影响的过错：

- 歪曲宣传他们的产品或实施偷梁换柱。
- 隐性费用或附加费不公开说明。
- 用极小的字写出重要的免责声明或注意事项。
- 在产品中添加填充料，但不透露实情。
- 巧妙处理照片，使图片上显示的人或产品比实物更具吸引力。

当政府散布虚假信息或政治宣传时，他们是在实施操纵；当科学家和研究人员伪造研究成果，使产品得到认可或取得额外的研究资金时，他们在实施操纵；当政治家们向选民承诺自己不打算兑现的事情时，他们在实施操纵，等等。在人类活动的每个方面，人们不时篡改事实或扭曲实物，目的是描绘对他们更有利或不太有利于其他人的图画。他们散布那些谎言，目的是以各种方式影响其他人。作为影响战术，操纵借助的是不择手段，因为那是权宜之计。如果他们不得不说明真相，世界上的麦道夫们就不可能如他们所愿影响他人。对他们而言，说谎更有利，也更成功（至少在某些时候）。

假恭维与其他逢迎形式

每个人都说过谎，哪怕是一点小谎。如果你告诉莎莉姨妈你对她裙子的真实看法，会让她尴尬，于是，你说你喜欢她的裙子。狗并没有吃掉你的家庭作业，但是你不好意思承认自己忘了做作业。你不想冒险告诉老板他的想法是多么无知，于是，你说他的想法"很有意思"或"令人振奋"或"值得考虑"。我们承认我们有这些稍微偏离事实的需要，并用"善意的谎言"为其辩解。这些也是通过操纵施加影响的企图，但是它们显然比麦道夫犯下的巨大欺诈罪善良。当人们利用假恭维或逢迎去巴结或赢得不公平的优势时，操纵就不太善良，正如这些例子：

- 一名野心勃勃的员工对老板非常热心，总是附和他说的话，并在公开场合称赞他的想法和领导能力。私底下，和其他员工在一起时，这个人更加谨慎，但是仍然说老板的好话（他知道对立的话会传到老板耳朵里）。

- 因为总经理喜欢打高尔夫，一位有望升迁的年轻专业人员也开始打高尔夫球，接着，她开始调查总经理的其他兴趣爱好。她留心他和妻子吃饭的地方，关注他们看什么演出，等等。然后，她去同一个地点，做同样的事情。闲聊时，她提到他们都看过的演出或她最近去过的她知道他喜欢的餐馆；她利用一切机会证明她与他多么相似。他不知道她的动机，但是当有升职机会时，他会给她，因为他喜欢她的思维方式。

- 为一名公务人员服务的通信主管仔细屏蔽所有进入办公室的信息，确保这位官员只看到主管希望她看到的信息。这位通信主管坚持预览人们希望递交给这位官员的所有提案，使她得到他希望她得到的印象。主管以这种方式影响公务人员对某些他有既得利益问题的看法。私底下，他告诉朋友们，他拥有王权背后的实权。

- 实验室主任收到一份研究报告。报告称，实验室生产的产品中有一种配料有可能造成健康危害。公布这份报告之前，他向研究团队提出异议，命令他们**用风险替换危害**，他辩称，因为他们的研究不全面，不能成为使用更令人担忧术语的根据。公司从未公布这份报告，或者通知产品的老用户这种产品可能造成严重健康问题。

撒谎、掩盖和巧妙逢迎是通过创造虚假印象，或描绘比实际存在更美好的图画影响他人的企图。人们使用这种负面或不道德的影响战术，不仅仅因为这是达到自己目的的权宜方式，还因为这往往是他们能够达到目的的唯一方式。行骗高手操纵他的牺牲品，是因为不这样，受害者就不会顺从。幕僚篡改事实，是因为不这样，人们就不会相信他希望他们相信的事。独裁者称他的军事行动为"种族清洗"，不是种族灭绝，是因为不动员世界舆论反对他，他就不可能承认这个事实。让我们面对现实吧：人们使用操纵，因为它通常能起作用。尽管如此，当他们试图影响的人发现自己被操纵时，这种消极战术的有利一面和不利一面同样强大，而当声望与品德遭到玷污时，影响者就会失去实质性的权力。

有关操纵的深刻见解

我对权力和影响力的研究揭示了一些迷人的见解，有关极度运用操纵技巧影响他人的人：

•与运用操纵技巧评分低的人相比，运用操纵技巧评分高的人的整体影响力明显较低。尽管操纵者可能暂时成功影响某些人，但是，从长远来看，与那些施加合乎道德影响的人相比，他们拥有相当少的影响力。

•高分操纵者最常使用以下影响技巧：说明、合法化、诉诸人际关系、缔结联盟和交际。这种人物个性的简要描述非常像伯纳德·麦道夫的个性描述。这些操纵者使用说明技巧的频率远比使用其他影响技巧的频率高，当然了，他们说明的往往是一个谎言。接着，他们会尝试诉诸权威，或依赖现有的人际关系，使其骗术合法化。像麦道夫一样，他们还可能找到那些有可能在无意间帮助他们操纵别人的盟友。

•尽管他们最有效运用的是说明技巧，但是他们的第二有效影响技巧是逻辑说服。他们有可能撒谎或篡改事实，但是他们知道如何使论据或眼前的案例听起来合乎逻辑。

•他们最强大的四个权力之源是资源、角色、信息和关系网。像麦道夫一样的操纵者经常控制资源或担当拥有合法权威的角色。他们往往拥有良好的信息通道（他们有选择地用来操纵牺牲品的现实观点），而且通常拥有良好的社会关系网。

- 研究显示，操纵者都能做到坚持不懈、请他人帮忙、表现自信（对他们正在创造的外观来说，这是必不可少的）、声明、运用肯定的非语言、权威式表现、谈话式讲话、友好而友善地对待陌生人的技能。这是行骗高手的肖像：一方面，自信、肯定和坚持；另一方面，脾气随和而友善。

- 高分操纵者明显不能熟练运用我们认为与卓有成效的道德影响者有联系的人际交往技巧：真诚地表现对他人的兴趣、建立融洽的关系和信任基础（行骗高手也能很好地做到这一点）、对他人的感情和需要表现敏感（操纵者的特点是缺少同情心）、解决他人之间的矛盾和分歧和建立共识。后两种互动技能是复杂的社交技能，需要有对其他人的深刻理解和促进和谐与合作的真诚愿望。

保护自己免受操纵

非常聪明的操纵者可能难以被察觉，以下是有关保护自己免受不择手段影响者操纵的建议：

1. 提醒自己，如果一件事好得令人难以置信，那也许不是真的。

2. 不要相信外表。麦道夫看上去好像是那种善良、博学、慈祥的人，可是，反社会的人往往擅长伪装自己，伪装他们的动机和真实本性。在你透彻了解某个人，和可以信任的动机之前，要非常谨慎。

3. 谨防过分友好、过分恭维或逢迎的人。他们可能是在耍花招，是在操纵人们倾向于喜欢那些喜欢他们的人的原理。虽然有人过分喜爱你有可能让你感觉良好，但是那有可能并不真诚。

4. 如果有人介绍的实例似乎太绝对，就要考虑她有可能为达到自己的目的而篡改了事实。在购买她的神奇减肥药丸、准会治愈脱发的疗法或担保有高回报的投资策略之前，一定要非常近距离地观察，并和怀疑者交谈，寻求没有偏见的真实看法。当他们精心编造谎言时，他们会考虑所有可能让潜在受害者猜疑的反面信息，因此，他们描绘的这幅图画过于美好。

5. 不要停止你的怀疑。别人停止怀疑，那正是操纵者希望的。人们停止怀疑，因为他们很希望某件事是真的。明智的做法是退一步，问问自己，你的需求是否模糊了你的判断。

6. 提防因为你非常特别而出现在你面前的交易。麦道夫在实施欺诈时，就利用了排他性的巨大优势。他的受害者上当，是因为他们希望感觉自己特别。如果有人努力让你感觉自己很特别，一定要当心。

我知道，这个建议听起来像那个偏执的口号：不要相信任何人（读者可以从电视剧《X档案》中了解到）。在生活中，不相信你遇到的任何人会令人不愉快。你最好假设大多数人有善良的意图，也会根据道德金律表现——而在很大程度上确实如此。但是，在你把自己一生的积蓄交给睿智祖父类型的人之前，无论他有什么样的证明文件或声望，请记住，如果他好得令人难以置信，你就有可能是在受变戏法的人迷惑，要当心。

主要概念

1. 操纵是通过谎言、欺骗、恶作剧、骗局和欺诈施加影响，影响者在此创造出一种真实的幻觉。

2. 操纵有令人讨厌的一面，也在人类历史中扮演着重要的角色，而且常常是著名的角色。

3. 就成功的操纵而言，受害者或受影响者必须心甘情愿暂停怀疑，这是由诗人塞缪尔·泰勒·柯勒律治发明的概念。实施操纵的影响者说出的谎言往往是受影响者非常愿意相信的谎言。

4. 企业欺诈通常涉及做假账或使每股收益显得比实际收益高。

5. 作为影响策略，操纵吸引不择手段的人，因为它是权宜之计。此外，撒谎可能是他们能够达到目的的唯一方式。

挑战读者

1. 你曾经受到为说服你做某事而操纵真相的人的影响吗？你是怎么发现事实真相的？事后，你的感觉如何？你觉得那个操纵你的人怎么样？

2. 你曾经认识或见过试图通过假恭维达到目的的人吗？他们的目的达到了吗？如果他们被发现，事后对他们有什么影响？

3. 我在本章宣称，每个人都撒过谎，即使只是小谎，你同意吗？你是否曾经为了影响他人做某事或相信某事而撒谎或欺骗他？你是否曾经被谎言迷惑？如果是，结果是什么？假设欺诈行为有从危害最小到危害最大的等级，你认为哪种行为危害最小？在你看来，这些行为是不道德的吗？哪些行为危害最大？

4. 反思你认识的利用操纵影响他人的人，他们是如何做到的？他们撒了什么谎？他们采用了什么骗局？他们欺骗的手段是什么？他们侥幸成功的时间有多长？他们怎么被发现的？他们造成了什么危害？

5. 如果让你制定一个企业伦理政策，你会为操纵写些什么？你会如何为它下定义？什么是操纵？什么不是操纵？如果有人看到操纵在你的公司起作用，你如何帮助其他人识别操纵行为和采取适当行动？

6. 不同行业的人是否应该受不同道德标准的约束？如果应该，哪些行业应该受到更高标准的约束？哪些行业应该受到较低标准的约束？为什么？

第十一章　通过胁迫获胜

20世纪70年代最畅销的非小说图书是罗伯特·J.林格的《通过胁迫获胜》。这是个容易记住的书名，但是林格并非真的想提倡读者尝试通过胁迫获胜。他是在证明，这个世界充满捕食者，**他们会努力通过胁迫获胜**。林格认为，世界并不像我们希望的那样运转，假设人是公平、诚实和直率的很危险。如果可能，不择手段的人会利用你，因此你要提高警惕。林格是对的。当有人试图通过胁迫实施领导或影响其他人时，他们是在尝试向有利于自己的方向扭转局势。他们不希望你感觉到还有不按他们的意愿去做的安全选择，而是希望你因为恐惧、焦虑、不安或缺少自信而勉强同意。

人们通过各种方式的胁迫影响他人：恃强凌弱、支配、出言不逊、嘲弄、发表侮辱性评论或提出下流的要求、以恩赐态度相待、不当触摸或冒犯他人、干涉某人的工作或进出某个领域，或公开指责或为难某人。胁迫可能是智力上、心理上、情感上或身体上的。道德影响的一个条件是受影响者有权表示拒绝，而且能在不受惩罚的情况下表示拒绝。当有人通过胁迫影响他人时，他们是在企图否认他人有拒绝的权利。因此，胁迫是支配和控制的策略。胁迫者把这种策略用作权宜之计（它能迅速起作用）、一定成功的策略（在使用胁迫手段时，他们比运用其他道德技巧更自信）或默认策略（对他们来说，这种策略效果非常好，足以成为他们施加影响的标准方法）。

胁迫有多大影响力

胁迫借助恐惧和不安影响他人。当人们感受到胁迫时，他们把赌注押在更安全而不是更危险上；他们选择路径 A，而不是路径 B；他们听从警告，而不是忽视警告。胁迫改变他们的行为，压缩他们的选择，使他们不情愿，把他们逼进墙角，或者可能在他们应该警惕的时候，使他们过于顺从、过于乐意表示同意、过于轻信。伯纳德·麦道夫的一些客户受到他的胁迫——他用来操纵他们的结果。迈克尔·乔丹的一些对手也受到胁迫。在乔丹职业生涯的高峰期，因为他的本领如此高强，致使在篮球场上面对他的一些普通球员对和他比赛的前景感到畏惧。任何明星运动员，或者国际象棋冠军、获奖演员、著名建筑师、著名商业领袖等都有可能拥有这种影响力。当另一位女主人是一位非凡的厨师，而你的厨艺水平仅仅是不错时，成为这样的晚餐俱乐部的一员，会让你感到恐惧。而这提出了借助胁迫施加影响的重点：胁迫可能不是一个人故意为之。

被动胁迫

当影响者并不打算胁迫他人，只是尽可能做到最好时，就会发生被动胁迫。我说的晚餐俱乐部例子是个真实案例。我和妻子加入了一个由夫妻组成的圈子，每个月去其中一家聚餐。男女主人负责准备晚餐，提供葡萄酒。米歇尔是华盛顿特区的一位女主人，她经常为 50 人左右的聚会准备美食。每次轮到他们做东，米歇尔和丈夫为我们创造的用餐体验都会让我们其他人感到羞愧。因此，轮到我们做东时，我们会感到畏惧，并尽全力准备一顿饭——因为别人会善意地与我们在米歇尔和罗伯特家的用餐体验进行比较。米歇尔并不是有意胁迫我们其他人的那种人，但是因为她是最好的厨师和女主人，她仍然令人生畏。以下是被动胁迫的更多例子：

- 一名学生在班里的表现总是比别人好。他没有表现出傲慢或假装博学的态度，只是非常聪明，而且比所有其他人更刻苦。他的父母在他的教育中也起了积极的作用，确保他的表现超过别人。可是，有他在班里时，有些同学就不愿意回答问题，因为害怕答错，显得比他傻。
- 有个咨询小组成员比其他成员经验更丰富，她努力工作以保证她的分析报告经过仔细推敲，准确而全面。在客户演示中，无论别人如何努力，她的工作表现都明显优于别人。有些人喜欢和她在一个小组工作，因为竞争提升了他们的业绩表现，他们也能从她那里学到经验；也有一些人回避和她合作，因为无论他们怎么做都永远显得不够好。
- 一名乡村俱乐部成员的高尔夫球球艺精湛，足以让他成为职业球手，但他选择了另一个职业。因为他的球艺比其他俱乐部成员好得多，其中一些人感到畏惧，打球时宁愿不加入他的四人组。他们宁愿和技术差不多的人一起打球，这样他们可以因偶尔击球失误而开开玩笑，不会有非要互相竞争的感觉。当你竭尽全力却永远赶不上似乎不费力就有非同一般表现的其他人时，就会有受到胁迫的感觉。
- 飞行学校的一名学生有当飞行员的天赋。她聪明，且拥有驾驭飞机的所有正确直觉。无论她尝试做什么，都能做得很好。她拥有非常悠闲而自信的态度，对那些技术不太好，为完成她能完成的任务，不得不付出更大努力的人形成威胁。

人们能令人感到畏惧或引起别人的恐惧，只是因为他们更聪明、准备更充分、更机敏、更健壮、更有才华、更有成就、职位更好、更漂亮、穿着更讲究、更富有、更勇敢或更博学。他们有可能令人畏惧，因为他们的角色、头衔、经验、财富、名声或自信。他们有可能令人畏惧，因为他们已经是一家俱乐部成员，而其他人不是。前辈可能会令新人畏惧；将军可能会令士兵畏惧；执行副总裁可能会令办事员畏惧；女王可能会令平民畏惧；主教可能会令信徒畏惧。尽管如此，只要影响者只是身份如此，并不打算迫使他人服从，或选择他们本来不会选择的东西，就是被动胁迫。

主动胁迫

主动胁迫和被动胁迫完全不同。有意利用胁迫的人知道自己在做什么,并且利用它作为达到自己目的的策略。被动胁迫不属于阴影面影响策略,因为它不是有意的,而主动胁迫完全是阴暗面影响策略。影响者试图否认受影响者有拒绝的权利,而且使用这种策略有可能损害他们之间的关系。以下是主动胁迫的例子:

- 一个体格强壮的人插队,怒视任何反对的人。他的行为也许不会吓住所有的人,但是会令大多数人畏惧。
- 一名医疗事故案被告的首席律师选派许多同事介入此案。法院开庭时,他让他们坐在自己身后。原告律师身边则只有一位年长的律师朋友,感觉实力非常悬殊。(请看保罗·纽曼和詹姆斯·梅森出演的《大审判》)
- 一名妇女找客户服务代表要求收回她的钱(可是,她并没有买那家商店的商品)。客户代表请她出示收据,但是这位妇女声称她给弄丢了。她声音响亮,非常逼近客户代表,愤怒地控诉这家商店及其店员。她继续发出连珠炮似的责问,直到客户代表让步。
- 在高管团队会议上,一位高管控制讨论过程。他只关心自己的业务单位,努力为有关改善自己单位业绩的一切可能性游说,没有考虑作为整体的公司成本。他正是谚语中"会哭的娃娃"(会哭的娃娃有奶吃),先考虑自己和自己的利益。他认为他的事业仅取决于自己的表现好,与公司其他部门的绩效没关系。他的老板希望激励业务单位之间的竞争,因而让这位高管侥幸成功,这让其他高管认识到,如果想在这个残酷的环境中生存下去,要先考虑他们自己——所有其他人都该下地狱。
- 在中学,一群来自富裕家庭受欢迎的漂亮女孩形成一个小圈子,瞧不起其他普通的女孩。一群魁梧帅气的男生聚在一起,嘲笑书呆子。一群聪明的孩子傲慢地批评那些不如自己的学生。诸如此类。
- 来自某种文化背景的谈判代表团作好细致的准备,来到谈判桌旁。谈判期间，他们屡次使用本国语言（其他人听不懂的语言）私下交谈。他们似乎根据他们和总部的对话改变自己的想法，经常重新协商对方认为已经解决的要点。他们不理会或轻视不站在他们一边的任何人，不在乎是否破坏了和自己对手的关系。他们运用这些或类似的战术扰乱对方，从而在交易中取得优势。他们的唯一目的是获胜。

● 一个社区年长的房地产经纪人吹嘘自己的成功和市场知识，同时贬低其他房地产经纪人，确定了自己在潜在客户心中的位置。他说，他们都不如他那么有成就和能力。无疑，他是成功的，但是他的优越感意味着其他房地产经纪人都不可能得到像他一样多的买家。其他经纪人知道他的运作方式，有些人在得知潜在客户也曾和他谈过时，就会感到畏惧。因为担心会留下不好的第一印象，在去见潜在客户之前，他们就开始焦虑，有时，正如那位默许的资深经纪人希望的那样，在会谈时表现得很差——特别是在不具备使交谈圆满成功的手段和信念的情况下，他们希望与他的虚张声势较量之时。

主动或有意识的胁迫有许多种形式，例如口头嘲弄或辱骂，肢体语言恐吓，情感操控，欺凌，不当触摸和侵犯个人空间，视觉恐吓和身体干涉。

口头嘲弄或辱骂——在向后传球之前，对立的美国橄榄球队两名队员面对面排开。防守队的一名边锋队员嘲弄对手——贬低他、他的球队、他的能力、他的命运以及可能干扰对方的一切。言语辱骂持续了整个比赛，而且越来越恶劣，直到比赛结束后，进攻队员连续拳击那名边锋，造成侵人犯规。当裁判离开罚球区时，防守边锋暗笑——那正是他想要的结果。在体育场上，口头嘲弄很常见，其目的是恐吓对手，打击他们的自信心，使他们失去镇静。

口头嘲弄在日常生活中也很常见。口头威胁发生在有人诅咒其他人，骂他们，当着别人的面开他们的玩笑，嘲笑他们，或贬低他们之时；发生在一群男人在女性同事面前讲低俗的笑话之时。口头辱骂通常从学校开始，口头辱骂某个较弱或与众不同的人，因此对高中学生来说，承认自己是同性恋、对体育不感兴趣、不属于"知情者"圈子或属于任何其他非主流圈子，都有可能令人恐惧。对施虐者而言，说出恐吓人的话有两个目的：贬低和惩罚弱者，同时提升施虐者的自我意识和主流文化身份。口头恐吓通过限制受害者的选择，把受害者隔离在主流之外，强迫受害者作出他本来不会作出的选择而施加影响。

口头恐吓还会以不雅或暗示的提议或评论形式出现——一位单身女性职员穿了一件特别诱惑人的裙子，老板说他很欣赏；主管建议一位有魅力的员工，如果她想获得成功，需要加班加点；经理对新雇用的员工说，他很英俊，完全可以成为男模特。一般来说，不恰当的建议或评论出自处于有权势职位的人，目标对准的是权力或地位较低的个人。其目的是胁迫权势较弱者服从或屈从，虽然这种行为可能构成性骚扰，招致严厉惩罚，但仍屡见不鲜。

肢体语言恐吓——一只好斗的狗毛发直立，让自己显得更魁梧，更凶恶；它狂吠，露出牙齿，唾液直流；它慢慢前进，眼睛直盯着猎物，身体绷紧，准备在发现任何挑衅或示弱迹象时扑出去。这只狗试图借助这种肢体语言引起对方的恐惧，削弱对方坚定的决心，迫使对方屈从，恐吓对方。大猩猩击打胸部；公牛喷鼻息，低下头，让它们的犄角更突出；响尾蛇摇响尾巴；螃蟹高耸背部，张开钳子——所有动物都有让自己显得更凶恶的办法。人类的肢体技巧可能不同（只有少数人咆哮和滴唾液），但是我们也有高度发达的肢体语言表示震慑。

妈妈不满意做错事的孩子，在餐桌旁瞪着他。比赛中，一名竞争对手故意不理睬对方，仿佛他们不屑一顾。一名街头帮派成员看到敌对帮派成员驱车经过，做出下流的手势（有可能招致对方回敬升级形式的恐吓）。人们经常使用攻击性动作、面部表情（怒视、闷闷不乐、皱眉头、盯着看、做怪相、对人做鬼脸、伸出舌头等）和声调（严厉、责备、轻视、轻蔑等），通过恐吓他人影响他们。

情感操控——梅根·梅尔的网络男友"乔希·埃文斯"变得卑鄙起来，在MySpace里给她写信，表示"这个世界没有你会更好"。事后，梅根上吊自杀。她的父母从中领悟到，玩弄某人的情感可能是令人痛苦的胁迫，具有毁灭性影响。13岁的梅根和"埃文斯"通信几个星期，他们交谈的内容越来越轻浮。"乔希"16岁，是梅根最可爱的男朋友，他对她表示的兴趣和付出的感情令她非常兴奋。接着，事情却转变了，"乔希"开始侮辱她，说他不喜欢她对待朋友的方式。两个人在社交网站互相辱骂了一个小时。在此期间，其他孩子也一窝蜂地加入这场令人崩溃的对话，给梅根发亵渎和肮脏的信息。心烦意乱的女孩逃回房间，伤心地哭泣。随后，她妈妈蒂娜·迈耶发现她用一根腰带在壁橱里自缢身亡。

六个星期后，蒂娜·迈耶发现从来就没有一个名叫"乔希·埃文斯"的男孩。"乔希"是他们的邻居劳丽·德鲁在网上杜撰出来的，而这个47岁的女人是梅根之前最好女性朋友的妈妈。德鲁认为梅根曾经说过她女儿坏话，于是捏造出"乔希"，目的是暗中监视女孩。悲哀的是，那个计划失控，演变成为残忍的骗局，导致梅根的死亡。虽然德鲁的行为引起民众广泛的愤怒，但是她没有因促成梅根自杀而承担法律责任。她被认定为违反《计算机欺诈与滥用法》的轻罪，但是后来，那个罪名也被推翻。尽管如此，德鲁的行为促使一些司法管辖区修改了有关以欺凌为目的利用互联网的刑法。

德鲁的行为显然是操纵，但是，我没有在第十章而是在此论述这个案例，是因为情感操控是一种通过胁迫施加影响的方式。赞美一个脆弱的人，然后谴责她；或者向某人付出感情，然后拒绝付出；或者在危难中支持某人，然后放弃他，这些都是格外令受害者生畏的情感操控形式。在某人的社交网站的网页下写下流、亵渎或侮辱的信息是诱导恐惧和打击那个人自尊和自信的一种方式——特别是如果她的情感未成熟或很脆弱——而恃强凌弱者清楚这一点。遗憾的是，互联网赋予他们的权利远远超过他们运用富有同情心的克制、尊重和单纯人道的能力。

欺凌——欺凌有可能由一个犯罪者实施，但一般是多对一的胁迫形式。恃强凌弱的人通常不喜欢单独行动。背后有一帮共谋者能为这些恶棍壮胆，给他们提供恐吓受害者的勇气。电影《圣诞故事》中虚构的恶棍斯科特·法克斯；《哈利·波特》系列故事中的德拉科·马尔福和他的斯莱特林食死徒军团；约翰·杰维德·林德维斯特的《血色入侵》中科尼和他的帮手马丁与安德里亚斯等，都是这样的人。

在上面的例子里，令受害者畏惧的不只是恶棍的刻薄言语，还有这伙人代表的凶兆——受害者感觉到的孤立和无助（大多数受害者没有帮助自己对抗威胁的盟友），以及持续的威胁（这种情况持续到受害者达到崩溃的地步，他要么认输，要么找到回击的办法)。校园里恃强凌弱的现象比许多人愿意相信的更常见,曾经导致许多脆弱的青少年宁愿结束自己的生命,也不愿继续忍受折磨。可悲的是,这种现象还频繁地发生在职场,足以构成问题。在工作中,恃强凌弱行为有可能涉及言语虐待、情感操控、侵犯行为、聚众生事或破坏受害者的工作区或产品。在论述职场暴力的博士论文中,朱迪思·琳恩·费舍尔-柏兰度说道:"(她研究的)75%参与者报告,在职业生涯的某一时刻,曾经目睹虐待同事的现象;47%的参与者在工作期间曾经受到别人欺负;27%的参与者承认,在过去12个月里,成为欺凌的目标。"[1] 职场暴力的目标可能是他们视为竞争对手的某个人,也可能是他们认为与这个组织的文化不融合的人,或者是表现令他们不满意的人。像在学校一样,在工作场所表现得与众不同,往往足以让别人欺负。

不当触摸和侵犯个人空间——尽管在有些文化中,触摸另一个人的肩膀或胳膊是无恶意的友好表示,但这不是普遍的事实。有些人利用它作为一种影响战术。受到意想不到或令人厌恶的触摸,尤其如果触摸你的人不怀好意或是陌生人,有可能令人畏惧。如果受害者表明这种行为令人讨厌,那个人还继续触摸,就更令人害怕。这种行为如同作恶者在说:"只要我愿意,就可以侵入你的个人空间,你无法阻止我。"

即使没有身体的接触,这种威胁也有可能发生。因文化和个体的不同,人们周围的心理舒适区也各不相同,一般来说,大多数人愿意保持的与他人之间的距离是:侧面约24英寸(约61厘米),正面略大一些,背后略小一些。在公共场所,当其他人,特别是陌生人,接近我们的距离不超过这个距离时,我们会感觉更舒服。如果一个人靠得太近,挤到我们,就可能引起我们不舒服、焦虑,甚至害怕的感觉。因此,要想威胁一个人,只需要站得离那个人很近或向前靠得很近。如果作恶者身材魁梧、强壮,或以其他某种方式恐吓别人,他就格外令人生畏。

视觉恐吓——视觉恐吓的形式并不局限于一种——从纳粹党卫军的骷髅标

---

[1] 朱迪思·琳恩·费舍尔-柏兰度论"职场欺凌:攻击行为及其对工作满意度和生产力的影响"(凤凰城大学博士论文,2008年1月)。

志到三K党的燃烧十字架；从排他的示意（"仅限会员"）到煽动性海报（"婴儿杀手""我们将打败你""猪猡们去死吧"）；从银行劫匪戴的面具到足球运动员眼睛下面画的黑线。一群抗议者烧着一面旗帜是视觉恐吓，一排防暴警察向不守法的人群推进也是视觉恐吓。在纳粹德国时期，穿长筒靴的士兵队伍沿着街道齐步前进，他们的手臂一致举起，行纳粹军礼，是为了表示威吓。显示力量与权力或威胁与蔑视的目的在于恐吓潜在的对手，致使他们要么完全回避对抗，要么在对抗时感到胆怯与害怕。视觉恐吓的效果非常好，因此人们仍旧利用它。

身体干涉——强硬限制对方的行动，也可能带给对方恐惧。一帮男孩在游乐场的入口处游荡，其他想进去的男孩必须从他们面前走过才能进去。这时，有些人选择不进去，有些人会害怕起冲突，尤其在他们只身前往的情况下。一个受同学欺负的女生必须去洗手间，可是她的三个对头挡在门前，强迫受害者使用另一层楼的洗手间。一名工业区女工进入一间移动厕所。她的一些男性同事包围了厕所，不让她出来。他们倾斜并摇晃厕所，然后把它推翻，致使她受伤，身上污秽不堪。

最后要讲的这个案例是2005年的电影《决不让步》中描述的情景，根据美国北方的明尼苏达州一个铁矿发生的性骚扰真实案例改编而成。案例中的女子忍受了我在本章列举的许多胁迫战术。很显然，女性不是唯一受胁迫的受害者。在历史上，暴徒们经常利用这些阴影面战术威胁男性，胁迫他们服从或屈服。胁迫是以控制为目的的权力滥用，人们利用它，因为它是达到目的的权宜方法。我们大多数人可能都曾在生活中成为胁迫的受害者。

杰弗里和安迪建造空中楼阁

2001年，安然公司崩溃，成为历史上最大的破产企业（直到2002年，世界通讯公司崩溃，接着，2008年，雷曼兄弟破产）。在其鼎盛时期，安然公司是美国第七大企业，也是华尔街的宠儿。19世纪末期，它拥有创纪录的业绩、无与伦比的发展和获得盛赞的领导团队。然而，事实证明，安然公司并不像它貌似的那样，是坚如磐石的赚钱机器。它的破产是一个欺骗、贪婪和自大的故事，也是通过胁迫取胜的惊人案例。促使安然公司急速兴衰的首要人物是杰弗里·斯基林。

1953年，斯基林出生于匹兹堡。他是一个聪明、有抱负，但一开始就没有耐心的人。从伊利诺伊州奥罗拉市高中毕业后，他就读于南卫理公会大学，得到应用科学学士学位，接着申请就读于哈佛商学院。据传闻，在哈佛入学面试时，被问及他是否聪明，斯基林回答："我非常聪明。"他确实聪明。在哈佛毕业班，他名列前茅，毕业后进入一流的管理咨询公司麦肯锡工作，成为该公司历史上最年轻的同事之一，后来成为合伙人和高管。

20世纪80年代末期，斯基林在麦肯锡的休斯敦事务所工作，在那里，他成为安然公司的顾问。他的才华给安然公司的首席执行官肯·雷留下深刻印象。1990年，雷请他离开麦肯锡，聘用他担任安然金融公司总裁。1991年，斯基林成为安然天然气服务公司董事长。1997年，他成为安然公司总裁和首席运营官。2001年2月，肯·雷辞职后，任命他为安然公司首席执行官。斯基林开创了最终导致安然公司破产的两个概念：轻资产战略和盯市会计准则。1985年，联邦撤销天然气管道管制规定之后，位于休斯敦的休斯敦天然气公司和奥巴哈市的北方内陆天然气公司合并成立安然公司。由首席执行官雷命名的安然公司拥有和经营着管道、工厂和其他有形资产。但是，斯基林认为，如果安然成为主要的能源批发商或贸易商，担当能源生产者和能源消费者的中间人，公司有

图解：被捕后的安然公司前CEO杰弗里·斯基林

可能赚到更多的钱。他大力创建安然的贸易部门，同时撤销那些侧重资产的业务——这个战略吸引了雷、安然董事会和华尔街，因为这是创新且盈利的贸易运作。

盯市会计准则允许公司根据当前或未来感知的市场估价而不是资产的成本记账。银行和投资公司运用盯市会计准则记录随市场条件变化而波动的资产价值，如互惠基金或衍生品，但是，在斯基林说服美国证券交易委员会允许安然使用之前，这个会计准则并没有应用于能源企业。在许多人看来，这么做毫无意义。它允许安然公司认可所有预计收入。例如，在合同的第一年，甚至尚未交付天然气、尚未收到期货交割所得现金、合同有可能被卖掉，或在未来任何时刻被取消的情况下，就结算十年期天然气合同的预计收入。

其结果促使安然公司的预计收入膨胀，使之形成一个怪兽。斯基林决心不断提高安然公司的股票价格。这是他的公司领导能力背后的驱动力，也是他在许多内部会议上常说的咒语。为了实现这个目标，该公司不得不报告越来越讨人喜欢的数字——更高的总收入、离奇的红利和无与伦比的预期增长。当你在合同第一年就确认长期合同的所有收入（之后不会再有）时，你不得不每年都预定成指数增长的更大业务量——隐瞒所有亏损——创造日益增长的假象。这实际上是公司在自己身上玩的"庞氏骗局"。

在这个隐约可见的灾难中，斯基林的主要合作者是安德鲁·法斯托。法斯托是塔夫斯大学经济学毕业生，在美国西北大学获得 MBA，最初为芝加哥大陆伊利诺伊国民银行和信托公司工作。在那里，他获得资产担保证券的专业知识——允许金融机构把风险资产移出自己的资产负债表的战略。1990 年，斯基林聘用法斯托，后来，他成为该公司的首席财务官。在安然公司，法斯托管理盯市会计准则以外的有问题金融实务。例如，一天，一名安然公司的交易商买了价值 15 万美元的天然气，第二天以 15.6 万美元的价格卖出，安然公司会记录收入 15.6 万美元，而不是 6000 美元。这种做法使该公司的收入看起来像个天文数字。

法斯托还制造了大量特殊目的实体，隐藏可疑的商业交易（如亏本合同），使安然的账户始终没有亏损。为了弥补这些特殊目的实体中投资者的损失，安然公司分给他们安然的普通股股份。好像这还不够可疑,法斯托亲自管理他制造的许多特殊目的实体,使他处于他所代表的安然公司和他领导的特殊目的实体之间交易的谈判位置。尽管这里明显存在利益冲突,但是没有人为此向他叫停。后来,斯基林说,他没想到法斯托能从他自己参与的这些特殊目的实体中赚到许多钱,这不真实。事实上,法斯托通过违反利益冲突,跨越保护投资者和防止欺诈的道德栅栏,赚取了数千万美元。

斯基林和法斯托利用胁迫得到他们想要的,在安然横行了许多年——为他们自己赚取了数千万美元。斯基林通过自己的强势、智力上的傲慢和丰富的表现力威胁他人。值得一提的是,他是信心满满、口齿伶俐、具备说服力的演说家。当他吹嘘安然的业务及其光明前途时,人们信以为真。这种相信是出于自愿的。喧嚣的90年代为许多人赚了许多钱。他们渴望得到保证:这趟"发财列车"能够继续前进,而斯基林乐意效劳。他似乎并没有故意说服所有的人。直到最后,在他看到这趟"列车"偏离轨道之前,他自己都相信会这样,因为他非常相信自己的天赋,相信自己一贯正确的判断。

斯基林的生活驱动力是他的智力而不是他的价值观。他的智力为他设置的界限促使他以傲慢而偏执的态度对待所有不在他的智力范畴内的人。他是哈佛商学院和麦肯锡公司的产品,它们是以吸引顶级商业专业学生著称的学校和以只聘用最好和最聪明人士著称的公司。斯基林确信自己比麦肯锡公司众多聪明人士还要聪明和优秀。在安然公司,他似乎想通过提高聘用标准重新创造纯净的麦肯锡氛围;招聘顶级商学院的顶级毕业生;构建严厉的绩效考核系统,俗称"评级与封杀",排名最高的交易员能获得丰厚的回报,而排名在底部的10%交

图解:安然公司首席财务官安德鲁·法斯托,一个精心设计的骗局——隐瞒亏损,向投资者表达良好获利前景——的创造者

易员将被迫离开。最终,安然的文化培养出具有斯基林特色的优越感。正如《财富》杂志高级记者贝瑟尼·麦克莱恩和彼得·艾尔金德在他们有关安然的书中写的:"整个安然公司都渗透着一种姿态,一种安然人比任何人都优秀的姿态。开会时,斯基林会公开嘲笑竞争对手。"[1]

像许多傲慢的人一样,斯基林不宽容那些"没有明白"或敢于质疑他的人。在一次臭名昭著的分析师电话会议上,斯基林的胁迫本性暴露无遗。华尔街分析师理查德·格鲁曼因安然公司的财务报告缺少透明度而感到不安,建议投资者卖掉安然股票。在电话会议期间,他注意到安然公司是其行业唯一没有在季度盈利报告中提供资产负债表或现金流量表的公司。斯基林的反应是:"嗯,非常感谢。我们很感激……浑蛋。"这种语言也许在管道工人之间很常见,可这是在有格鲁曼的同事在场的公共论坛,这种语言令人震惊地违反礼仪。"这是一种恐吓。"参加电话会议的另一位分析师说,"这是斯基林向他的长线股东传递的信息:他不打算承受那些类型的压力。他打算继续说这个故事很强大,像(格鲁曼)这样的人不应该参加电话会议,也不应该得到答案。"[2]

如果斯基林用于胁迫的工具是他的傲慢,那么法斯托使用的工具就是他的职位和随之而来的权力。作为安然公司的首席财务官,他控制着与该公司签订的价值数亿美元的合同。银行家、投资公司和审计人员都知道,要获得或维护一份安然公司的业务,他们必须安抚安迪(安德鲁的昵称)。据麦克莱恩和艾尔金德说:"法斯托坚持控制安然公司特别有利可图的银行和金融工作的分配——他不断得分。为LJM2(法斯托的一个特殊目的实体)付账是银行维持他的欢心所要付出的代价。"[3] 2001年秋天,安然公司倒闭时,有数千家这样的特殊目的实体,还有无数银行家和投资家——他们不知道安然公司如何能够一直赚这么多钱,但是他们不想深入探究,因为他们也在追求享乐的旅途中,不希望到达终点。

---

1 贝瑟尼·麦克莱恩,彼得·艾尔金德.屋内聪明人:安然惊人的崛起与可耻的衰落.纽约:企鹅图书出版社,2004:241页.
2 罗伯特·布莱斯.白日梦:安危的贪婪、自负与灭亡.纽约:公共事务出版社,2003:269页.
3 麦克莱恩和艾尔金德的《屋内聪明人》,在第200页。

任何人要想详细审核该公司描绘的图画，都有可能受到斯基林的嘲笑或法斯托的威胁。但是，随着2001年的夏天慢慢过去，斯基林足够聪明地认识到将要发生什么。他知道，安然公司是一座空中楼阁，因此，2001年8月，他因"个人原因"辞职。接着，他开始出卖他的安然公司股票。法斯托留下来，但是，因为空中楼阁倒塌，银行对他失去了信任，他被解雇。

公司倒闭，数千退休基金会和个人投资者损失了数十亿美元，随后，斯基林、法斯托和其他有同谋关系的安然高管因他们在这场灾难中扮演的角色被判入狱。当然，建造这座空中楼阁的高管们并不是已发生事件的唯一责任者。正如调查记者库尔特·埃肯沃尔德指出："令人震惊的不称职、无理的傲慢、妥协的道德标准和全然藐视市场的判断都起了决定性作用。从根本上说，这是安然的悲剧——那里挤满聪明透顶的人，他们知道如何围绕规则用计，却不能明智地理解起初为什么会写下这些规则。"[1]

从领导力与影响力的角度来看，由安然倒闭获得的最重要经验是，有人试图通过胁迫取胜，是因为他们是恃强凌弱者或骗子，没有或者不想花时间运用更有道德的影响策略。企业领导者、政治领袖或任何其他类型的领导者依靠胁迫达到目的，是因为他们隐瞒着什么，而且认为对人们说实话不如利用自己的权力摆布别人更有可能实现他们的目标，请当心。

有关胁迫的深刻见解

有关权力和影响力的研究显示，长远来看，与不用胁迫方法影响他人的人相比，利用胁迫方法影响他人的人明显缺乏影响力。这是事实，部分因为胁迫者主要依靠两种影响技巧——说明和逻辑说服。他们要么努力作出大胆断言，阻止别人质疑；要么努力诉诸权威。这是"推动"技巧，与咨询、树立榜样、

---

[1] 库尔特·埃肯沃尔德. 傻瓜的阴谋. 纽约：百老汇书局，2005：11页.

交际和逻辑说服的"拉动"技巧截然相反。"推动"技巧强迫他人服从,而"拉动"技巧邀请他人同意或铺平合作的道路。胁迫者是恃强凌弱者,因此他们运用说明的影响技巧明显更有效,但是运用其他影响技巧明显不那么有效。

胁迫者最强大的权力之源是角色和资源(如安德鲁·法斯托)以及信息、关系网和知识(如杰弗里·斯基林)。毫不奇怪,他们最弱的权力之源是吸引力(让别人喜欢你的能力)和历史(源自亲密关系的权力)。附录A对所有这些权力之源都有更全面的叙述。

胁迫者评级最高的技能是坚持、肯定、自信的表现、运用自信的非语言、逻辑推理、传递能量与热情、运用迷人的语调和有权威的表现。综合起来,所有这些特征好像就是对杰弗里·斯基林经营风格的描述。相反地,胁迫者评级最低的技能包括对他人的感情或需要表现敏感、在不显得强硬的情况下运用权威、解决他人之间的矛盾和分歧、倾听、建立共识、真诚地表达对他人的兴趣和建立融洽的关系与信任。恃强凌弱者是不易受影响的人。如果是,他们就不会依靠威胁达到目的。

保护自己免受胁迫

胁迫者是实用主义者。他们利用胁迫影响别人,因为这能对他们起作用。当胁迫不起作用时,他们总会尝试别的办法。因此,保护自己免受胁迫的第一步是拒绝受到胁迫,这当然是说到容易做到难。胁迫之所以会起作用,是因为它能引发我们最原始的情感——恐惧。如果你不理解或不接受主管不足信的道理,但害怕挑战无礼而自信的他,那他就赢了(通过胁迫)。如果他坚持要你接受一个不道德的,包含明显利益冲突或你感觉不对的交易,而你害怕失去这位首席财务官的业务,那他就赢了(通过胁迫)。解决的办法就是勇敢地面对那个恃强凌弱的人,拒绝受到胁迫。

我承认，做到这一点其实很难。因此，如果单打独斗不切实际或太困难，你可以寻找盟友帮助你对付那个胁迫你的人。当恃强凌弱的人是老板或某个处于权势地位的人，你或许没有成功挑战他的能力。尽管如此，利用武力达到目的的人通常尊重并响应用来反对他们的武力。因此，在个人的努力会失败的情况下，联盟有可能起作用。逻辑推理和诉诸价值观不可能对恃强凌弱者起作用。一般来说，恃强凌弱的人能够理解的唯一语言是他们自己说的语言，因此武力必定遭遇反击力，而联盟往往是对抗一直试图通过胁迫取胜的人最好也最安全的方式。

如果你使用胁迫战术

如果你有意识且故意使用胁迫手段达到目的，你要知道，这种权宜的影响战术有可能损害或破坏你和你试图影响的人之间的关系。如果依赖胁迫而不是运用道德的影响技巧，你即使成功了也会很有限。最终，像所有恃强凌弱者一样，你将因运用武力和使人恐惧达到目的而付出代价。你也许能得逞一段时间，但是吹笛手（译者注：德国传说中的人物，被人们请来驱逐镇上的老鼠，却拿不到报酬，因而吹笛子把镇上的小孩拐走）在等待，你不得不付给吹笛手报酬可能让你难以接受。因此，还是寻找其他方法领导和影响他人吧。

主要概念

1. 胁迫可能包含恃强凌弱、支配、出言不逊、嘲弄、发表侮辱性评论或提出下流的要求、以恩赐态度相待、不当触摸或冒犯他人、干涉某人的工作、公开指责或为难某人。

2. 胁迫是否认他人有拒绝权利的企图，因此它是支配和控制的策略。

3. 当影响者并不打算威胁到他人，只是尽可能做到最好时，就会出现被动胁迫。天生更聪明、更敏捷、更有才华或更成功的人会威胁到其他一些人。

4. 积极胁迫是有意识地企图通过引起恐惧、焦虑、不适或自我怀疑影响他人。

5. 领导人依赖胁迫达到目的，是因为他们隐瞒着什么，而且认为对他人说实话不如利用自己的权力摆布他人更有可能实现自己的目标。

6. 胁迫之所以会起作用，是因为它引发我们最原始的情感——恐惧。保护自己免受胁迫的第一步是拒绝威吓。

挑战读者

1. 每个人都曾感受过威胁。仔细考虑有人威胁你的时候，你认为那个人可怕的地方是什么？胁迫如何影响了你？

2. 你认识利用胁迫作为影响战术的任何领导吗？他们如何以及为什么会成功或不成功？

3. 你曾经勇敢地面对过试图胁迫你的人吗？你做了什么？感觉怎么样？结果如何？

4. 你曾经胁迫过其他人吗？如何胁迫？发生了什么？对你而言，这次胁迫是被动的还是主动的？

5. 如果你是令人生畏的人——不管什么原因——你能做什么来减少他们感受到的威胁？

第十二章　提出他们无法拒绝的要求

威胁

在马里奥·普佐的《教父》中，唐·柯里昂利用威胁说服乐队指挥解除柯里昂的教子与乐队的合同。他的随从卢卡·布拉西用枪指着乐队指挥的头，同时，柯里昂对指挥说，在他们离开之前，落在合同上的要么是他的头，要么是他的签名。于是，乐队指挥签了字。这位教父用来作为影响别人的方法，正是提出对方无法拒绝的要求。

在唐·柯里昂的世界里，强者为王。他的意大利老乡尼可罗·马基雅维利充分了解在人类事务中如何运用武力，对人类本性的看法也很悲观。马基雅维利认为，人类的野心是层出不穷的。首先，他们努力保护自己免受攻击，然后攻击别人。在《君主论》中，他支持整体而不是不完全的措施，因为不认真的惩罚企图只能招致报复。"对待他人要么宽厚，要么制服。"他写道，"因为他们会因受到轻伤而报复，不会因为遭受重创而报复。"威胁别人，让他们服从你的意愿是最极端的阴影面影响战术。威胁在今天也许不像在马基雅维利时代表现得那么明显，但是我们不应该因为这种影响技巧的功效或应用它的规律性而欺骗自己。威胁是发挥一个人的意志力，强迫他人服从的历史悠久的手段。

威胁是明示或暗示其意图：将对个人或组织，对那个人或那个组织的财产或所有物造成危害、伤害或毁坏。我们可能认为威胁只是胁迫的极端形式，但是作为阴暗面影响战术，威胁拥有与大多数胁迫形式十分不同的效果。我也许会受到更大、更敏捷、更聪明、更富有、更有才华、更有能力、更强势或更漂亮的人的胁迫，但是我一般不会担心他们会杀害或伤害我。直接威胁不只会引起恐惧，还有可能招致疾风骤雨般的伤害和隐藏的暴力。我对胁迫的反应可能从不适到心痛、焦虑、害怕或自我怀疑；而我对威胁的反应会更急迫而明显：战或逃。我要么藐视威胁我的人，要么通过顺从或逃跑来回避后果。当我感觉受到某人的胁迫时，我也许设想如果我不默许会发生什么；而通常情况下，当我受到某人的威胁时，后果都相当清楚。以下是几个威胁的例子：

- 家长警告孩子，如果她不打扫自己的房间，就不让她出门。
- 校园恶霸对另一个孩子说，如果她再碰这个足球，他会揍她。
- 家长对十几岁的孩子说，如果她打电话超出限定的时间，她必须自己付多出来的话费。
- 老师让学生在本周末交上迟交的论文，否则给他的作业成绩打F。
- 体育教练威胁一名运动员，如果她比赛不及训练表现，就要让她当板凳队员。
- 在一年两次的评审中，经理对职员说，他的业绩低于标准，如果他不能有所改善，就会失业。
- 图书馆警告一位读者，如果她不立即归还过期的图书，她将接受罚款。
- 工会领导威胁公司说，如果公司不同意工会的要求，将组织罢工。
- 警官警告说，如果我不下车，他将逮捕我。
- 在一次高管会议上，一名高管公开批评首席执行官。在下次高管会议上，那名高管不见了，因为"个人原因辞职"。（这对留下的其他高管的威胁显而易见。）
- 一个帮派领导威胁说，如果下属的行为越界，就要杀死他。
- 一个老板让职员知道，他对她感兴趣，并暗示如果她不服从他，他会找个合适的理由解雇她。

●一个国家的领导人威胁另一个国家，如果对方不屈服于他的要求，就向那个国家开战。或者，像至今还在发生的情况一样，某国领导人命令炮兵向目标国的边境地区开炮，以表明他是认真的，有权力也有决心兑现他的威胁。

读者也许对这些类型的威胁很熟悉，如果不是因为你自己曾经历过这类威胁，就是因为你曾经在无数电影、电视和戏剧中看到过此类描述，或者曾经从故事、图书、杂志和报纸上看到过有关威胁行为的描述。从婴儿时期开始，我们就得知做别人让我们做的事能得到回报，不做他们想让我们做的事会遭到惩罚。等到长大成人，我们已经对一种行为的回报或另一种行为的后果形成条件反射。正因为如此，虽然我们认为最恶劣的威胁形式令人恶心或更可恶，但是作为影响别人的一种方法，威胁是我们的第二天性。

因为明确，威胁成为施加影响的有效手段。回避和操纵是欺诈的技巧；胁迫是引发恐惧但不明确的技巧；而威胁丝毫没有模棱两可的意思。正如前面的例子阐明的那样，不服从的后果一般非常清楚。

有关威胁的深刻见解

有关权力和影响力的研究显示，从长远来看，威胁远不如道德的影响形式有效。和利用胁迫的人一样，经常威胁别人的人大部分时间使用说明作为影响技巧，其后是合法化。他们主要依靠角色和资源赋予的权力——权威的双重锤和资源控制——达到影响他人的目的。毫不奇怪，他们评级最低的权力之源是吸引力和声望。人们不喜欢也不尊敬这些人，因此对那些过度使用威胁的人来说，威胁有明显的劣势。他们评级最低的技能是不显得强硬地利用权威（他们很强硬，因此结果难以预料）。他们最擅长坚持自己的权力或意见，最不擅长所有社交技能。

不使用威胁的人,其形象与前者恰恰相反。他们经常成功运用逻辑说服、咨询、树立榜样和诉诸价值观的技巧,把它们作为自己最青睐的影响技巧;他们的品德、历史、声望和吸引力受到高度评价;他们评级最高的技能是逻辑推理、谈话式讲话、自信的表现、建立融洽的关系和信任、支持和鼓励其他人以及倾听。简言之,他们是表达能力强且擅长社交的人,比经常依赖威胁达到目的的人明显更具影响力。

保护自己免受威胁

如何应对威胁主要取决于威胁的来源,以及会给你带来多么严重的后果。我无法为你提供保护自己免受威胁的通用指导方针,但是这里有一些想法和你分享:

1. 如果影响者希望你做的事(如完成家庭作业、付账单或完成属于你的工作)是你已经同意做而且应该做的事,那么假如没有令人信服的理由,你最好服从。如果影响者通情达理,向他解释原因也许会有帮助。

2. 找到一种不太会产生严重后果或影响小的方法来减少威胁。如果你不在乎后果,就不存在威胁。举例来说,对许多受到虐待的妻子来说,解决的办法就是不依赖施虐者。她们减少了依赖性,就减小了施虐者对她们的影响力,她们可以更自信地摆脱虐待关系。但不得不说,说起来容易,做起来难。根据威胁的性质,可能很难去消除这种后果带来的严重性。

3. 如果威胁你的人是你的老板,只要她平易近人,就可以和她谈谈,向她解释你为什么感觉她的行为令人感到威胁,她的行为如何影响你的工作或参与水平。这个方法是否能起作用要视老板而定。在开诚布公不起作用甚至起反作用的情况下,你只得调换部门或另找工作。(在目前的经济环境里,这么做很难,但是不得不长期留在受虐待的工作岗位会抹杀人性,令人丧失信心。最终,你会因为长期生活在威胁中而付出代价。)

4.努力找到能帮助你对付威胁的同盟者。如果威胁你的人比你更有势力，你可能需要其他人或资源帮助你反击威胁。在商界，盟友也许来自监察员、人力资源部、辅导员、工会代表、其他职员或其他经理。

5.如果影响者习惯性威胁你，而你也习惯性屈服，那么，如果你不改变你的行为，他就不可能改变他的行为。也许你很难鼓起反抗的勇气，但是那可能是唯一阻止恶性循环的方法。

6.如果可能，找到反过来威胁对方的办法。如前所述，有时，别人理解的唯一语言是他们说的语言，所以要以威胁对抗威胁。显然，这是一个较冒险的策略，但是可能除此之外，别无他法。

如果你使用威胁

我们所有的人都不时利用威胁去影响他人，但是很少有人对运用这种最差劲的威胁类型感到内疚。一般来说，世界上只有大约1%的人经常使用威胁作为影响策略。如果你属于通过威胁他人达到目的的少数人，你一定要认识到，这种策略会削弱或破坏人际关系。当别人忍无可忍，奋起反抗或脱离你的影响范围时，你有可能损失你拥有的一切权力。说到底，这是一个失败者的策略。你最好避免采用具有破坏性的威胁形式（意思是说，如果孩子们不打扫房间，威胁不让他们出门还是可以的）。

主要概念

1.威胁他人以使他们服从是最极端的阴影面影响技巧，但是它是利用某人的意志影响他人的历史悠久的方法。

2. 威胁是明示或暗示其意图：将对个人或组织，或者对那个人或那个组织的财产或所有物造成危害、伤害或毁坏。

3. 因为明确，威胁成为影响的有效手段。回避和操纵是欺诈；胁迫引发恐惧，但是不明确；而威胁丝毫没有模棱两可的意思。

4. 尽管我们所有人都不时采用威胁手段，但是威胁不是长期有效的影响策略。最恶劣的威胁形式会破坏人际关系，并最终侵蚀影响者的权力，有可能引起感觉受到威胁的人的反抗。

挑战读者

1. 我在本章指出，威胁是常见的影响技巧，每个人都不时采用这种技巧，你同意吗？

2. 你曾经采用过哪种威胁手段？针对谁？出于什么原因？效果如何？利用威胁实现你的愿望有什么负面后果吗？

3. 我们所有人都曾经受到威胁。想想有人威胁你的那几次，那个人想让你做什么？那个人以哪种方式进行威胁？你不服从的后果是什么？你做了什么？你感觉怎么样？

4. 你曾经通过反抗威胁你的人应对一次严重的威胁吗？发生了什么事？你的反抗成功了吗？如果成功了，你是怎么改变的？那个进行威胁的人是如何改变的？

5. 威胁在国际事务中很常见，回想几个例子。哪个国家威胁了另一个国家？是出于什么原因？进行威胁的国家能够有什么不同的做法？为什么这个国家的领导人不采取不同的行动？

附录 A 权力之源、影响技巧和影响技能的定义

本附录提供通过20年的广泛研究和《影响效果调查》测评，获得的有关权力、影响力和技能框架的全面概述。要想更全面地了解权力之源的解释，请看我的《权力的要素：领导力和影响力的经验教训》（爱默康出版社，2011年）。

权力如何运作

人的权力就像电池里的电力。电池的电压越高，输送的电力就越大，它也因此能做更多的工作。1000伏的电池远比10伏的电池电力强。同样，与拥有较小权力之源的人相比，拥有更大权力之源的人更有可能领导和影响其他人。你的权力越大，你拥有的影响力就越大。

要想有效地领导或影响他人，你必须拥有足够的权力基础。权力之源有11种：5种个人来源（知识、表现力、历史、吸引力和品德），5种组织来源（角色、资源、信息、关系网和声望），还有1种中间来源（意志）。以下是这些权力之源的简要解释：

个人权力之源

知识 你的知识、技能、天赋和能力，以及你的学问、智慧和造诣。权力来源于你知道什么和能做什么。与知识权力评级低的人相比，知识权力评级高的人的影响力高三倍。

表现力 你的有力而有效的书面和口头沟通能力。此项权力的基础是语言清晰、富有活力、坚定信念和演讲口才。最强有力的形式——表现力是一种魅力元素。建立这个权力之源会比建立任何其他权力之源更能提高你

的影响效果。表现力与其他三种权力之源紧密相关：品德、吸引力和声望。

历史 具体说来，就是你与你试图领导或影响的人分享的历史。权力来源于培养与另一个人的熟悉度和信任度，喜爱、相似性和互惠互利的心理原则是这种权力的基础。在非常熟悉的两人之间，历史有可能是最重要的权力之源。历史权力的高评级与人际交往能力的高评级紧密相关。

吸引力 通过促使他人喜欢你而吸引他们的能力。权力的基础是外表吸引力以及诚信度；共同的价值观、看法或信仰；个性、品德和智慧；分享经验，以及许多其他因素。在全世界，吸引力是最强大的权力来源之一。掌握好这种权力之源能使你的影响效果增加三倍。

品德 权力的基础是人们对你个人品德的认知，其中包括各种品德元素，如正直、诚实、公平、勇气、善良、谦逊和节俭。品德是一个重要的个人权力之源，在全球排名第一。

组织权力之源

角色 这种权力来源于你在团体、组织或社区的角色，或者角色、职位赋予你的合法权力和权威。一个人的角色可以成为重要的权力之源，但是如果不能明智地使用，也有可能导致权力滥用。与评级高的品德、吸引力、知识、表现力和声望权力结合使用时，角色权力最强大。 **资源** 此权力来源于你对其他人看重和需要的重要资源的所有权和控制（如财富或自然资源）。一般来说，对大多数人而言，资源不是强大的权力之源。

信息 你使用或控制信息的权力。这种权力之源有形成记忆符 RADIO 的五个元素：检索、使用、散播、解释和组织。同时或分开利用这些权力，使人们能够通过有效调度信息，领导或影响他人。

关系网 权力来源于你与其他人联系的广度与质量。关系网成员中的社交资本

（如互相尊重、赞赏、提供帮助和合作）使关系网成为组织权力的重要来源。这种权力之源得到高评级能够使你的影响效果提高三倍，与拥有低关系网权力的人相比，你有能力加倍鼓舞人心。

声望　权力的基础是一个人所属社区（或团队、组织和社团）中其他人对其作出的综合素质评估。声望是给别人留下良好印象之人的重要权力之源，也是声誉较差之人容易失分的地方。这个权力之源获得高评级能提高你的影响效果三倍以上，也能大大增加其他人追随你的可能性。

意志权力（中间来源）

意志　此项权力的基础是你争取更强大的欲望，以及采取行动的勇气。这种权力来自内心，能够放大所有其他权力之源。它完全取决于你采取行动的决心，不仅需要激情和承诺，也需要能力和行动。意志权力与欲望和渴望不同，它不是来自要行动的冲动，而是来自借助冲动的行动。意志权力是最重要的权力之源。与拥有低意志权力相比，拥有高意志权力能使你的领导力和影响力提高十倍。在《权力的要素：领导力和影响力的经验教训》中，我引用了一些例子，说明那些原来的普通人通过改变自己的意志力，也能取得辉煌成就。

影响力如何起作用

　　影响力是完成某个特殊目的的权力应用。研究显示，人们通常运用十种积极的影响技巧领导和/或影响其他人：逻辑说服、合法化、交换、说明、交际、诉诸人际关系、咨询、缔结联盟、诉诸价值观和树立榜样。还有四种负面或阴影面影响战术：回避、操纵、胁迫和威胁。

　　影响有可能很复杂，比如，为影响一个流氓国家的领导人改变政策而形成国家联盟；也可能很简单，比如，一个孩子微笑着伸出手表达友谊。每当我们修正其他人的思维、行为或决策方式时，我们都是在努力影响他们。微笑和握手是在尝试社交，是为了和其他人建立关系、消除障碍。当别人了解我们，喜欢上我们时，他们更有可能接受我们的要求。

影响的理性方法

逻辑说服 运用逻辑说明你相信或者想要什么。逻辑是全世界最好的影响权力工具，是几乎所有文化中运用最频繁，也最有效的影响技巧，但是它不会对所有人起作用——在某些情境中，它根本不会起作用。

合法化 诉诸权威。一般来说，这是世界上最无效的影响技巧，但是在很多情况下会对某些人起作用，有时也会对大多数人起作用，可以导致快速服从。

交换 谈判或换取合作。当人们之间某种行为是暗示而不是明示时，这种技巧最有效。它是全世界使用最不频繁的影响技巧，但是，有时是争取同意或合作的唯一方式。

说明 声明你相信或想要的。说明是一种影响权力工具。当你很自信，而且能够用引人注意的语调说明观点时，说明最有效。然而，如果滥用或生硬地使用这种技巧，有可能引起反抗。

影响的社交方法

交际 了解对方，表现真诚和友好，找到共同点。称赞他人，使他们自我感觉良好是运用于许多文化和情境中的关键技巧。交际是一种影响权力工具，它的使用频率和有效率在全球排名第二。

诉诸人际关系 赢得你已经很熟悉的人的赞同或合作。这个影响权力工具以你现有关系的程度和强度为基础。作为影响技巧，它的有效率在全球排名第三。

咨询 通过提出问题和让他们参与解决难题或制订解决方案，引起他们注意或刺激他们。咨询是一种影响权力工具，使用频率和有效率在全球排名第四。聪明而自信的人拥有提供意见的强烈需要，对他们来说，这种技巧效果很好。

缔结联盟 找到支持者或缔结联盟有助于影响其他人；利用同伴或团体压力赢得合作或同意。这种影响技巧不常用，也并不总是有效，但是在恰当的情境中，它也许是能获得同意的唯一方式。

影响的情感方法

诉诸价值观 作出情感诉求或心灵诉求；诉诸他人最强的价值观和信仰。情感诉求成为宗教或精神领袖、空想家、募捐者、政治家和一些商界领袖频繁使用的技巧，因为它是同时影响许多人的主要方式之一，也是建立承诺的最佳技巧。

树立榜样 按照你希望他人表现的方式表现自己；担当角色榜样；教导、指导、建议和辅导。你有可能在没有意识到自己施加了影响的情况下影响他人。父母、领导、管理者和公众人物通过不停地树立榜样影响他人——无论是积极的还是消极的，也无论他们选择与否。这种影响技巧的有效率在全球排名第五。

阴影面影响战术

还有四种负面影响技巧需要提防。这些技巧是负面的，因为它们迫使其他人失去拒绝的合法权利。它们强迫他人依从违背自己的愿望或最佳利益的东西，误导他们，或迫使他们在本该选择不行动的时候采取行动。

回避 通过回避责任或矛盾，或者采取消极攻击行为，强迫他人采取行动，有时违背他们的最佳利益。回避是最常见的阴暗面技巧。在一些文化中，想维持双方关系的愿望有可能被误解为回避。

操纵 通过谎言、诡计、恶作剧、欺诈和骗局施加影响，掩盖他们的真实意图，或者故意隐瞒他人作出正确决定所需要的信息。

胁迫 把自己的意愿强加于其他人，通过粗声大气、盛气凌人、生硬粗暴、妄自尊大、冷漠无情或麻木不仁，强迫他人服从。胁迫是恃强凌弱者偏爱的技巧。

威胁　如果别人不顺从，就伤害他们或威胁要伤害他们，以某些人为例，让其他人明白这种威胁是真的。威胁是独裁者和专制君主偏爱的技巧。

影响技能

影响效果在一定程度上是影响者运用任何给定影响技巧技能的作用，受到《影响效果调查》的测评。像熟练的工匠一样，完善这些技能需要时间和练习。有关权力和影响力的研究显示，有 28 种技能与影响效果有关。这些技能分为 4 个类型：交流与推理，自信，人际关系和互动。在这些方面技艺精湛的人可以非常有效地领导和影响其他人。

交流与推理技能

逻辑推理　逻辑思维、分析问题和为它们确定符合逻辑解决方案的技能。

形象化分析和展示数据　创建能够清晰传达数据点之间的关系，传达想法与结论的图表、图形、插图和其他图像的技能。

找到具有创造性的替代选择　具有创造性和创新性，能够看到其他人没有看到的替代选择和解决方案，"跳出固有思维模式"的技能。

探查　提出有深度的问题，引导他人深入难题或问题核心的技能。

以交谈的方式讲话　能够在诸多话题中转换，在闲谈中吸引别人，成为熟练的健谈者。

传递活力与热情　把活力与热情带入交流和情境。自然表现出活力与兴趣，能够促使他人活跃起来。

倾听　积极倾听别人说话的技能，别人说话时，要积极参与，准确地听清他们的想法，记住他们的思想精华。

自我肯定的技能

肯定 满怀信心或力量地说明一个意见，强有力而肯定地提出观点，在不显得咄咄逼人的情况下，维护某人地位的技能。

坚持 持久忍耐的技能，尽管遇到异议或阻力依然继续自己的事业，表现坚持和顽强。

表现自信 对自己的判断、能力和权力有信心，体现对你的目的、方向和目标始终如一和坚定不移的信念。

表现权威性 能够体现权威性，表现得好像你拥有运用权威的合法权利，明确陈述决定、结论或行动方案。

运用引人注意的语调 运用强有力、坚定而洪亮的声音，使你讲话时能够吸引别人注意力。

运用肯定而自信的非语言 通过所有非语言的沟通形式体现自信和保证，例如，运用强大而自信的手势、面部表情和肢体语言。

在不显得强硬的情况下利用权威 在不显得专横、笨拙、压制或严厉的情况下，能够指挥他人和利用合法权威的技能。这是运用说明技巧的关键技能。

人际关系技能

友好而友善地对待陌生人 坦诚地与你不认识的人建立友好关系；开朗地对待陌生人，向他们传达温暖、认可和兴趣。这是运用交际技巧的关键技能。

真诚地表达对他人的兴趣 真诚地表达对他人的关心、挂念与好奇，让别人感到自己很重要。这是运用交际和诉诸人际关系技巧的关键技能。

拥有对他人价值观的洞察力 对别人以及他们看重的东西有强烈的直觉理解，能够在他们没有说出来的情况下，识别他们重视的是什么；人际关系感知力。这是运用诉诸价值观技巧的关键技能。

对他人的感情敏感 理解人类情感，并同情他们的技能。是否能有效运用诉诸人际关系和交际技巧取决于这种技能。

建立融洽的关系和信任 和其他人确立信任关系。建立与他人和谐、能产生共鸣的关系的技能；传达对他人的信任，促使他们感觉你也可以信任。

建立亲密关系 与他人建立值得信任的友谊和亲密关系，在一定时期内维护与他人亲密而友好的关系。

支持和鼓励他人 为他人提供援助或帮助，促进、推进、激励或刺激其他人，鼓励他们继续前进。这种技能不仅涉及实际援助，还包含传达乐意帮助的态度。这种技能是运用树立榜样技巧的关键。

互动技能

说服别人帮助你影响其他人 达成一致，建立合作，形成统一的使命感，尤其是接近别人，努力说服他们，以及争取他们支持和帮助你影响其他人方面的技能。这是运用缔结联盟技巧最关键的技能。

解决其他人之间的冲突和分歧 巧妙解决冲突的技能。缓和冲突各方情绪上的紧张气氛，化解其紧张关系，使他们最平静地容忍和达成协议的能力。

建立共识 调解意见分歧，形成其他人能够接受的解决方案的能力；在最初不同意的人们中间建立和谐与一致的技能。

积极主动地告诉别人如何做事 指导、教导、建议和帮助其他人培养自己的技能与能力的技能。对教导别人有强烈的兴趣和欲望是运用树立榜样技巧的基本技能。

讨价还价或谈判 与别人达成交换有价值物品协议的技能；讨论条款，在结算、讨价还价或交易中达成令人满意的协议的技能。这是运用交换技巧的关键技能。

乐意请他人帮忙 因为善良或信誉，你能够轻松而舒适地主动向他人提出请求。这是诉诸人际关系的一种基本能力。

乐意帮助他人 出于善良或信誉，没有回报的期望，你自己愿意为别人做某事或提供某物。这是诉诸人际关系的一种基本能力。

影响技能的难度和潜在影响

下表列出的是 28 种影响技能、掌握每种技能的难度,还有每种技能在领导和影响他人方面可能拥有的潜在影响。本表依据这些技能的潜在影响及其难度排列,例如,讨价还价或谈判拥有非常高的潜在影响,也是一种难以掌握的技能;与此相反,坚持具有较低的潜在影响,但是容易掌握。在发展你的领导和影响技能中,如果拥有潜在影响最高的技能,你会更有影响力,尽管其中许多技能难以掌握。这些排名的依据是国际知识学院 20 年来进行的有关权力与影响力的研究。

影响技能	技能类型	难度	潜在影响
说服别人帮助你影响其他人	互动	非常高	非常高
解决其他人之间的冲突和分歧	互动	非常高	非常高
运用引人注意的语调	自信	非常高	非常高
讨价还价或谈判	互动	非常高	非常高
在不显得强硬的情况下利用权威	自信	高	非常高
积极主动地告诉别人如何做事	互动	高	非常高
建立共识	互动	高	非常高
表现权威性	自信	非常高	高
影响技能	**技能类型**	**难度**	**潜在影响**
运用肯定而自信的非语言	自信	非常高	高
拥有对他人价值观的洞察力	人际关系	高	高
探查	交流与推理	高	高
找到具有创造性的替代选择	交流与推理	中等	高

续表

支持和鼓励他人	人际关系	中等	高
建立融洽的关系和信任	人际关系	低	高
建立亲密关系	人际关系	非常高	中等
真诚地表达对他人的兴趣	人际关系	中等	中等
传递活力与热情	交流与推理	中等	中等
肯定	自信	中等	中等
倾听	交流与推理	中等	中等
表现自信	自信	低	中等
逻辑推理	交流与推理	低	中等
乐意请他人帮忙	互动	非常高	低
对他人的感情敏感	人际关系	高	低
形象化分析和展示数据	交流与推理	高	低
乐意帮助他人	互动	高	低
友好而友善地对待陌生人	人际关系	中等	低
以交谈的方式讲话	交流与推理	低	低
坚持	自信	低	低

附录B 全球影响力调查

我获得的有关人们如何建立权力并运用权力影响他人的许多见解建立在我在国际知识学院进行的调查研究。那项有关全球权力与影响力的调查开始于1990年，持续至今。它的依据是《影响效果调查》——收集了来自研究对象的数据（自我评估）以及与他们共事的其他人的数据（受访者评估）——全方位的专业评估。我在本书中引用的有关权力和影响力研究，指的就是这项研究和这项研究形成的"自己"或"他人"评级。在过去20年，我们的数据库已经增加至64 000多个研究对象，30多万受访者，它使我和我的同事深入了解了人们拥有的权力之源的优势，他们运用不同影响技巧的频率和有效程度，这些技巧与他们的文化的契合程度，以及他们掌握与领导力和影响效果相关的28种影响技能的熟练程度。这项研究是全球性的，因而能够让我鉴定世界各地45个国家运用权力和影响力的不同之处。该附录包含通过研究获得的全球影响力的某些见解。

当你力图影响自己文化中的客户、供应商、合作伙伴、老板、下属或同事时，和你合作的人通常拥有和你一样的成长环境，拥有相同的影响惯例。你知道什么很重要；你知道别人一般会对不同的影响形式作出何种反应；你也知道，你以前怎么做更成功，怎么做不太成功。所以，你能调整你的影响技巧，调整你的信息内容和沟通类型，使之最适合你试图影响的人。

然而，当你力图影响的人生活在另一个国家，当他们拥有不同的文化背景和不同的信仰与价值观时，以前对你来说可能有用的影响技巧也许不会对他们起作用。当你和拥有不同惯例和信仰的人共事时（往往以你可能不理解的方式），运用你根据从小学到的惯例和信仰影响他人的方式可能不会同样有效。此外，由于他们给你的提示可能不同于你习惯的提示，你可能不知道该如何解释他们对你的回复，你也可能要在很久以后才能知道你的影响企图成功与否。举个恰当的例子：有位西方人试图影响日本的一位客户。这位西方人不了解日本人希望保持和谐的习惯，也许会误以为这位客户的随和是表示赞成，以为交易已经达成，而事实并非如此。在商界，成功影响其他人已经够难了，这里再加上文化的复杂性，就使影响全球的合作伙伴、供应商和客户更具挑战性。

运用十种道德影响技巧的全球差异

尽管人们运用权力与影响的方式在全球有许多相似之处，但是权力与影响力在不同的国家起的作用却有所不同。如果你参与全球贸易，你可以从这些研究结果中吸取跨文化应用影响技巧的教训。

逻辑说服

逻辑说服是世界上最突出的影响技巧。在我研究的45个国家里，逻辑说服是运用最频繁的影响技巧（除了新西兰，在那里，逻辑说服的排名在交际之后）。

运用逻辑说服比较多的国家有：许多欧洲国家（葡萄牙、西班牙、希腊、捷克、意大利、波兰、瑞士、德国和比利时），拉丁美洲国家（巴西、阿根廷、哥伦比亚、智利、墨西哥），以及印度、美国和加拿大。亚洲国家（日本、泰国、韩国、新加坡、印度尼西亚和中国）使用这种影响技巧的频率略低。但是，即使在这些亚洲国家，运用逻辑施加影响依然是最常用的影响技巧。尽管如此，亚洲人更常使用社交影响技巧（尤其是交际和诉诸人际关系），这反映了亚洲文化更注重集体和关系的本质。

可以肯定地假设，每种文化的人都愿意听到对你提出请求原因的逻辑论证，但是他们依然可能不受影响。记住，出于众多原因（如情感障碍、心理偏见、文化传统，等等）他们仍有可能认为逻辑说服不能激发兴趣，即使你的逻辑和事实是合理的。

合法化（诉诸权威）

　　在世界各地，最常使用合法化的国家是美国，紧随其后的国家有委内瑞拉、新加坡、中国、哥伦比亚、印度、巴基斯坦、土耳其、韩国、加拿大、秘鲁、墨西哥、巴西和智利。因此，你最有可能在美洲和亚洲许多地区看到合法化的应用。明显不常使用合法化技巧的是北欧国家（瑞典、挪威、芬兰、荷兰和丹麦）和欧洲部分地区（捷克、奥地利、德国、匈牙利、比利时、意大利、葡萄牙、法国和希腊）。

　　北欧国家更崇尚平均主义，更少等级划分，因此，从文化角度上看，这些国家比世界其他地区更少接受诉诸权威技巧的影响。也许令人惊讶的是德国比美国更少使用合法化。德国是比美国更正式的结构化社会，其中存在差异。对德国人来说，传统和行为规则比较含蓄，人们已经广泛接受，因此，不需要再引用。事实上，在德国引用条例有可能显得傲慢，没有必要。而在美国，人们可能不太尊重权威，也很少受传统束缚，因此，如果影响者认为应该遵守条例、习惯和传统，引用它们就是必要的。

交换

　　交换是一种有趣的影响技巧，因为交易、贸易、谈判和妥协深深地根植于人类心灵。的确，如果我们没有培养出通过互相讨价还价争取合作的能力，我们永远也不会成功地创造文明。因此，交换普遍存在于世界各地的人际互动中。但是，这种技巧更频繁地应用于更常见显性交易的文化中：中国、新加坡、印度、澳大利亚、马来西亚、巴基斯坦和美国。它在更含蓄地讨价还价的文化中不太常见：大多数北欧国家（芬兰、瑞典、挪威和丹麦）和许多欧洲国家（波兰、法国、匈牙利、意大利、比利时和葡萄牙）。

说明

世界各地使用说明技巧的频率大不一样。说明技巧的应用更常见于这些文化：那里的人可以热烈地互相争论，但不会引起严重冲突；那里的人可以大声辩论、争吵，但依然很友好；那里的人在开会或吃饭时打断别人，只是引起别人注意的一种方式。研究显示，说明技巧最频繁应用于这些国家：以色列、希腊、智利、委内瑞拉、俄罗斯、土耳其、西班牙、意大利、葡萄牙、波兰、阿根廷、捷克、法国、哥伦比亚、秘鲁和巴西。这些国家大都位于南美洲或地中海地区。明显不常使用说明技巧的国家和地区包括泰国、马来西亚、日本、瑞典、挪威、芬兰、朝鲜、印度尼西亚、新加坡、英国和丹麦——亚洲国家或北欧地区。美国使用说明技巧的频率为中等。

在文化研究中被评价为更注重平均主义、更少自信的北欧国家，过多的说明会显得有争议和不民主。亚洲文化重视和谐，过于肯定可能显得不光彩，并导致冲突——这是亚洲文化通常尽力避免的结果。另一方面，在拉丁美洲和地中海国家，不仅理应做到维护自己的权利，积极参加讨论，而且如果不自信，你可能会失去尊重。

交际

交际是世界各地使用频率位居第二的影响技巧（在逻辑说服之后）。但是研究显示，明显更经常使用交际技巧的是说英语的国家（新西兰、澳大利亚、美国、爱尔兰、加拿大、英国），一些拉丁美洲国家（阿根廷、秘鲁、委内瑞拉、哥伦比亚），意大利和西班牙。不太常用交际技巧的国家是苏联集团国家（俄罗斯、捷克、匈牙利、波兰），一些亚洲国家（日本、泰国、印度尼西亚、新加坡、印度）和南非、土耳其及法国。

交际意味着找到与陌生人或你不太熟悉的人之间的共同点，因此，更常应用于这样的文化："打破沉默"是传统社交礼仪的组成部分，期待人们花费时间相互了解，然后再坐下来谈生意。例如，曾经有人说，美国的商务会议就像一个汉堡包，圆面包代表交际，肉代表实质。美国人通常在开会初期进行社交，然后开始谈生意，最后，再进行社交（因此，像个汉堡包，是圆面包—肉—圆面包）。在其他文化中，特别是德国、荷兰和芬兰，商务会议中的交际活动通常保留至最低限度。

新西兰是世界上唯一一个运用交际技巧比运用逻辑说服技巧更频繁的国家。新西兰是一个十足的社会性群体。

诉诸人际关系

诉诸人际关系是指通过现有的亲密或牢固的人际关系施加影响。研究显示，它最频繁出现在亚洲国家和地区（中国、马来西亚、新西兰、新加坡、澳大利亚、韩国、巴基斯坦）和拉丁美洲国家（秘鲁、委内瑞拉、阿根廷、墨西哥、哥伦比亚、巴西）。不太常用这种技巧的是欧洲及北欧国家（芬兰、捷克、匈牙利、瑞典、奥地利、葡萄牙、德国、法国、比利时、瑞士、挪威、荷兰和丹麦）。

在以家庭为核心社会单位的文化中，诉诸人际关系可能是占优势的影响技巧之一。例如，在中国，运用诉诸人际关系的频率明显高于运用全球规范，尤其与欧洲传统形成鲜明的对比。因此，在欧洲工作的中国商人可能会过高地估计家庭纽带对他们的欧洲同行的重要性。同样，在中国工作的欧洲人可能低估家庭和宗族纽带对他们的中国同行的重要性。在欧洲的中国人可能过于依赖现有关系影响他们的欧洲客户，而在中国的欧洲人可能意识不到现有关系在影响他们的中国客户中的重要性。

要提高你在现有关系更重要的文化中的影响力，你必须花时间建立并维护这种关系，然而，作为外来人，你可能永远也不会像现有家庭成员那样接近或影响一位家庭成员——无论你和他们多么熟悉。要提高你在现有关系不太重要的文化中的影响力，你需要依靠其他影响方法（如交换、缔结联盟、逻辑说服或说明）。

咨询

更常运用咨询技巧的文化：如果没有参与创立或应邀提供意见，人们不太可能接受一个解决方案或提案。美国、加拿大和爱尔兰属于世界上使用咨询技巧最频繁的国家。在这些文化中，提问比告知更重要，吸引人们参与讨论或征求他们的意见是争取他们合作的一种方式。其他常用咨询技巧的国家有意大利、澳大利亚、印度、西班牙、巴西、新西兰、新加坡、中国和韩国。

咨询技巧在倾向于更直接交流的文化中，咨询较不常见，其中包括俄罗斯、波兰、匈牙利、芬兰、荷兰、奥地利、墨西哥、日本、印度尼西亚、捷克、瑞典、挪威、丹麦和德国。即便如此，这些国家使用咨询的频率仍然很高，这说明咨询是世界上最常用的影响技巧之一。

咨询技巧用法的区别取决于一个社会如何看待权威。例如，在波兰，人们普遍指望老板有办法，因此经常使用咨询技巧影响下属的老板可能被认为是软弱的领导。但是，在美国，经常使用咨询的老板可能被认为是个好领导，他知道如何得到团队的帮助。在美国，权威不太受尊重，因此，在那里，咨询技巧可能是比在人们更有可能尊重权威的国家更有效的影响技巧。

缔结联盟

总的说来，除合法化之外，与其他影响技巧相比，缔结联盟是不太常使用的影响技巧。在团体或团队努力与个体努力一样或更有效的文化中，人们通过携手合作取得成果赢得权力和影响力，或者合作是传统，因而更多依赖于缔结联盟。尽管这种技巧出现在每个国家，但是研究显示，它更有可能出现在巴基斯坦、美国、加拿大、中国、智利、爱尔兰、阿根廷、印度、韩国、澳大利亚、新西兰、巴西和英国。不太常用缔结联盟的国家是一些北欧和德语系国家（芬兰、奥地利、挪威、德国、瑞士和丹麦）。

诉诸价值观

在青睐这种影响技巧的文化中，人们善于表现而不是无动于衷，易动感情而不是沉思，更有可能按自己的价值观行事而不是静静地过日子。根据研究，这样的国家有美国、希腊、西班牙、意大利、爱尔兰、阿根廷、土耳其、印度、智利、韩国、巴西、哥伦比亚、巴基斯坦、马来西亚、澳大利亚、加拿大和新西兰。比较起来，不太常用诉诸价值观的国家有芬兰、俄罗斯、挪威、匈牙利、捷克、丹麦、奥地利、瑞典、波兰和瑞士。

总之，诉诸价值观的使用频率低于其他大多数影响技巧，不过，使用频率得分最高的国家（美国）与得分最低的国家（芬兰）之间的差距并不大。如果你适应人们最在乎的价值观，能够在影响尝试中成功地诉求那些价值观，诉诸价值观有可能在世界各地的各种文化中起作用。

树立榜样

树立榜样平均使用频率最高的国家（西班牙）和平均使用频率最低的国家（日本）之间的差距只是中等，这说明，树立榜样为所有文化中的人们使用的时间大致相同。

回避与文化差异

全世界不同程度使用的唯一阴暗面影响技巧是回避。我纳入有关回避使用频率的研究结果，是因为它们提供了有趣的文化见解。研究显示，回避的频率在世界两个地区最高：亚洲和苏联／东方集团国家。在亚洲，最频繁使用回避技巧的是日本、印度尼西亚、韩国、泰国、中国和新西兰。在这次全球研究中，这些国家在"社会机构集体主义实践"方面得到高分，这说明，他们非常看重关系的维护，人们认为自己依存于团体，而且大家庭结构对个人来说很重要。[1] 这些文化的自信得分也从中等到低，说明他们重视合作，爱面子，讲话兜圈子。在他们的交流中有更微妙和更细微的差别。因为高度重视保全面子和与他人和睦相处，所以这些文化中的人会以更少对抗性的方式互相影响。在这些文化中，看似回避的行为往往不过是以契合文化的方式施加影响，同时保持和谐。在苏联／东方集团国家，尽管那里的人交流更坦率，但是回避可能是一种自我保护的

---

1 罗伯特·J.豪斯，保罗·J.汉格斯，曼索尔·贾维丹，彼得·W.多尔夫曼，威平·古帕塔.文化、领导和组织：《环球》62个社会团体研究.伦敦：塞奇出版社，2004：468页.

策略。他们彼此之间更坦率，但是不一定对政府坦率。当对抗权威危险时，人们就会回避使用这种更直接的影响技巧，世界任何地方或有独裁领导的组织都是如此。

回避使用频率最低的是德语系（德国、奥地利、瑞士）和北欧（挪威、瑞典、芬兰）国家，以及希腊、美国、加拿大和爱尔兰。这些文化倾向于更坦率。他们对坦率的重视超过神秘，他们更重视个人主义而不是集体主义，所以不太注重和谐和挽回面子。在这些国家，回避可能助长怀疑，因为那说明某人隐瞒了什么。

在本书列出对每个国家权力与影响力研究的结果过于繁琐，你可以登录我的网站，看我对我研究的 45 个国家分别作的扼要描述。你还可以浏览有关权力与影响力以及其他与商业、政治和领导相关话题的更多信息。

关于作者

光辉学院是世界领先的人才管理公司光辉国际的优秀研究中心。特里·R.培根是光辉学院的资深合伙人和驻校学者。30多年来，他一直是全球企业领导力、管理、业务拓展和人际交往能力方面的思想领袖、改革者、教师、教练及顾问。1989年，他创办了国际知识学院——广受尊敬的高端人才培训公司。2008年，该公司被光辉国际收购。

特里是多产的作家和演说家。他自己写作或与他人合写了100多本图书、文章、白皮书和研究报告，其中包括《面向大客户销售》《企业获胜行为》《行为优势》《适应性训练》《权威提案》《人们想要什么》《无边界组织的领导》《授权领导》《用影响力领导》《高影响力简易化》《人际关系与互动技能》《建议取胜》《有效的指导》和《权力的要素》。他曾经在许多方面演示了这些主题，比如在具有挑战性的时代领导，平衡的领导、尊重、管理责任，企业的生命周期，行为模式销售，人们希望从管理者那里得到什么，领导培养领导，适应性训练的思想基础，全球账户管理，发展客户关系，行为分化与客户体验，以及发展管理层，等等。

1977年，他在美国大学获得哲学博士学位。他曾经在宾夕法尼亚大学的沃顿学院、芝加哥大学、斯坦福大学和哈佛商学院学习经营管理。在2007—2010年的连续4年中，他被《卓越领导》杂志列为"全球最具领导力的100位思想家"之一。